MEMORIZE ANSWERS

'답'만 외우는
**제과
기능사** 필기
CBT

기출문제 + 모의고사 14회

시대에듀

답만 외우는 **제과기능사** 필기

Always with you

사람이 길에서 우연하게 만나거나 함께 살아가는 것만이 인연은 아니라고 생각합니다.
책을 펴내는 출판사와 그 책을 읽는 독자의 만남도 소중한 인연입니다.
시대에듀는 항상 독자의 마음을 헤아리기 위해 노력하고 있습니다.
늘 독자와 함께하겠습니다.

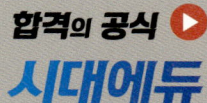

자격증 · 공무원 · 금융/보험 · 면허증 · 언어/외국어 · 검정고시/독학사 · 기업체/취업
이 시대의 모든 합격! 시대에듀에서 합격하세요!
www.youtube.com ➡ 시대에듀 ➡ 구독

PREFACE
머리말

최근 라이프 스타일의 변화로 간편하게 즐길 수 있는 식사 대용 빵을 소비하는 추세가 급격하게 늘어나고 있으며, 해외 디저트 브랜드 유입, 개인 디저트 전문점 증가 등 디저트 시장은 세분화·전문화·다양화되고 있다.

맛과 향뿐만 아니라 예술적·시각적인 요소가 점차 중요시되고 있으며, 제과기능사는 자신만의 맛을 개발하여 사람들에게 기쁨을 줄 수 있다는 점이 특히 매력적이다. 이런 시대의 흐름에 따라 제과기능사는 많은 사람들에게 관심을 받고 있으며, 그 전망 또한 매우 밝다.

이에 파티시에를 꿈꾸는 수험생들이 한국산업인력공단에서 실시하는 제과기능사 자격시험에 효과적으로 대비할 수 있도록 다음과 같은 특징을 가진 도서를 출간하게 되었다.

본 도서의 특징

1. 자주 출제되는 기출문제의 키워드를 분석하여 정리한 빨간키를 통해 시험에 완벽하게 대비할 수 있다.
2. 정답이 한눈에 보이는 기출복원문제 7회분과 해설 없이 풀어보는 모의고사 7회분으로 구성하여 필기시험을 준비하는 데 부족함이 없도록 하였다.
3. 명쾌한 풀이와 관련 이론까지 꼼꼼하게 정리한 상세한 해설을 통해 문제의 핵심을 파악할 수 있다.

이 책이 제과기능사를 준비하는 수험생들에게 합격의 안내자로서 많은 도움이 되기를 바라면서 수험생 모두에게 합격의 영광이 함께하기를 기원하는 바이다.

편저자 올림

시험안내

개 요

제과에 관한 숙련기능을 가지고 제과 제조와 관련되는 업무를 수행할 수 있는 능력을 가진 전문인력을 양성하고자 자격제도를 제정하였다.

시행처 한국산업인력공단(www.q-net.or.kr)

자격 취득 절차

필기 원서접수
- **접수방법** : 큐넷 홈페이지(www.q-net.or.kr) 인터넷 접수
- **시행일정** : 상시 시행(월별 세부 시행계획은 전월에 큐넷 홈페이지를 통해 공고)
- **접수시간** : 회별 원서접수 첫날 10:00 ~ 마지막 날 18:00
- **응시 수수료** : 14,500원
- **응시자격** : 제한 없음

필기시험
- **시험과목** : 과자류 재료, 제조 및 위생관리
- **검정방법** : 객관식 4지 택일형, 60문항(60분)

필기 합격자 발표
- **발표방법** : CBT 필기시험은 시험 종료 즉시 합격 여부 확인 가능
- **합격기준** : 100점 만점에 60점 이상

실기 원서접수
- **접수방법** : 큐넷 홈페이지 인터넷 접수
- **응시 수수료** : 29,500원
- **응시자격** : 필기시험 합격자

실기시험
- **시험과목** : 제과 실무
- **검정방법** : 작업형(3시간 정도)
- **채점** : 채점기준(비공개)에 의거 현장에서 채점

최종 합격자 발표
- **발표일자** : 회별 발표일 별도 지정
- **발표방법** : 큐넷 홈페이지 또는 전화 ARS(1666-0100)를 통해 확인

자격증 발급
- **상장형 자격증** : 수험자가 직접 인터넷을 통해 발급·출력
- **수첩형 자격증** : 인터넷 신청 후 우편배송만 가능
  ※ 방문 발급 및 인터넷 신청 후 방문 수령 불가

INFORMATION

합격의 공식 Formula of pass · 시대에듀 www.sdedu.co.kr

검정현황

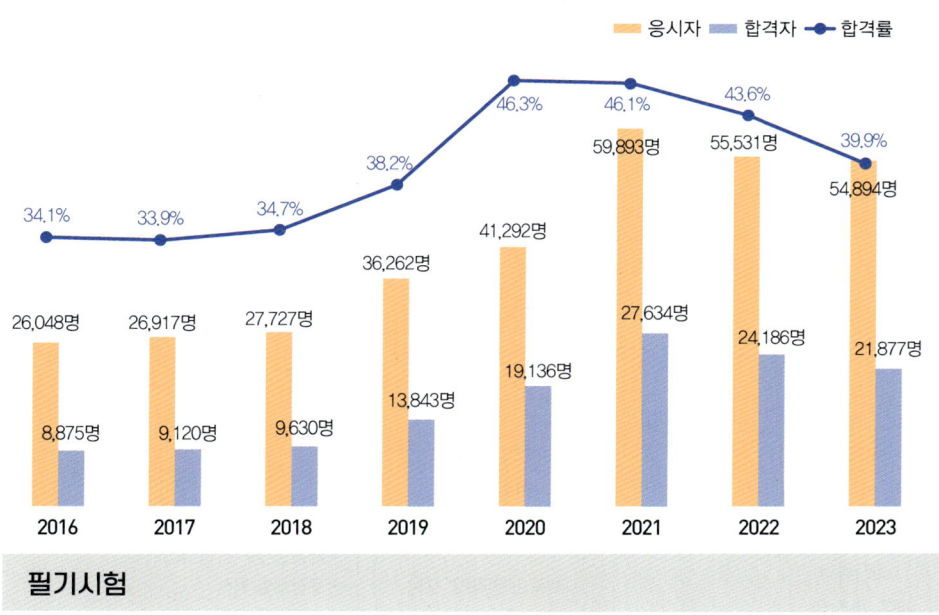

필기시험

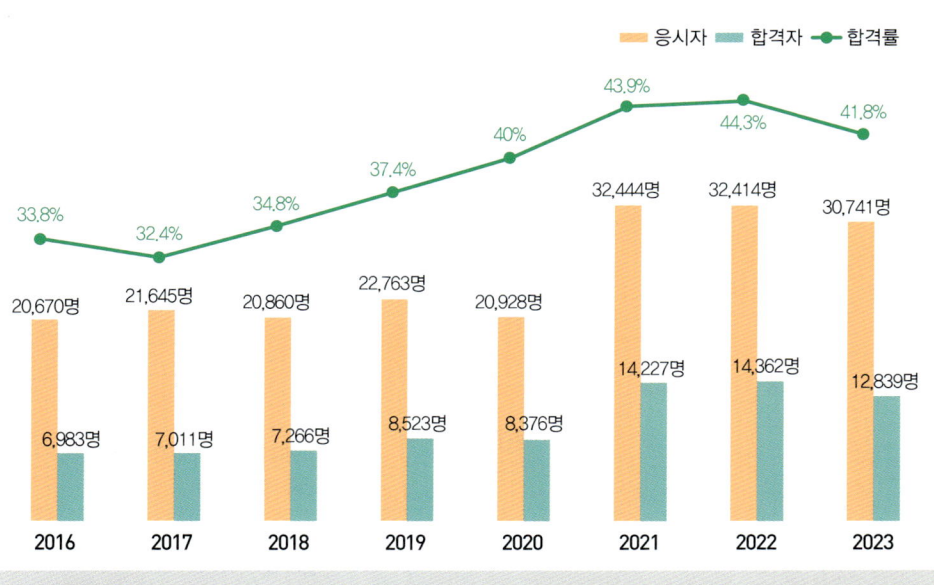

실기시험

시험안내

출제기준

필기 과목명	주요항목	세부항목	세세항목
과자류 재료, 제조 및 위생관리	재료 준비	재료 준비 및 계량	• 배합표 작성 및 점검 • 재료 준비 및 계량방법 • 재료의 성분 및 특징 • 기초재료과학 • 재료의 영양학적 특성
	과자류 제품 제조	반죽 및 반죽 관리	• 반죽법의 종류 및 특징 • 반죽의 결과 온도 • 반죽의 비중
		충전물·토핑물 제조	• 재료의 특성 및 전처리 • 충전물·토핑물 제조방법 및 특징
		패닝(팬닝)	• 분할 패닝(팬닝)방법
		성형	• 제품별 성형방법 및 특징
		반죽 익히기	• 반죽 익히기 방법의 종류 및 특징 • 익히기 중 성분 변화의 특징
	제품 저장관리	제품의 냉각 및 포장	• 제품의 냉각방법 및 특징 • 포장재별 특성 • 불량제품 관리
		제품의 저장 및 유통	• 저장방법의 종류 및 특징 • 제품의 유통·보관방법 • 제품의 저장·유통 중의 변질 및 오염원 관리방법
	위생안전관리	식품위생 관련 법규 및 규정	• 식품위생법 관련 법규 • HACCP 등의 개념 및 의의 • 공정별 위해요소 파악 및 예방 • 식품첨가물
		개인위생관리	• 개인위생관리 • 식중독의 종류, 특성 및 예방방법 • 감염병의 종류, 특징 및 예방방법
		환경위생관리	• 작업환경 위생관리 • 소독제 • 미생물의 종류와 특징 및 예방방법 • 방충·방서 관리
		공정 점검 및 관리	• 공정의 이해 및 관리 • 설비 및 기기

INFORMATION

합격의 공식 Formula of pass · 시대에듀 www.sdedu.co.kr

실기시험 위생기준

구분	세부 기준
위생복 상의	• 전체 흰색, 기관 및 성명 등의 표식이 없을 것 • 팔꿈치가 덮이는 길이 이상의 7부, 9부, 긴소매(수험자 필요에 따라 흰색 팔토시 가능) • 상의 여밈은 위생복에 부착된 것이어야 하며 벨크로(일명 찍찍이), 단추 등의 크기, 색상, 모양, 재질은 제한하지 않음(단, 금속성 부착물, 배지, 핀 등은 금지) • 팔꿈치 길이보다 짧은 소매는 작업 안전상 금지 • 부직포, 비닐 등 화재에 취약한 재질 금지

위생복 하의
(앞치마)
	• "흰색 긴바지 위생복" 또는 "(색상 무관) 평상복 긴바지 + 흰색 앞치마"
	  - 흰색 앞치마 착용 시, 앞치마 길이는 무릎 아래까지 덮이는 길이일 것
	  - 평상복 긴바지의 색상·재질은 제한이 없으나, 부직포, 비닐 등 화재에 취약한 재질이 아닐 것
	  - 반바지, 치마, 폭넓은 바지 등 안전과 작업에 방해가 되는 복장 금지

위생모	• 전체 흰색, 기관 및 성명 등의 표식이 없을 것 • 빈틈이 없고, 일반 제과점에서 통용되는 위생모(크기 및 길이, 재질은 제한 없음) - 흰색 머릿수건(손수건)은 머리카락 및 이물에 의한 오염 방지를 위해 착용 금지
마스크	• 침액 오염 방지용으로, 종류는 제한하지 않음(단, 마스크 착용 의무화 기간 중 '투명 위생 플라스틱 입가리개'는 마스크 착용으로 인정하지 않음) - 미착용 시 실격
위생화 (작업화)	• 색상 무관, 기관 및 성명 등의 표식이 없을 것 • 조리화, 위생화, 작업화, 운동화 등 가능(단, 발가락, 발등, 발뒤꿈치가 모두 덮일 것) • 미끄러짐 및 화상의 위험이 있는 슬리퍼, 작업에 방해가 되는 굽이 높은 구두, 속 굽 있는 운동화 금지
장신구	• 일체의 개인용 장신구 착용 금지(단, 위생모 고정을 위한 머리핀은 허용) • 손목시계, 반지, 귀걸이, 목걸이, 팔찌 등 이물, 교차오염 등의 식품위생 위해 장신구는 착용하지 않을 것
두 발	• 단정하고 청결할 것, 머리카락이 길 경우 흘러내리지 않도록 머리망을 착용하거나 묶을 것
손 / 손톱	• 손에 상처가 없어야 하나, 상처가 있을 경우 보이지 않도록 할 것(시험위원 확인하에 추가 조치 가능) • 손톱은 길지 않고 청결하며 매니큐어, 인조손톱 등을 부착하지 않을 것
위생관리	• 재료, 조리기구 등 조리에 사용되는 모든 것은 위생적으로 처리하여야 하며, 제과제빵용으로 적합한 것일 것
안전사고 발생 처리	• 칼 사용(손 빔) 등으로 안전사고 발생 시 응급조치를 하여야 하며, 응급조치에도 지혈이 되지 않을 경우 시험 진행 불가

※ 일반적인 개인위생, 식품위생, 작업장 위생, 안전관리를 준수하지 않을 경우 감점 처리될 수 있으며, 기타 자세한 사항은 큐넷 홈페이지(www.q-net.or.kr)에서 확인하시기 바랍니다.

CBT 응시 요령

기능사 종목 전면 CBT 시행에 따른
CBT 완전 정복!

"CBT 가상 체험 서비스 제공"
한국산업인력공단
(http://www.q-net.or.kr) 참고

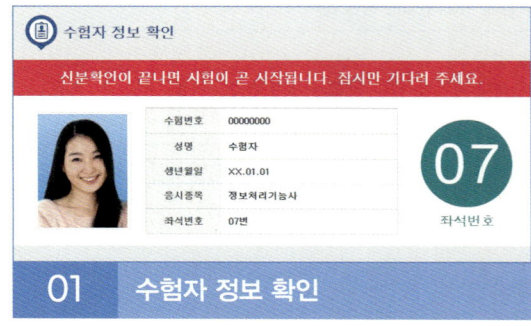

01 수험자 정보 확인

시험장 감독위원이 컴퓨터에 나온 수험자 정보와 신분증이 일치하는지를 확인하는 단계입니다. 수험번호, 성명, 생년월일, 응시종목, 좌석번호를 확인합니다.

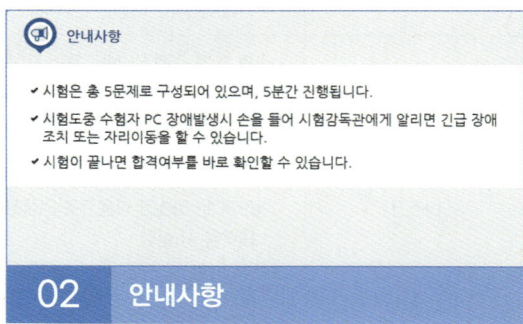

02 안내사항

시험에 관한 안내사항을 확인합니다.

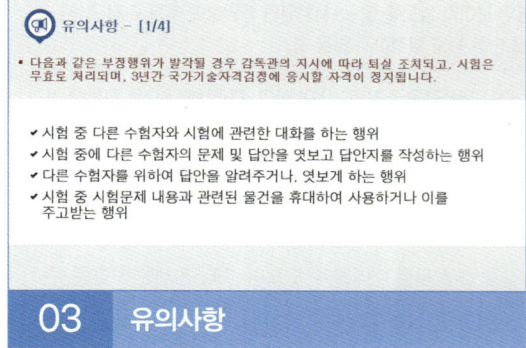

03 유의사항

부정행위에 관한 유의사항이므로 꼼꼼히 확인합니다.

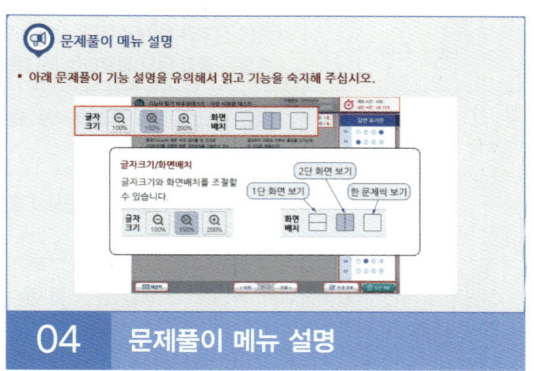

04 문제풀이 메뉴 설명

문제풀이 메뉴의 기능에 관한 설명을 유의해서 읽고 기능을 숙지해 주세요.

CBT GUIDE

합격의 공식 Formula of pass · 시대에듀 www.sdedu.co.kr

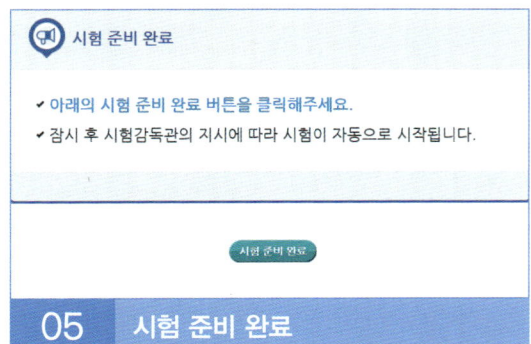

05 시험 준비 완료

시험 안내사항 및 문제풀이 연습까지 모두 마친 수험자는 시험 준비 완료 버튼을 클릭한 후 잠시 대기합니다.

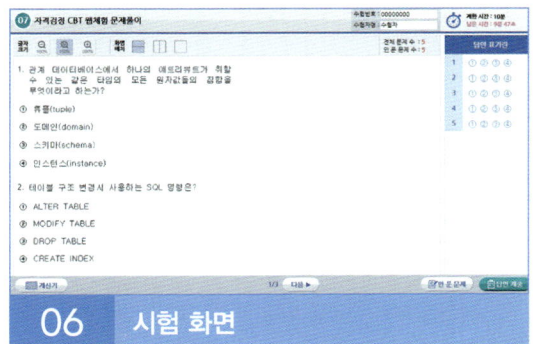

06 시험 화면

시험 화면이 뜨면 수험번호와 수험자명을 확인하고, 글자크기 및 화면배치를 조절한 후 시험을 시작합니다.

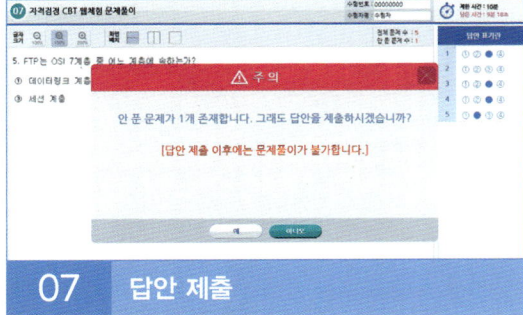

07 답안 제출

[답안 제출] 버튼을 클릭하면 답안 제출 승인 알림창이 나옵니다. 시험을 마치려면 [예] 버튼을 클릭하고 시험을 계속 진행하려면 [아니오] 버튼을 클릭하면 됩니다. 답안 제출은 실수 방지를 위해 두 번의 확인 과정을 거칩니다. [예] 버튼을 누르면 답안 제출이 완료되며 득점 및 합격여부 등을 확인할 수 있습니다.

CBT 완전 정복 Tip

내 시험에만 집중할 것
CBT 시험은 같은 고사장이라도 각기 다른 시험이 진행되고 있으니 자신의 시험에만 집중하면 됩니다.

이상이 있을 경우 조용히 손을 들 것
컴퓨터로 진행되는 시험이기 때문에 프로그램상의 문제가 있을 수 있습니다. 이때 조용히 손을 들어 감독관에게 문제점을 알리며, 큰 소리를 내는 등 다른 사람에게 피해를 주는 일이 없도록 합니다.

연습 용지를 요청할 것
응시자의 요청에 한해 연습 용지를 제공하고 있습니다. 필요시 연습 용지를 요청하며 미리 시험에 관련된 내용을 적어놓지 않도록 합니다. 연습 용지는 시험이 종료되면 회수되므로 들고 나가지 않도록 유의합니다.

답안 제출은 신중하게 할 것
답안은 제한 시간 내에 언제든 제출할 수 있지만 한 번 제출하게 되면 더 이상의 문제풀이가 불가합니다. 안 푼 문제가 있는지 또는 맞게 표기하였는지 다시 한 번 확인합니다.

이 책의 100% 활용법

STEP 1
답이 한눈에 보이는 문제를 보고 정답을 외운다.

기출문제 풀이는 합격으로 가는 지름길입니다. 기출복원문제의 정답을 외워 최신 경향을 파악하고, 상세한 해설로 이론 학습을 대신합니다.

STEP 2
부족한 내용은 빨간키로 보충 학습한다.

시험에 꼭 나오는 핵심 포인트만 정리하였습니다. 시험장에서 마지막으로 보는 요약집으로도 활용할 수 있습니다.

METHOD OF LEARNING

합격의 공식 Formula of pass · 시대에듀 www.sdedu.co.kr

STEP 3
실전처럼 모의고사를 풀어본다.

해설의 도움 없이 시간을 재며 실제 시험처럼 모의고사 문제를 풀어봅니다.

STEP 4
어려운 문제는 반복 학습한다.

어려운 내용이 있다면 상세한 해설을 참고합니다. 14회분 문제 풀이를 최소 3회독 합니다.

STEP 5
시대에듀 CBT 모의고사로 최종 마무리한다.

시험 전날 시대에듀에서 제공하는 온라인 모의고사로 자신의 실력을 최종 점검합니다. (쿠폰번호 뒤표지 안쪽 참고)

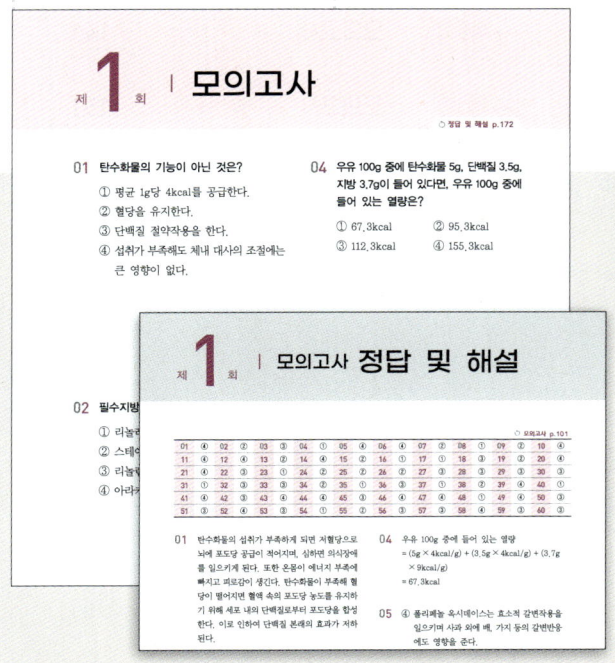

목차

빨리보는 **간**단한 **키**워드

PART 01	기출복원문제		PART 02	모의고사	
제1회	기출복원문제	003	제1회	모의고사	101
제2회	기출복원문제	017	제2회	모의고사	111
제3회	기출복원문제	032	제3회	모의고사	121
제4회	기출복원문제	046	제4회	모의고사	131
제5회	기출복원문제	059	제5회	모의고사	141
제6회	기출복원문제	071	제6회	모의고사	151
제7회	기출복원문제	085	제7회	모의고사	161
			정답 및 해설		172

답만 외우는 제과기능사

빨간키
빨리보는 간단한 키워드

당신의 시험에 **빨간불**이 들어왔다면!
최다빈출키워드만 모아놓은 합격비법 핵심 요약집 **빨간키**와 함께하세요!
그대의 합격을 기원합니다.

CHAPTER 01 | 재료 준비

▎배합표
- 배합표란 빵을 만드는 데 필요한 재료의 종류와 양, 비율을 숫자로 표시한 것으로, 배합률은 %로 표기하며, 배합량은 g과 kg 단위로 표기한다.
- 베이커스 퍼센트(Baker's %)는 밀가루 사용량을 100% 기준으로 하여 표기하며, 트루 퍼센트는 전체 사용된 재료의 합을 100%로 표기한다.

▎배합량 계산법

밀가루 무게(g)	$\dfrac{\text{밀가루 비율(\%)} \times \text{총 반죽 무게(g)}}{\text{총 배합률(\%)}}$
총 반죽 무게(g)	$\dfrac{\text{총 배합률(\%)} \times \text{밀가루 무게(g)}}{\text{밀가루 비율(\%)}}$
트루 퍼센트(%)	$\dfrac{\text{각 재료 중량(g)}}{\text{총 재료 중량(g)}} \times 100$

▎고율 배합
- 설탕의 사용량이 밀가루의 사용량보다 많고, 수분(달걀, 우유 등)이 설탕량보다 많은 배합
- 많은 설탕을 녹일만한 양의 물을 사용하여 수분이 제품에 많이 남게 되므로, 촉촉한 상태를 오랫동안 유지해 신선도를 높이고 부드러움이 지속됨

▎저율 배합
설탕, 유지, 달걀 등의 비율이 낮으며 기본 재료인 밀가루, 소금, 물을 위주로 하여 만든 배합

▎고율 배합과 저율 배합의 비교

구 분	고율 배합	저율 배합
설탕과 밀가루의 양	설탕 ≧ 밀가루	설탕 ≦ 밀가루
공기의 혼입	많음	적음
반죽의 비중	낮음	높음
화학 팽창제 사용량	적음	많음
굽 기	저온 장시간(오버 베이킹)	고온 단시간(언더 베이킹)

밀가루의 종류

- 밀의 구조 : 껍질 14%, 배유 83%, 배아 2~3%
- 밀가루의 분류

구 분	단백질 함량(%)	용 도	제분 밀의 종류
강력분	11~14	제빵용	경질밀, 초자질
중력분	9~10.5	우동, 면류	연질밀, 중자질
박력분	6~8.5	제과용	연질밀, 분상질
듀럼분	11~12	스파게티, 마카로니	듀럼분, 초자질

밀가루의 기능

- 글루텐을 형성하여 발효 시 생성된 가스를 보유, 제품의 부피와 기초 골격을 이루게 한다.
- 밀가루의 종류에 따라 제품의 부피, 껍질과 속의 색, 맛 등에 영향을 준다.

소금의 기능

- 설탕의 감미와 작용하여 풍미를 증가시키고 맛을 조절한다.
- 캐러멜화의 온도를 낮추고 껍질 색을 조절한다.
- 잡균들의 번식을 억제하고 반죽의 물성을 좋게 한다.
- 반죽의 글루텐의 탄성을 강하게 한다.

물

- 물은 반죽의 온도를 조절하며, 재료를 분산시켜 효모와 효소 활성을 촉진한다.
- 자유수와 결합수

자유수	• 식품 중에 존재하며, 쉽게 이동 가능한 물 • 0℃ 이하에서 동결, 100℃에서 증발 • 용매 역할
결합수	• 식품 중 고분자 물질과 강하게 결합하고, 쉽게 제거할 수 없는 물 • -20℃에서도 잘 얼지 않으며, 100℃에서 증발되지 않음

- 경도에 따른 물의 분류

경 수	• 센물(경도 181ppm 이상) • 반죽 사용 시 빵의 탄력성이 강해지는 반면, 반죽이 질겨지고, 발효 시간이 오래 걸림
아경수	• 경도 121~180ppm • 빵류 제품에 가장 적합, 반죽의 글루텐을 경화시키며, 이스트에 영양물질을 제공
아연수	• 경도 61~120ppm • 부드러운 물에 가까움
연 수	• 단물(경도 60ppm 이하) • 반죽 사용 시, 반죽이 연하고 끈적거리나 발효 속도는 빠름

팽창제

기공, 조직을 부드럽게 만드는 팽창작용을 하도록 가스를 생산한다.

베이킹파우더	산염, 탄산수소나트륨, 부형제로 구성되어 있으며, 탄산수소나트륨은 산과 작용하여 열을 받으면 탄산가스를 발생하여 반죽의 부피를 팽창시킨다.
암모늄염(소다)	쿠키 제품에서 단백질 구조를 변경시키고 가스를 발생하여 쿠키의 퍼짐성을 좋게 한다.
주석산	설탕에 첨가하여 끓이면 재결정을 막을 수 있고, 달걀흰자를 기포할 때 흰자를 강하게 하는 성질이 있다.

안정제

- 식품에서 점착성을 증가시키고 유화 안전성을 좋게 하며, 가공 시 신선도 유지, 형체 보존에 도움을 준다. 미각에 대해서도 점활성을 주어 촉감을 좋게 하기 위하여 식품에 첨가한다.
- 아이싱 제조 시 끈적거림 및 부서짐 방지, 머랭에서 물 스며나옴 방지, 크림 토핑물에 부드러움 제공, 흡수제로 노화 지연효과 등의 역할을 한다.
- 파이 충전물의 전분 일부를 검으로 대치하거나 타르트의 농화제로 이용된다.
- 각종 젤리, 잼 제조에 이용된다.

설탕(당)의 기능

- 밀가루 단백질을 연화시켜 제품의 조직을 부드럽게 한다(연화작용).
- 제품에 단맛이 나게 하며, 독특한 향을 내게 한다(감미제 역할).
- 수분 보유력을 가지고 있어서 노화를 지연시키고 신선도를 오래 유지한다.
- 쿠키 반죽의 퍼짐률을 조절한다(퍼짐성).
- 갈변반응과 캐러멜화로 껍질 색을 내며 독특한 풍미를 만든다.

달걀의 구성과 수분 함량

- 달걀의 구성 : 껍데기 10%, 노른자 30%, 흰자 60%
- 수분 함량
  - 달걀 : 수분 75%, 고형분 25%
  - 노른자 : 수분 50%, 고형분 50%
  - 흰자 : 수분 88%, 고형분 12%

달걀의 기능

- 구조 형성 : 달걀의 단백질이 밀가루와의 결합작용으로 과자제품의 구조를 형성한다.
- 결합제 : 커스터드 크림을 엉기게 하여 농후화 작용을 한다.
- 수분 공급 : 전란의 75%가 수분으로 제품에 수분을 공급한다.
- 유화제 : 노른자의 레시틴이 유화작용을 하며, 반죽의 분리현상을 막아주기도 한다.

- 팽창작용 : 믹싱 중 공기를 혼합하므로 굽기 중 5~6배의 부피로 늘어나는 팽창작용을 한다.
- 쇼트닝 효과 : 노른자 성분인 레시틴의 유화작용으로 제품을 부드럽게 한다.
- 색 : 노른자의 황색은 식욕을 돋우는 기능을 가지고 있다.

유지의 종류

버터	• 우유를 크림분리기에 걸어 원심력으로 우유지방을 분리하여 응축시켜 만든 유지 중의 하나이다. • 유지방 80~85%, 수분 14~17%, 소금 1~3%를 함유하며, 풍미가 우수하나 크림성이 좋지 않다. • 녹는점이 낮고 가소성 범위가 좁아 18~21℃에서 작업성이 좋다. • -5~0℃의 저온에서 직사광선을 피한 깨끗한 장소에 보존한다.
마가린	• 유지 함량 80% 이상, 수분 함량 18% 이하로 고가인 버터의 대용 유지로 개발된 제품이다. • 식물성 유지 또는 유지방을 포함하는 동물성 유지에 물, 식품, 식품첨가물 등을 혼합하여 유화시켜서 만든 고체 또는 유동 형태의 유지이다. • 버터에 비해 가소성, 유화성, 크림성이 뛰어나고 가격이 저렴하여 제과·제빵용 유지로 사용되고 있다.
쇼트닝	• 라드(Lard) 대용 유지로, 동·식물성 유지를 정제 가공한 제품이다. • 무색, 무미, 무취이며 지방 함량이 100%로 제과, 식빵용 유지로 사용된다. • 쇼트닝성(바삭바삭한 정도)과 크림성(공기 혼입)이 우수하다.
유화 쇼트닝	• 유화제를 5~6% 정도 첨가한 것이다. • 유화제를 첨가한 목적은 빵과 케이크의 노화 지연, 크림성 증가, 유화 분산성 및 흡수성의 증대를 통하여 보다 좋은 제과제빵 적성을 가지게 하는 데 있다. • 튀김 기름 : 고체 쇼트닝, 액체유 등 발연점이 높은 것을 사용해야 한다.

유지의 기능

쇼트닝 기능	제품에 부드러움을 주는 성질로 믹싱 중에 유지가 얇은 막을 형성하여 녹말과 단백질이 단단하게 되는 것을 방지하고, 제품에 윤활성을 제공한다.
공기혼입 기능	믹싱 중 유지는 공기를 포집하여 굽기 중 부피를 팽창시킨다.
크림화 기능	• 믹싱 중 지방입자 사이사이에 공기가 포집되어 미세한 기포가 되어 크림이 되는 성질이다. • 크림성이 양호한 유지는 쇼트닝의 275~350%에 해당하는 공기를 함유하게 된다.
안정화 기능	• 유지를 장시간 방치하면 산패가 일어나므로 장시간 산패에 견딜 수 있도록 한다. • 특히 비스킷, 쿠키파이, 크러스트 등과 같은 제품의 품질을 좌우한다.
식감과 저장성	• 유지는 식품을 섭취할 때 완제품에 부드러움을 준다. • 완제품에서 수분 보유력을 향상시켜 노화를 연장시킨다.
신장성	파이 제조 시 반죽 사이에서 밀어 펴지는 성질이다.
가소성	• 고체 지방 성분의 변화에도 단단한 외형을 갖추는 성질, 즉 고체의 유지를 교반하면 고체 상태가 반죽 상태로 변형되어 유동성을 가지는 성질을 말한다. • 버터의 가소성 온도는 13~18℃이다.

유지의 보관 조건

- 유지는 온도, 빛, 금속, 수분, 색소 등에 민감하게 반응하며 산화반응이 끊임없이 지속된다.
- 보관 적정 온도는 -5~0℃이며, 흡습성이 있기 때문에 강한 냄새가 있는 물건 옆에 보관하면 냄새를 흡수하므로 주의한다.

■ 우유의 구성과 종류
- 우유의 구성
  - 수분 88%, 고형분 12%(단백질 3.4%, 유지방 3.6%, 유당 4.7%, 회분 0.7%)
  - 유단백질 중 80% 정도가 카세인으로 산과 레닌효소에 의해 응고된다.
  - 유당은 이스트에 의해 발효되지 않고 젖산균(유산균), 대장균에 의해 발효된다.
- 우유의 종류
  - 시유 : 살균 또는 균질화시킨 우유이다.
  - 농축우유 : 우유의 수분을 증발시켜 고형분을 높인 우유이다.
  - 탈지우유 : 우유에서 지방을 제거한 우유이다.
  - 탈지분유 : 탈지우유에서 수분을 증발시켜 가루로 만든 것이다.
  - 전지분유 : 생우유 속에 든 수분을 증발시켜 가루로 만든 것이다.

■ 우유의 살균법
- 저온 장시간 살균법 : 60~65℃, 30분간 가열
- 고온 단시간 살균법 : 75℃, 15초간 가열
- 초고온 순간 살균법 : 130~150℃, 2~5초간 가열

■ 초콜릿의 블룸(Bloom)현상
초콜릿 가공 과정 중 하나인 온도조절 작업이 충분하지 않거나 고온이나 직사광선으로 인하여 초콜릿이 녹았다가 그대로 굳은 경우에 생긴다.
- 지방 블룸(팻 블룸) : 지방이 분리되었다가 굳어지면서 얼룩이 생기는 현상이다.
- 설탕 블룸(슈거 블룸) : 초콜릿의 설탕이 공기 중의 수분을 흡수해 녹았다가 재결정되어 표면에 하얗게 피는 현상이다.

■ 초콜릿 템퍼링(Tempering)
- 초콜릿 사용 전 카카오 버터를 미세한 결정으로 만들어 매끈한 광택의 초콜릿을 만드는 과정이다.
- 초콜릿의 모든 성분이 골고루 녹도록 49℃로 용해한 다음 26℃ 전후로 냉각하고 다시 적절한 온도(29~31℃)로 올리는 일련의 작업이 필요하다.
- 템퍼링의 효과
  - 광택이 좋고, 내부 조직이 조밀해진다.
  - 안정한 결정이 많고 결정형이 일정하다.
  - 입 안에서 용해성이 좋아지며, 팻 블룸이 일어나지 않는다.

▌ 탄수화물

- 탄소(C), 수소(H), 산소(O)로 구성되어 있다.
- 1g당 4kcal의 에너지를 낸다.
- 분 류

단당류	포도당, 과당, 갈락토스
이당류	• 자당(설탕) : 포도당 + 과당 • 맥아당(엿당) : 포도당 + 포도당 • 유당(젖당) : 포도당 + 갈락토스 • 전화당 : 자당이 가수분해될 때 생기는 중간산물, 포도당과 과당이 1 : 1로 혼합된 당
다당류	• 단순다당류 : 단당류로만 구성된 다당류 　예 전분, 섬유소, 글리코겐, 이눌린 등 • 복합다당류 : 단당류 이외에 지방질이나 단백질 등의 성분이 복합되어 있는 다당류 　예 펙틴, 키틴 등

▌ 당류의 상대적 감미도

과당(175) > 전화당(130) > 설탕(100) > 포도당(75) > 맥아당(32) > 유당(16)

▌ 지 방

- 탄소(C), 수소(H), 산소(O)로 구성되어 있다.
- 1g당 9kcal의 에너지를 낸다.
- 분 류

단순 지방	지방산과 글리세린의 에스터(Ester, 에스테르) 결합으로 이루어져 있다. 예 중성 지방, 납(왁스), 식용유 등
복합 지방	• 인지질 : 지질 + 인산 • 당지질 : 지질 + 당 • 지단백질 : 지질 + 단백질
유도 지방	지방산, 글리세린, 콜레스테롤, 에르고스테롤

▌ 포화지방산

- 이중결합이 없다.
- 주로 동물성 지방에 많이 함유되어 있다(소기름, 돼지기름, 버터 등).
- 융점이 높아 상온에서 주로 고체로 존재한다.
- 종류 : 뷰티르산, 카프르산, 미리스트산, 스테아르산, 팔미트산 등

불포화지방산

- 이중결합이 있다.
- 이중결합이 많을수록 불포화도가 높으며, 산패되기 쉽다.
- 주로 식물성 지방에 많이 함유되어 있다.
- 종류 : 올레산, 리놀레산, 리놀렌산, 아라키돈산 등
- 고도불포화지방산 : 아라키돈산, EPA, DHA 등

지방산 포화도에 따른 분류

구 분	아이오딘가	특 징
건성유	130 이상	상온에서 방치하면 굳어버리는 성질을 가짐 예 아마인유, 오동나무기름, 들깨기름 등
반건성유	100~130	건성유과 불건성유의 중간 성질의 유지 예 참기름, 대두유, 면실유 등
불건성유	100 이하	상온에서 방치해도 굳어지지 않는 성질을 가짐 예 동백기름, 올리브유, 피마자유 등

단백질

- 탄소(C), 수소(H), 산소(O), 질소(N), 인(P), 황(S) 등으로 구성되어 있다.
- 1g당 4kcal의 에너지를 낸다.
- 분 류

단순 단백질	알부민, 글로불린, 글루텔린, 프롤라민
복합 단백질	핵단백질, 당단백질, 인단백질, 색소단백질, 금속단백질
유도 단백질	메타단백질, 프로테오스, 펩톤, 폴리펩타이드, 펩타이드

효 소

- 탄수화물 분해효소

효 소	작 용
아밀레이스(Amylase, 아밀라아제)	전분 → 덱스트린 + 맥아당
수크레이스(Sucrase, 수크라아제)	설탕 → 포도당 + 과당
말테이스(Maltese, 말타아제)	맥아당 → 포도당 2분자
락테이스(Lactase, 락타아제)	젖당 → 포도당 + 갈락토스

- 단백질 분해효소

효 소	작 용
펩신(Pepsin)	단백질 → 펩톤
펩티데이스(Peptidase, 펩티다아제)	펩타이드 → 아미노산
트립신(Trypsin)	단백질 → 펩타이드, 아미노산

- 지질 분해효소

효 소	작 용
라이페이스(Lipase, 리파아제)	지방 → 글리세린 + 지방산

■ 필수 아미노산

- 체내에서 생성할 수 없으며, 반드시 음식물을 통해서 섭취해야 하는 아미노산이다.
- 필수 아미노산의 종류(9가지) : 라이신(Lysine), 트립토판(Tryptophan), 트레오닌(Threonine), 페닐알라닌(Phenylalanine), 류신(Leucine), 아이소류신(Isoleucine), 메티오닌(Methionine), 발린(Valine), 히스티딘(Histidine)
  ※ 8가지로 보는 경우 히스티딘은 제외된다.

■ 반죽형 반죽

- 밀가루, 달걀, 설탕, 유지를 기본 재료로 하고, 화학제 팽창제나 베이킹파우더를 사용하여 부피를 형성하는 반죽이다.
- 유지의 함량이 많아(달걀 무게의 1/2 이상) 반죽 온도가 중요하며, 일반적으로 밀가루가 달걀보다 많아 반죽 비중이 높고 식감이 무겁다.
- 파운드 케이크, 과일 케이크, 머핀, 마들렌과 각종 레이어 케이크 등을 만들 때 사용한다.
- 제조방법에 따른 분류

크림법	• 처음에 유지와 설탕, 소금을 넣고 믹싱을 하여 크림을 만든 후 달걀을 서서히 투입하여 크림을 부드럽게 유지하도록 한 후, 여기에 체로 친 밀가루와 베이킹파우더, 건조 재료를 가볍고 균일하게 혼합하여 반죽한다. • 일반적이고 전통적인 방법으로, 대부분의 반죽형 제품에 많이 사용되고 있으며 부피가 양호하다. • 파운드 케이크, 쿠키 등에 사용한다.
블렌딩법	• 처음에 유지와 밀가루를 믹싱하여 유지가 밀가루 입자를 얇은 막으로 피복한 후, 건조 재료와 액체 재료를 혼합하는 방법이다. • 데블스 푸드 케이크, 마블 파운드 등에 사용한다.
1단계법	• 모든 재료를 한 번에 투입한 후 믹싱하는 방법으로 유화제와 베이킹파우더가 필요하다. • 노동력과 시간이 절약되는 장점이 있으며, 기계 성능이 좋은 경우에 많이 이용된다. • 마들렌, 피낭시에 등 구움 과자 반죽 제조법을 1단계법이라 할 수 있다.
설탕물법	• 유지에 설탕물 시럽을 넣고 혼합한 후, 가루 재료를 넣고 마지막에 달걀을 혼합하는 방법이다. • 계량이 편리하고 질 좋은 제품을 생산할 수 있다.
복합법	• 유지를 크림화하여 밀가루를 혼합한 후, 달걀 전란과 설탕을 휘핑하여 유지에 균일하게 혼합하는 방법과 달걀흰자와 노른자를 분리하여 노른자는 유지와 함께 크림화하고 흰자는 머랭을 올려 제조하는 방법이 있다. • 파운드 케이크, 버터 쿠키 등의 제조에는 크림법을 많이 사용하나, 제품에 따라 복합법을 사용하기도 한다.

▌ 거품형 반죽

- 달걀 믹싱 중 공기를 포집하여 부피가 커지며, 굽기 중 열에 의해 공기가 팽창하고 단백질 구조가 응고되어 골격을 이룬다.
- 반죽형에 비해 달걀 사용량이 많아 반죽의 비중이 낮고 식감이 부드럽고 가볍다.
- 대표적인 제품으로 스펀지 케이크, 엔젤푸드 케이크, 롤 케이크, 머랭 등이 있다.
- 사용되는 믹싱법에 따른 분류
  - 공립법 : 달걀흰자와 노른자를 분리하지 않고 전란에 설탕을 넣어 함께 거품을 내는 방법이다.
  - 별립법 : 달걀노른자와 흰자를 분리하여 제조하는 방법으로, 각각 설탕을 넣고 따로 거품 내어 사용한다.
  - 머랭 : 달걀흰자에 설탕을 넣어서 거품을 낸 것으로 다양한 모양을 만들거나 크림용으로 광범위하게 사용된다.

▌ 시폰형 반죽

- 달걀의 흰자와 노른자를 분리하여 노른자는 거품을 내지 않고 반죽형과 같은 방법으로 제조하고, 흰자는 머랭을 만들어 두 가지 반죽을 혼합하여 제조하는 방법이다.
- 반죽형의 부드러움과 거품형 반죽의 가벼운 식감이 특징이다.

▌ 과자 반죽의 종류에 따른 식감과 질감의 차이

반죽 종류	팽창방법	식 감	질 감
반죽형 반죽	화학팽창제, 유지의 크림성	무거움	부드러움
거품형 반죽	물리적 팽창, 공기의 포집	가벼움	질김
시폰형 반죽	화학팽창제, 공기의 포집	가벼움	부드러움

▌ 퍼프 페이스트리 반죽

- 반죽에 이스트를 넣지 않고 구울 때 반죽 사이의 유지가 녹아 생긴 공간을 수증기압으로 부풀리며, 반죽이 늘어지는 성질이 좋기 때문에 결을 많이 만들 수 있다.
- 최고 250결까지 만들 수 있으며, 매우 바삭바삭한 것이 특징이다.
- 반죽 제조법에 따라 접이형과 반죽형으로 구분할 수 있다.

▌ 과자 반죽 온도 계산

마찰계수	반죽의 결과 온도×6 – (실내 온도 + 밀가루 온도 + 설탕 온도 + 유지 온도 + 달걀 온도 + 물 온도)
사용수 온도	반죽 희망 온도×6 – (실내 온도 + 밀가루 온도 + 설탕 온도 + 유지 온도 + 달걀 온도 + 마찰계수)
얼음 사용량	물 사용량×(수돗물 온도 – 사용수 온도) / (80 + 수돗물 온도)

과자 반죽의 비중
- 같은 부피의 물의 무게에 대한 반죽의 무게를 단위 없이 나타낸 값으로, 비중의 수치가 낮으면 반죽에 공기가 많이 들어 있다는 뜻이다.
- 같은 부피의 제품을 구울 때 비중이 높으면 부피가 작고 단단해진다. 또한 기공이 조밀하여 무거운 제품이 된다.
- 비중이 낮으면 굽기 후 식히는 과정에서 부피가 줄어들 수 있어 제품을 균일하게 유지하는 데 문제가 될 수 있다. 또한 너무 낮으면 거칠고 큰 기포가 형성되어 거친 조직이 된다.

비중 계산법

$$비중 = \frac{같은 \ 부피의 \ 반죽 \ 무게}{같은 \ 부피의 \ 물 \ 무게}$$

제품별 비중
- 파운드 케이크 : 0.7~0.8
- 스펀지 케이크 : 0.5~0.6
- 레이어 케이크 : 0.8~0.9
- 롤 케이크 : 0.4~0.45

반죽의 물리적 특성 측정 기구
- 아밀로그래프(Amylograph) : 점도의 변화, 전분의 질을 측정
- 패리노그래프(Farinograph) : 반죽의 점탄성, 흡수율, 믹싱 내구성, 믹싱 시간을 측정
- 익스텐소그래프(Extensograph) : 반죽의 신장성, 밀가루 내구성, 발효 시간을 측정

반죽 시간 및 속도에 영향을 주는 요인
- 반죽기의 회전속도와 반죽 양 : 회전속도가 빠르고 반죽 양이 적으면 반죽 시간이 짧으며, 속도가 느리고 반죽 양이 많으면 시간이 길어진다.
- 소금 : 글루텐 형성을 촉진하여 반죽의 탄력성을 키운다.
- 탈지분유 : 글루텐 형성을 늦춘다. 그 결과 반죽 시간이 늘어난다.
- 설탕 : 글루텐 결합을 방해하여 반죽의 신장성을 키운다. 그 결과 반죽 시간이 늘어난다.
- 밀가루 : 단백질의 질이 좋고 양이 많을수록 반죽 시간이 길어지고 반죽의 기계 내성이 커진다.
- 흡수율 : 흡수율이 높을수록 반죽 시간이 짧아진다.
- 스펀지 양 : 스펀지 배합 비율이 높고 발효 시간이 길수록 본반죽의 반죽 시간이 짧아진다.
- 반죽 온도 : 반죽 온도가 높을수록 반죽 시간이 짧아진다.
- 산도 : 산도가 낮을수록 반죽 시간이 짧아지고 최종단계의 폭이 좁아진다.

▎충전물
- 타르트, 파이, 슈 등에 내용물을 채우는 것으로 일반적으로 필링(Filling)이라고 한다.
- 충전물은 성형할 때 넣어 굽거나 구운 후 충전하는 두 가지 형태가 있다.

▎토핑물
- 완성된 제품의 위에 올리거나 코팅하여 제품의 맛과 디자인을 개선하는 데 사용한다.
- 주로 내열성이 없는 경우가 많아 가열 시 변색되거나 물성이 변하는 경우가 많다.
- 잼류나 과일 필링, 폰당(Fondant, 혼당, 폰던트) 등이 있다.

▎장식물
- 다양한 원료나 제품을 장식물로 사용할 수 있으나, 수분이 많은 크림 위에 장식되는 경우가 많아서 수분에 강한 장식물이 좋다.
- 초콜릿이나 머랭, 마지팬, 설탕 공예품, 파스티아주 등이 있다.

CHAPTER 02 | 과자류 제품 제조

■ 분할 패닝
- 다양한 모양을 갖춘 틀(팬)에 반죽을 채워 넣고 구워 내 형태를 만드는 것이다.
- 적정량의 반죽을 계산하여 일정하게 패닝하는 것이 중요하다.

■ 비용적
- 반죽 1g을 발효시켜 구웠을 때 팽창할 수 있는 부피이다(cm^3/g).
- 제품에 따른 비용적

제품 종류	비용적(cm^3/g)	제품 종류	비용적(cm^3/g)
풀먼식빵	3.8~4.0	파운드 케이크	2.40
산형식빵	3.2~3.4	엔젤푸드 케이크	4.71
레이어 케이크	2.96	스펀지 케이크	5.08

■ 각 제품의 적정 패닝양
- 반죽의 적정 분할량 = 틀 부피(팬 용적) ÷ 비용적
- 팬의 부피를 계산하지 않을 경우
  - 반죽형 반죽 : 팬 부피의 70~80%
  - 거품형 반죽 : 팬 부피의 50~60%
  - 푸딩 : 팬 부피의 95%
- 틀 부피(팬 용적) 계산법

사각 팬	가로×세로×높이
경사진 옆면을 가진 사각 팬	평균 가로×평균 세로×높이
원형 팬	반지름×반지름×π(3.14)×높이
경사진 옆면을 가진 원형 팬	평균 반지름×평균 반지름×π(3.14)×높이

■ 팬 오일(이형유)의 조건
- 발연점이 높은 기름(210℃ 이상)이어야 한다.
- 고온이나 장시간의 산패에 잘 견디는 안정성이 높은 기름이어야 한다.
- 무색, 무미, 무취로 제품의 맛에 영향이 없어야 한다.
- 바르기 쉽고 골고루 잘 발라져야 한다.
- 고화되지 않아야 한다.

쿠키

- 반죽 특성에 따른 분류

반죽형 쿠키	드롭 쿠키	방울 모양 쿠키로, 소프트 쿠키라고도 하며, 달걀과 같은 액체 재료의 함량이 높아 부드럽다.
	스냅 쿠키	슈거 쿠키라고도 하며 수분이 적고, 낮은 온도에서 오래 구워 바삭하다.
	쇼트브레드 쿠키	유지 사용량이 많아 부드럽고 바삭하다.
거품형 쿠키	스펀지 쿠키	수분 함량이 가장 높은 쿠키이다. 스펀지 케이크 배합률과 비슷하나, 밀가루 함량을 높여 분할 시 팬에서 모양이 유지되도록 구워 내며 짜는 형태이다.
	머랭 쿠키	달걀흰자와 설탕이 주재료로, 낮은 온도에서 착색이 지나치지 않게 구워내는 쿠키이다. 밀가루는 달걀흰자의 1/3 정도 사용하며 짤 주머니에 넣어 짜서 정형한다.

- 제조방법에 따른 분류

짜내는 쿠키	반죽을 짤 주머니에 넣고 철판에 짜내는 방법으로, 정형한 크기와 모양, 간격이 일정해야 한다. 깍지의 모양에 따라 다양한 형태의 제품을 만들 수 있으며, 장식물은 굽기 중 껍질이 형성되기 전에 올려 준다. 예 드롭 쿠키, 거품형 쿠키
밀어 펴는(찍어내기) 쿠키	반죽을 일정한 두께로 밀어 펴고 다양한 형태의 정형기(모양틀)를 이용해 원하는 모양으로 만든다. 예 스냅 쿠키, 쇼트브레드 쿠키
냉장(냉동) 쿠키	유지가 많은 배합의 쿠키 반죽을 냉동고에서 굳혀 잘라 만든다.
손으로 만드는 쿠키	반죽형 쿠키 반죽을 제조하여 손으로 만든다.
프랑스식(판에 등사하는) 쿠키	수분이 많은 묽은 반죽을 철판에 흘려 만든다.
마카롱 쿠키	달걀흰자와 설탕으로 만든 머랭 쿠키로 밀가루는 거의 사용하지 않는다.

쿠키의 퍼짐률이 커지는 경우

- 쇼트닝, 설탕의 과다 사용
- 설탕 일부를 믹싱 후반기에 투입
- 낮은 오븐 온도
- 철판에 기름칠이 과도할 때
- 믹싱 부족
- 알칼리성 부족
- 입자가 큰 설탕 사용

퍼프 페이스트리 정형

- 정형 공정 : 휴지 → 접기 → 밀어 펴기 → 정형 → 반죽 보관
- 반죽 접기 시 주의할 점
  - 온도 관리(작업실 온도는 18℃로 유지)
  - 과도한 덧가루 금지
  - 90°씩 방향을 바꿔 밀기
  - 반죽이 마르지 않도록 유지

스펀지 케이크 문제의 원인과 해결책

항목	원인	해결책
수 축	밀가루양 부족, 설탕 사용량 많음, 낮은 오븐 온도	밀가루양 증가, 설탕량 감소, 오븐 온도 높임
부 피	부적합한 배합률, 믹싱 부족, 굽기 전 실온에 장시간 지체	배합률 조정, 충분한 믹싱, 실온에 장시간 방치하지 않을 것
껍질 두께	과다한 설탕량, 높은 오븐 온도	설탕량 감소, 오븐 온도 낮춤
표면 균열	과다한 달걀 사용, 높은 오븐 온도	달걀 사용량 감소, 오븐 온도 낮춤
내부 기공	과다한 유지 사용	유지 사용량 감소

쿠키 문제의 원인과 해결책

항목	원인	해결책
퍼짐성	• 과도한 믹싱으로 인해 퍼짐성이 나쁨 • 설탕 및 팽창제 과다 사용 시 지나치게 퍼지는 경향	• 믹싱 시간 줄이기 • 설탕 및 팽창제 사용량 감소
볼 륨	경도가 약한 밀가루, 팽창제 과다 사용	밀가루의 종류 변경, 팽창제 사용량 줄이기
부서짐	부적절한 믹싱, 과다한 설탕 및 유지 사용	적절한 믹싱방법 사용, 설탕 및 유지 사용량 감소
거친 표피	부적절한 믹싱, 수분 보유력, 낮은 온도	적절한 믹싱방법 사용, 수분 함량 증가, 오븐 온도 높임
눌러붙음	달걀의 과다 사용, 묽은 반죽	달걀 사용량 감소, 반죽의 수분량 감소

슈 문제의 원인과 해결책

항목	원인	해결책
퍼진 슈	반죽에 수분이 많음	수분량 감소
공 모양	낮은 오븐 온도	오븐 온도 높임
단단한 껍질	밀가루양이 많음	밀가루양 감소
주저앉음	한꺼번에 많은 패닝, 고르지 않은 열의 분배	패닝 시 반죽 개수 줄이기, 오븐 상태 점검
내부 기공	호화되지 않은 반죽	반죽의 호화 시간 증가

굽 기

- 굽기에서는 전분의 호화, 단백질의 응고, 공기의 팽창, 갈변반응 등이 일어난다.
- 고율 배합의 반죽(전체 액체 > 설탕 > 밀가루)은 160~180℃의 낮은 온도에서 오래 굽고, 저율 배합(밀가루 > 설탕)의 반죽은 높은 온도에서 빨리 굽는다.

■ 과자류 제품 굽기에 영향을 주는 요인

- 가열에 의한 팽창
- 팬의 재질

얇은 팬	열이 반죽의 중심까지 매우 빠르게 침투할 수 있어 최적 부피의 케이크가 된다.
깊은 팬	얇은 팬에서 구운 케이크보다 중심부에 틈이 생기기 쉽다.
어둡고 흐린 팬	열 침투가 우수하여 케이크 반죽이 고르게 가열되도록 효과적으로 열을 흡수할 수 있다.

- 오븐 온도

오버 베이킹 (Over Baking)	낮은 온도에서 장시간 굽는 것이다. 오븐의 온도가 너무 낮으면 윗면이 평평해지고 수분 손실이 커 노화가 빠르다.
언더 베이킹 (Under Baking)	높은 온도에서 단시간 굽는 것이다. 오븐의 온도가 너무 높으면 중심 부분이 갈라지고 설익어 M자형 결함이 생긴다.

■ 튀김용 유지의 조건

- 기름에 튀겨지는 동안 구조 형성에 필요한 열전달을 할 수 있어야 한다.
- 튀김 중이나 튀김 후에 불쾌한 냄새가 나지 않아야 한다.
- 제품이 냉각되는 동안 충분히 응결되어 설탕이 탈색되거나 지방 침투가 되지 않아야 한다.
- 정제가 잘된 대두유, 옥수수 기름, 면실유 등 발연점이 높은 기름이 적합하다.
- 엷은 색을 띠며 특유의 향이나 착색이 없어야 한다.
- 튀김 기름의 유리지방산 함량은 0.35~0.5%가 적당하다.
- 수분 함량은 0.15% 이하로 유지해야 한다.

■ 튀김 기름의 질을 저하시키는 요인

온도(열), 물(수분), 공기(산소), 이물질

■ 기름 흡수에 영향을 주는 조건

- 기름의 온도와 가열 기간 : 낮은 온도에서 튀기는 경우 적당한 갈색이 되도록 하기 위해 더 많은 시간이 걸릴 수 있다. 튀김 시간이 길어질수록 흡유량은 증가한다.
- 식품 재료의 표면적 : 튀기는 식품이 표면적이 크면 클수록 흡유량이 증가한다.
- 재료의 성분과 성질
  - 기름 흡수가 증가되는 것은 재료 중에 당과 지방의 함량이 많을 때, 레시틴의 함량이 많을 때, 수분 함량이 많을 때이다.
  - 달걀노른자에는 인지질이 함유되어 있어 달걀을 넣으면 흡유량이 증가된다.
  - 글루텐이 많은 경우에는 흡유량이 감소된다. 즉, 박력분을 사용하는 경우에는 강력분을 사용하는 경우보다 흡유량이 더 많다.

▌ 찌 기

- 수증기를 이용해서 식품을 가열하는 것(대류)으로, 수증기가 식품에 닿으면 액화되어 열을 방출하여 식품이 가열된다.
- 찔 때 물의 양은 물을 넣는 부분의 70~80% 정도가 적당하다.
- 85~90℃로 가열하며, 그릇의 재질은 금속보다도 열의 전도가 적은 도기가 좋다.
- 찜 케이크, 찐빵 등에 이용된다.

▌ 찌기 중 달걀의 열응고성 변화

- 커스터드는 달걀의 열응고성을 이용한 대표적인 크림으로, 희석 정도, 첨가물의 종류와 양에 따라 응고 온도, 응고 시간, 조직감이 달라진다.
- 커스터드 푸딩은 찜기 뚜껑을 비껴 놓거나 불을 약하게 해서 증기의 온도가 85~90℃ 이상 되지 않도록 주의해야 한다. 재료 배합에 따라 응고 온도는 다르나 중심 온도는 74~80℃ 정도이다.

▌ 굽기에서의 변화

- 오븐 팽창(Oven Spring)
- 전분의 호화
- 글루텐의 응고
- 효소작용
- 향의 생성
- 캐러멜화 반응(Caramelization)
- 메일라드 반응(Maillard Reaction)

▌ 오븐의 종류와 특징

종류	특징
데크 오븐 (Deck Oven)	• 일반적으로 가장 많이 사용하며, 선반에서 독립적으로 상하부 온도를 조절하여 제품을 구울 수 있다. • 온도가 균일하게 형성되지 않는다는 단점이 있으나 각각의 선반 출입구를 통해 제품을 손으로 넣고 꺼내기가 편리하며, 제품이 구워지는 상태를 눈으로 확인할 수 있어 각각의 팬의 굽는 정도를 조절할 수 있다.
컨벡션 오븐 (Convection Oven)	• 고온의 열을 강력한 팬을 이용하여 강제 대류시키며 제품을 굽는 오븐으로, 데크 오븐에 비해 전체적인 열 편차가 없고 조리 시간도 짧다. • 대규모 업소에서부터 일반 가정까지 다양한 용량의 제품이 있으며, 대형 프랜차이즈 베이커리에서 복합 형태의 오븐으로 많이 사용한다.
로터리 랙 오븐 (Rotary Rack Oven)	• 오븐 속의 선반이 회전하여 구워지는 오븐으로, 내부 공간이 커서 많은 양의 제품을 구울 수 있다. • 주로 소규모 공장이나 대형 매장, 호텔 등에서 사용한다.
터널 오븐 (Tunnel Oven)	• 반죽이 들어가는 입구와 제품이 나오는 출구가 다른 오븐으로, 다양한 제품을 대량 생산할 수 있다. • 다른 기계들과 연속 작업을 통해 제과·제빵의 전 과정을 자동화할 수 있어 대규모 공장에서 주로 사용한다.

CHAPTER 03 | 제품 저장관리

■ **냉각의 목적**
- 곰팡이, 세균, 야생효모균에 피해를 입지 않도록 한다.
- 빵의 절단(슬라이스) 및 포장을 용이하게 한다.
- 빵의 저장성을 증대시킨다.

■ **냉각방법**
- 자연 냉각 : 제품을 냉각팬에 올려 실온에 두고 3~4시간 냉각시키는 방법이며, 냉각 시에는 지나치게 높은 온도와 습도는 피해야 한다.
- 냉각기를 이용한 냉각 : 냉장고, 냉동고, 냉각 컨베이어 등 이용

■ **아이싱(Icing)**
- 냉각된 과자류 제품의 표면을 적절한 재료로 씌우는 것을 말하며, 코팅(Coating) 또는 커버링(Covering)이라고도 한다.
- 대체적으로 아이싱도 일종의 마무리 작업으로써 장식으로 본다.
- 아이싱의 종류 : 폰당, 광택제, 생크림, 버터크림, 커스터드 크림, 디플로메이트 크림, 초콜릿 가나슈, 초콜릿 글라사주, 마지팬, 설탕반죽

■ **짜기(Piping)**
- 과자류 제품의 표면을 아이싱한 상태에서 그 윗면을 여러 가지 모양으로 짜서 장식하는 것이다.
- 로열 아이싱(Royal Icing) : 달걀흰자와 분당을 섞어 만드는 것으로, 상황에 따라서 물을 첨가하기도 한다.
- 크림류 : 크림류는 버터크림과 생크림, 가나슈크림 등을 포함하고 있으나, 일반적으로 짜기에는 버터크림과 생크림이 많이 사용된다.

■ **제품 포장의 목적**
내용물의 보호 및 수명 연장, 취급의 편의, 판매의 촉진, 상품의 가치 증대와 정보 제공, 사회적 기능과 환경친화적 기능 등

포장재의 종류

종이 및 판지 제품, 셀로판, 플라스틱 포장재 등

1차 포장과 2차 포장

1차 포장 (Primary Packaging)	• 내용물에 포장재가 직접 접촉하는 포장으로, 소비자 포장이라고도 한다. • 수분, 습기, 광열 및 충격 등을 방지 또는 차단한다.
2차 포장 (Secondary Packaging)	• 1차 포장된 제품을 보호하고 보관이나 수송하기 위하여 집적하는 경우의 포장이다. • 2차 포장 재료에는 골판지나 나무 상자 등이 있다.

포장 재료의 조건

- 포장 용기는 위생성이 있어야 한다. 포장 용기는 식품 포장재 자체에 유해물질이 있거나 포장재로 인하여 내용물이 오염되어서는 안 된다.
- 식품포장 기준에 맞아야 한다. 식품에 접촉하는 포장은 청결해야 하며, 식품에 그 어떤 영향을 주어서도 안 된다.

제품의 노화

- 노화 : 빵의 껍질 및 내부에서 일어나는 물리적, 화학적 변화로 맛과 향기 등이 변하는 현상이다.
- 전분의 노화 조건 : 수분 함량 30~60%, 저장 온도 −7~10℃

노화의 지연방법

- 아밀로스보다 아밀로펙틴이 노화가 늦다.
- 계면활성제는 표면장력을 변화시켜 빵, 과자의 부피와 조직을 개선하고 노화를 지연한다.
- 레시틴은 유화작용과 노화를 지연한다.
- 설탕, 유지의 사용량을 증가시키면 수분 보유력이 높아져 노화를 억제할 수 있다.

실온 저장

건조 식자재를 저장·보관하는 건조 저장고는 적합한 공간과 사용 현장과의 위치, 저장 식재료의 안전성을 고려해야 한다.

냉동 저장

- 장기 보존을 목적으로 사용되며, 장기 보관 시 냉해, 탈수, 오염, 부패 등 품질 저하가 발생하므로 냉해 방지와 수분 증발을 억제하기 위해서 포장하거나 밀봉하여 저장·관리한다.
- 냉동방법

에어 블라스트 냉동법 (급속 냉동, Air Blast)	완제품을 -40℃의 냉풍으로 급속히 냉동시키는 방법으로, 60분 정도면 완전 경화된다.
컨덕트 냉동법 (급속 냉동, Conduct)	속이 비어 있는 두꺼운 알루미늄판 속에 암모니아 가스를 넣어 -50℃ 정도로 냉각시키는 방법으로, 40분 정도면 완전 경화된다.
나이트로겐 냉동법 (순간 냉동, Nitrogen)	-195℃의 액체 질소(나이트로겐)를 이용하여 순간적으로 냉동시키는 방법으로, 3~5분 정도면 완전 경화된다.

완만 해동

- 냉장고 내 해동 : 냉장고 내에서 천천히 해동하는 방법으로, 대량으로 해동할 경우 이용한다.
- 상온 해동 : 실내에서 자연히 해동하는 방법으로, 공기 중의 수분이 재료나 제품에 직접 응결되지 않도록 포장한 채 해동한다. 실온이 높을수록 해동 시간은 짧아지지만, 균일하게 해동되지 않으므로 실온이 낮은 곳이 바람직하다.
- 액체 중 해동 : 포장하거나 비닐 주머니에 넣어 10℃ 정도의 물 또는 식염수로 해동하는 방법으로, 고인 물보다 흐르는 물에 빨리 해동된다.

식품 보존법

- 물리적 처리에 의한 보존법 : 건조법(탈수법), 냉장·냉동법, 가열살균법, 조사살균법
- 화학적 처리에 의한 보존법 : 염장법, 당장법, 산저장법(초절임법), 화학물질 첨가
- 종합적 처리에 의한 보존법 : 훈연법, 밀봉법, 염건법, 조미법, 세균학적 방법

CHAPTER 04 | 위생안전관리

■ **식품위생법의 목적(식품위생법 제1조)**
- 식품으로 인하여 생기는 위생상의 위해 방지
- 식품영양의 질적 향상 도모
- 식품에 관한 올바른 정보 제공
- 국민 건강의 보호·증진에 이바지

■ **식품위생의 정의(식품위생법 제2조)**
- 식품 : 모든 음식물(의약으로 섭취하는 것은 제외)을 말한다.
- 식품첨가물 : 식품을 제조·가공·조리 또는 보존하는 과정에서 감미, 착색, 표백 또는 산화방지 등을 목적으로 식품에 사용되는 물질을 말한다. 이 경우 기구·용기·포장을 살균·소독하는 데에 사용되어 간접적으로 식품으로 옮아갈 수 있는 물질을 포함한다.
- 화학적 합성품 : 화학적 수단으로 원소 또는 화합물에 분해반응 외의 화학반응을 일으켜서 얻은 물질을 말한다.
- 기구 : 다음의 어느 하나에 해당하는 것으로서 식품 또는 식품첨가물에 직접 닿는 기계·기구나 그 밖의 물건(농업과 수산업에서 식품을 채취하는 데에 쓰는 기계·기구나 그 밖의 물건 및 「위생용품 관리법」에 따른 위생용품은 제외)을 말한다.
  - 음식을 먹을 때 사용하거나 담는 것
  - 식품 또는 식품첨가물을 채취·제조·가공·조리·저장·소분(완제품을 나누어 유통을 목적으로 재포장하는 것)·운반·진열할 때 사용하는 것
- 용기·포장 : 식품 또는 식품첨가물을 넣거나 싸는 것으로서 식품 또는 식품첨가물을 주고받을 때 함께 건네는 물품을 말한다.
- 공유주방 : 식품의 제조·가공·조리·저장·소분·운반에 필요한 시설 또는 기계·기구 등을 여러 영업자가 함께 사용하거나, 동일한 영업자가 여러 종류의 영업에 사용할 수 있는 시설 또는 기계·기구 등이 갖춰진 장소를 말한다.
- 위해 : 식품, 식품첨가물, 기구 또는 용기·포장에 존재하는 위험요소로서 인체의 건강을 해치거나 해칠 우려가 있는 것을 말한다.
- 영업 : 식품 또는 식품첨가물을 채취·제조·가공·조리·저장·소분·운반 또는 판매하거나 기구 또는 용기·포장을 제조·운반·판매하는 업(농업과 수산업에 속하는 식품 채취업은 제외)을 말한다. 이 경우 공유주방을 운영하는 업과 공유주방에서 식품제조업 등을 영위하는 업을 포함한다.

- 영업자 : 영업허가를 받은 자나 영업신고를 한 자 또는 영업등록을 한 자를 말한다.
- 식품위생 : 식품, 식품첨가물, 기구 또는 용기·포장을 대상으로 하는 음식에 관한 위생을 말한다.
- 집단급식소 : 영리를 목적으로 하지 아니하면서 특정 다수인에게 계속하여 음식물을 공급하는 기숙사, 학교, 유치원, 어린이집, 병원, 사회복지시설, 산업체, 국가, 지방자치단체 및 공공기관, 그 밖의 후생기관 등의 어느 하나에 해당하는 곳의 급식시설로서 대통령령으로 정하는 시설을 말한다.
- 식품이력추적관리 : 식품을 제조·가공단계부터 판매단계까지 각 단계별로 정보를 기록·관리하여 그 식품의 안전성 등에 문제가 발생할 경우 그 식품을 추적하여 원인을 규명하고 필요한 조치를 할 수 있도록 관리하는 것을 말한다.
- 식중독 : 식품 섭취로 인하여 인체에 유해한 미생물 또는 유독물질에 의하여 발생하였거나 발생한 것으로 판단되는 감염성 질환 또는 독소형 질환을 말한다.

▌영업의 종류(식품위생법 시행령 제21조)

- 식품제조·가공업 : 식품을 제조·가공하는 영업
- 즉석판매제조·가공업 : 총리령으로 정하는 식품을 제조·가공업소에서 직접 최종소비자에게 판매하는 영업
- 식품첨가물제조업
  - 감미료·착색료·표백제 등의 화학적 합성품을 제조·가공하는 영업
  - 천연 물질로부터 유용한 성분을 추출하는 등의 방법으로 얻은 물질을 제조·가공하는 영업
  - 식품첨가물의 혼합제재를 제조·가공하는 영업
  - 기구 및 용기·포장을 살균·소독할 목적으로 사용되어 간접적으로 식품에 이행될 수 있는 물질을 제조·가공하는 영업
- 식품운반업 : 직접 마실 수 있는 유산균음료(살균유산균음료를 포함)나 어류·조개류 및 그 가공품 등 부패·변질되기 쉬운 식품을 전문적으로 운반하는 영업. 다만, 해당 영업자의 영업소에서 판매할 목적으로 식품을 운반하는 경우와 해당 영업자가 제조·가공한 식품을 운반하는 경우는 제외한다.
- 식품소분·판매업
  - 식품소분업 : 총리령으로 정하는 식품 또는 식품첨가물의 완제품을 나누어 유통할 목적으로 재포장·판매하는 영업
  - 식품판매업 : 식용얼음판매업, 식품자동판매기영업, 유통전문판매업, 집단급식소 식품판매업, 기타 식품판매업
- 식품보존업
  - 식품조사처리업 : 방사선을 쬐어 식품의 보존성을 물리적으로 높이는 것을 업으로 하는 영업
  - 식품냉동·냉장업 : 식품을 얼리거나 차게 하여 보존하는 영업. 다만, 수산물의 냉동·냉장은 제외한다.

- 용기·포장류제조업
  - 용기·포장지제조업 : 식품 또는 식품첨가물을 넣거나 싸는 물품으로서 식품 또는 식품첨가물에 직접 접촉되는 용기(옹기류는 제외)·포장지를 제조하는 영업
  - 옹기류제조업 : 식품을 제조·조리·저장할 목적으로 사용되는 독, 항아리, 뚝배기 등을 제조하는 영업
- 식품접객업
  - 휴게음식점영업 : 주로 다류, 아이스크림류 등을 조리·판매하거나 패스트푸드점, 분식점 형태의 영업 등 음식류를 조리·판매하는 영업으로서 음주행위가 허용되지 아니하는 영업. 다만, 편의점, 슈퍼마켓, 휴게소, 그 밖에 음식류를 판매하는 장소(만화가게 및 인터넷컴퓨터게임시설제공업을 하는 영업소 등 음식류를 부수적으로 판매하는 장소를 포함)에서 컵라면, 일회용 다류 또는 그 밖의 음식류에 물을 부어 주는 경우는 제외한다.
  - 일반음식점영업 : 음식류를 조리·판매하는 영업으로서 식사와 함께 부수적으로 음주행위가 허용되는 영업
  - 단란주점영업 : 주로 주류를 조리·판매하는 영업으로서 손님이 노래를 부르는 행위가 허용되는 영업
  - 유흥주점영업 : 주로 주류를 조리·판매하는 영업으로서 유흥종사자를 두거나 유흥시설을 설치할 수 있고 손님이 노래를 부르거나 춤을 추는 행위가 허용되는 영업
  - 위탁급식영업 : 집단급식소를 설치·운영하는 자와의 계약에 따라 그 집단급식소에서 음식류를 조리하여 제공하는 영업
  - 제과점영업 : 주로 빵, 떡, 과자 등을 제조·판매하는 영업으로서 음주행위가 허용되지 아니하는 영업
- 공유주방 운영업 : 여러 영업자가 함께 사용하는 공유주방을 운영하는 영업

■ 허가를 받아야 하는 영업 및 허가관청(식품위생법 시행령 제23조제1항)
- 식품조사처리업 : 식품의약품안전처장
- 단란주점영업과 유흥주점영업 : 특별자치시장·특별자치도지사 또는 시장·군수·구청장

■ 영업신고를 하여야 하는 업종(식품위생법 시행령 제25조제1항)
- 즉석판매제조·가공업
- 식품운반업
- 식품소분·판매업
- 식품냉동·냉장업
- 용기·포장류제조업(자신의 제품을 포장하기 위하여 용기·포장류를 제조하는 경우 제외)
- 휴게음식점영업, 일반음식점영업, 위탁급식영업 및 제과점영업

▌ 식품위생감시원의 직무(식품위생법 시행령 제17조)
- 식품 등의 위생적인 취급에 관한 기준의 이행 지도
- 수입·판매 또는 사용 등이 금지된 식품 등의 취급 여부에 관한 단속
- 식품 등의 표시·광고에 관한 법률 규정에 따른 표시 또는 광고기준의 위반 여부에 관한 단속
- 출입·검사 및 검사에 필요한 식품 등의 수거
- 시설기준의 적합 여부의 확인·검사
- 영업자 및 종업원의 건강진단 및 위생교육의 이행 여부의 확인·지도
- 조리사 및 영양사의 법령 준수사항 이행 여부의 확인·지도
- 행정처분의 이행 여부 확인
- 식품 등의 압류·폐기 등
- 영업소의 폐쇄를 위한 간판 제거 등의 조치
- 그 밖에 영업자의 법령 이행 여부에 관한 확인·지도

▌ 식품안전관리인증기준 대상 식품(식품위생법 시행규칙 제62조제1항)
- 수산가공식품류의 어육가공품류 중 어묵·어육소시지
- 기타수산물가공품 중 냉동 어류·연체류·조미가공품
- 냉동식품 중 피자류·만두류·면류
- 과자류, 빵류 또는 떡류 중 과자·캔디류·빵류·떡류
- 빙과류 중 빙과
- 음료류(다류 및 커피류는 제외)
- 레토르트식품
- 절임류 또는 조림류의 김치류 중 김치(배추를 주원료로 하여 절임, 양념혼합과정 등을 거쳐 이를 발효시킨 것이거나 발효시키지 아니한 것 또는 이를 가공한 것에 한함)
- 코코아가공품 또는 초콜릿류 중 초콜릿류
- 면류 중 유탕면 또는 곡분, 전분, 전분질원료 등을 주원료로 반죽하여 손이나 기계 따위로 면을 뽑아내거나 자른 국수로서 생면·숙면·건면
- 특수용도식품
- 즉석섭취·편의식품류 중 즉석섭취식품
- 즉석섭취·편의식품류의 즉석조리식품 중 순대
- 식품제조·가공업의 영업소 중 전년도 총매출액이 100억원 이상인 영업소에서 제조·가공하는 식품

▌ 식품안전관리인증기준(HACCP ; Hazard Analysis Critical Control Point)
식품의 원료관리, 제조·가공·조리·소분·유통의 모든 과정에서 위해한 물질이 식품에 섞이거나 식품이 오염되는 것을 방지하기 위하여 각 과정의 위해요소를 확인·평가하여 중점적으로 관리하는 기준

HACCP의 12절차와 7원칙

단계	절차	설명	비고
1	HACCP팀 구성	HACCP을 진행할 팀을 설정하고, 수행 업무와 담당을 기재한다.	준비단계
2	제품설명서 작성	제품설명서에는 제품명, 제품유형, 품목제조보고 연월일, 작성연월일, 제품용도, 기타 필요한 사항이 포함되어야 한다.	준비단계
3	용도 확인	해당 식품의 의도된 사용방법 및 소비자를 파악한다.	준비단계
4	공정흐름도 작성	공정단계를 파악하고 공정흐름도를 작성한다.	준비단계
5	공정흐름도 현장 확인	작성된 공정흐름도가 현장과 일치하는지 검증한다.	준비단계
6	위해요소 분석	HACCP팀이 수행하며, 이는 제품설명서에서 원·부재료별로, 그리고 공정흐름도에서 공정·단계별로 구분하여 실시한다.	원칙 1
7	중요관리점 결정	해당 제품의 원료나 공정에 존재하는 잠재적인 위해요소를 관리하기 위한 중점 관리요소를 결정한다.	원칙 2
8	한계기준 설정	결정된 중요관리점에서 위해를 방지하기 위해 한계기준을 설정한다.	원칙 3
9	모니터링 체계 확립	중점 관리요소를 효율적으로 관리하기 위한 모니터링 체계를 수립한다.	원칙 4
10	개선 조치방법 수립	모니터링 결과 CCP가 관리상태 위반 시 개선조치를 설정한다.	원칙 5
11	검증 절차 및 방법 수립	HACCP이 효과적으로 시행되는지 검증하는 방법을 설정한다.	원칙 6
12	문서화 및 기록 유지	원칙 및 그 적용에 대한 문서화와 기록 유지방법을 설정한다.	원칙 7

HACCP 도입의 효과

식품업체 측면	소비자 측면
• 자주적 위생관리 체계의 구축 • 위생적이고 안전한 식품의 제조 • 위생관리 집중화 및 효율성 도모 • 경제적 이익 도모 • 회사의 이미지 제고와 신뢰성 향상	• 안전한 식품을 소비자에게 제공 • 식품 선택의 기회를 제공

HACCP 적용업소의 조명시설 관리

- 조명은 활동이 효과적으로 수행될 수 있어야 하고, 조명이 식품의 색상을 변경시키지 않으며, 규격 기준을 충족시켜야 한다.
- 식품이나 포장재가 노출되는 구역 내에 설치된 전구나 조명장치는 안전한 형태의 것이거나 파손이나 이물 낙하 등에 의한 식품의 오염이 방지될 수 있도록 보호장치나 보호커버가 설치되어야 한다.
- 육안 확인이 필요한 공정은 정확성을 위하여 조도 기준을 540lx 이상으로 관리한다.

식품첨가물의 종류

- 산도조절제(Acidity Regulator) : 산도를 조절하는 데 사용되는 첨가물로 구연산, 주석산 등이 있다.
- 착색제(Colorant) : 식품에 색을 내거나 복원하는 데 사용하는 첨가물로 타르색소, β-카로틴, 캐러멜색소 등이 있다.
- 표백제(Bleaching Agent) : 색소와 발색성 물질에 의한 변색을 차단하고 무색의 화합물로 변화시키기 위해 사용하는 보존제로, 당밀 또는 물엿(메타중아황산칼륨) 등이 있다.

- 유화제(Emulsifier) : 물과 기름처럼 섞이지 않는 물질을 균질하게 섞거나 유지시켜 주는 식품첨가물로 아이스크림 등에 사용된다.
- 밀가루개량제(Flavor Treatment Agent) : 제빵의 품질이나 식욕을 증진시키기 위해 사용하는 첨가물로 과산화벤조일, 과황산암모늄, 이산화염소 등이 있다.
- 팽창제(Raising Agent) : 가스를 방출하여 반죽의 부피를 증가시키는 첨가물로 베이킹소다, 베이킹파우더 등이 있다.
- 안정제(Stabilizer) : 두 가지 또는 그 이상의 성분을 일정한 분산 형태로 유지시키는 첨가물이다.
- 감미료(Sweetener) : 식품에 단맛을 부여하는 첨가물로, 아스파탐, 사카린나트륨 등이 있으며 기본적으로 설탕의 600배에 가까운 단맛을 낸다.
- 증점제(Thickener) : 식품의 점성을 증가시키는 첨가물로, 알긴산나트륨, 구아검, 카라기난 등이 사용된다.
- 착향료(Flavoring Agent) : 상온에서 휘발성이 있고 식욕 증진을 목적으로 사용하는 첨가물이다.

식품첨가물의 구비조건
- 미생물에 대한 증식억제 효과가 클 것
- 미량으로 효과가 클 것
- 독성이 없을 것
- 무미, 무취, 자극성이 없을 것
- 공기, 빛, 열에 안정적일 것
- 사용이 간편하고, 값이 저렴할 것

감염형 식중독

원인균	증상 및 잠복기	원인	원인 식품	예방법
살모넬라균	• 증상 : 급성 위장염, 구토, 설사, 복통, 발열 • 잠복기 : 6~72시간	사람, 가축, 가금류, 설치류 등	• 달걀, 식육 및 그 가공품, 가금류, 닭고기, 생채소 등 • 2차 오염된 식품에서도 식중독 발생 • 광범위한 감염원	• 62~65℃에서 20분간 가열로 사멸 • 식육의 생식을 금하고 이들에 의한 교차오염 주의 • 올바른 방법으로 달걀 취급 및 조리 • 철저한 개인위생 준수
장염 비브리오균	• 증상 : 복통과 설사, 원발성 비브리오 패혈증 • 잠복기 : 8~24시간이며 발병되면 15~20시간 지속	게, 조개, 굴, 새우, 가재, 패주 등 갑각류	• 제대로 가열되지 않거나 열처리되지 않은 어패류 및 그 가공품, 2차 오염된 도시락, 채소 샐러드 등의 복합 식품 • 오염된 어패류에 닿은 조리기구와 손가락 등을 통한 교차오염	• 어패류의 저온 보관 • 교차오염 주의 • 환자나 보균자의 분변 주의 • 60℃에서 5분, 55℃에서 10분 가열 시 사멸하므로 식품을 가열 조리함

원인균	증상 및 잠복기	원인	원인 식품	예방법
병원성 대장균	• 증상 : 구토, 설사, 복통, 발열, 발한, 혈변 • 5세 이하의 유아 및 노인, 면역체계 이상자에게 특히 위험 • 잠복기 : 4~96시간	가축(소장), 사람	• 살균되지 않은 우유 • 덜 조리된 쇠고기 및 관련 제품	• 식품이나 음용수의 가열 • 철저한 개인위생 관리 • 주변 환경의 청결 유지 • 분변에 의한 식품오염 방지

▌ 독소형 식중독

원인균	증상·잠복기·독소	원인	원인 식품	예방법
포도상구균	• 증상 : 구토와 메스꺼움, 복부 통증, 설사, 독감 증상, 근육통 등 • 잠복기 : 2~4시간 • 독소 : 엔테로톡신	• 사람(코, 피부, 머리카락, 감염된 상처) • 동물	• 크림이 들어 있는 빵 • 샌드위치, 우유, 유제품 등 • 부적절하게 재가열되거나 보온된 조리식품 • 김밥, 초밥, 도시락, 떡, 가공육(햄, 소시지 등), 어육제품 및 만두 등	• 화농성 질환이나 인두염에 걸린 사람의 식품 취급금지 • 조리 종사자의 손 청결과 철저한 위생복장 착용 • 식품 접촉 표면, 용기 및 도구의 위생적 관리
보툴리누스균	• 증상 : 위장장애(구토, 변비), 권태감, 현기증 등 • 잠복기 : 12~36시간 • 독소 : 뉴로톡신(신경독)	토양, 물	pH 4.6 이상의 산도가 낮은 식품을 부적절한 가열 과정을 거쳐 진공 포장한 제품(통조림, 진공 포장팩)	적절한 병조림, 통조림 제품 사용

▌ 바이러스성 식중독

원인균	증상 및 잠복기	원인	원인 식품	예방법
노로 바이러스	• 증상 : 바이러스성 장염, 메스꺼움, 설사, 복통, 구토 • 어린이, 노인과 면역력이 약한 사람에게는 탈수증상 발생 • 잠복기 : 1~2일	• 사람의 분변, 구토물 • 오염된 물	• 샌드위치, 제빵류, 샐러드 등 • 케이크 아이싱, 샐러드 드레싱 • 오염된 물에서 채취된 굴	• 철저한 개인위생 관리 • 인증된 유통업자 및 상점에서의 수산물 구입
로타 바이러스	• 증상 : 구토, 묽은 설사 • 주로 영유아에게 발생 • 잠복기 : 1~3일	• 사람의 분변 또는 입으로 주로 감염 • 오염된 물	• 물과 얼음 • 즉석식품 • 생채소나 과일	• 철저한 개인위생 관리 • 충분한 가열

▌ 자연성 식중독

- 식물성 식중독의 독성분
  - 독버섯 : 무스카린, 코린, 발린
  - 청매, 살구씨, 복숭아씨 : 아미그달린
  - 목화씨, 면실유 : 고시폴
  - 독미나리 : 시큐톡신

- 감자의 싹과 녹색 부위 : 솔라닌
- 피마자 : 리신
- 동물성 식중독의 독성분
  - 복어 : 테트로도톡신
  - 모시조개, 굴, 바지락 : 베네루핀
  - 섭조개, 대합조개 : 삭시톡신

유해첨가물
- 유해 방부제 : 붕산, 유로트로핀, 승홍
- 유해 감미료 : 둘신, 사이클라메이트, 페릴라틴, 에틸렌글리콜
- 유해 착색료 : 아우라민, 로다민 B
- 유해 표백제 : 삼염화질소, 론갈리트

중금속에 의한 식중독

납	• 도료, 안료, 농약 등에서 오염 • 적혈구 혈색소 감소, 신장장애, 체중감소, 호흡장애 등
수은	• 유기 수은에 오염된 해산물을 통해 발병 • 미나마타병을 일으킴 • 구토, 복통, 위장장애, 전신경련 등
카드뮴	• 오염된 음료수나 농작물로 발병 • 이타이이타이병을 일으킴 • 신장장애, 골연화증 등

감염병의 발생 요인
병인, 환경, 숙주

감염병의 분류
- 병원체에 따른 분류
  - 바이러스 : 천연두, 일본뇌염, 인플루엔자, 유행성 이하선염, 홍역, 소아마비, 유행성 간염
  - 리케차(생세포에 존재) : 양충병, 발진티푸스, 발진열
  - 세균 : 장티푸스, 콜레라, 디프테리아, 결핵, 백일해, 성홍열, 폐렴, 세균성 이질, 한센병
- 침입경로에 따른 분류
  - 호흡기계 : 결핵, 폐렴, 백일해, 홍역, 수두, 천연두 등
  - 소화기계 : 세균성 이질, 콜레라, 장티푸스, 폴리오 등

▍기생충 감염

- 매개물에 의한 분류
  - 채소를 매개로 감염되는 기생충 : 회충, 구충, 요충, 편충, 동양모양선충 등
  - 육류를 매개로 감염되는 기생충 : 유구조충, 무구조충 등
  - 어패류를 매개로 감염되는 기생충 : 폐디스토마(폐흡충), 간디스토마(간흡충)
- 중간숙주가 제1중간숙주와 제2중간숙주로 두 가지인 기생충
  - 간흡충(간디스토마) : 쇠우렁이(제1중간숙주)와 붕어·잉어 등의 민물고기(제2중간숙주 → 피낭유충으로 존재)
  - 폐흡충(폐디스토마) : 다슬기(제1중간숙주)와 게·가재(제2중간숙주)
  - 긴촌충(광절열두조충) : 물벼룩(제1중간숙주)과 송어·연어(제2중간숙주)
- 유구조충(갈고리촌충)의 숙주 : 돼지
- 무구조충(민촌충)의 숙주 : 소
- 음식물 섭취와 관계가 있는 기생충 : 회충, 광절열두조충, 요충

▍인수공통감염병(동물과 사람 간 전파 가능한 질병)

- 종류 : 탄저, 중증급성호흡기증후군, 동물인플루엔자 인체감염증, 장출혈성대장균감염증, 일본뇌염, 브루셀라증, 공수병, 변종크로이츠펠트-야콥병, 큐열 등
- 예방대책 : 보균동물의 조기 발견, 도축장의 소독 및 사후관리 철저, 매개체인 쥐·해충 등의 구제, 수입 축산물의 검역·검사 강화, 가축·축육 종사자의 예방접종 및 위생교육 실시

▍법정 감염병(감염병의 예방 및 관리에 관한 법률 제2조)

제1급 감염병	에볼라바이러스병, 마버그열, 라싸열, 크리미안콩고출혈열, 남아메리카출혈열, 리프트밸리열, 두창, 페스트, 탄저, 보툴리눔독소증, 야토병, 신종감염병증후군, 중증급성호흡기증후군(SARS), 중동호흡기증후군(MERS), 동물인플루엔자 인체감염증, 신종인플루엔자, 디프테리아
제2급 감염병	결핵, 수두, 홍역, 콜레라, 장티푸스, 파라티푸스, 세균성이질, 장출혈성대장균감염증, A형간염, 백일해, 유행성이하선염, 풍진, 폴리오, 수막구균 감염증, b형헤모필루스인플루엔자, 폐렴구균 감염증, 한센병, 성홍열, 반코마이신내성황색포도알균(VRSA) 감염증, 카바페넴내성장내세균목(CRE) 감염증, E형간염
제3급 감염병	파상풍, B형간염, 일본뇌염, C형간염, 말라리아, 레지오넬라증, 비브리오패혈증, 발진티푸스, 발진열, 쯔쯔가무시증, 렙토스피라증, 브루셀라증, 공수병, 신증후군출혈열, 후천성면역결핍증(AIDS), 크로이츠펠트-야콥병(CJD) 및 변종크로이츠펠트-야콥병(vCJD), 황열, 뎅기열, 큐열, 웨스트나일열, 라임병, 진드기매개뇌염, 유비저, 치쿤구니야열, 중증열성혈소판감소증후군(SFTS), 지카바이러스 감염증, 매독
제4급 감염병	인플루엔자, 회충증, 편충증, 요충증, 간흡충증, 폐흡충증, 장흡충증, 수족구병, 임질, 클라미디아 감염증, 연성하감, 성기단순포진, 첨규콘딜롬, 반코마이신내성장알균(VRE) 감염증, 메티실린내성황색포도알균(MRSA) 감염증, 다제내성녹농균(MRPA) 감염증, 다제내성아시네토박터바우마니균(MRAB) 감염증, 장관감염증, 급성호흡기감염증, 해외유입기생충감염증, 엔테로바이러스감염증, 사람유두종 바이러스 감염증

■ 식중독 위기 대응 4단계

- 관심(Blue) 단계
  - 소규모 식중독이 다수 발생하거나 식중독 확산 우려가 있는 경우
  - 특정 시설에서 연속 혹은 간헐적으로 5건 이상 또는 50인 이상의 식중독 환자가 발생하는 경우
- 주의(Yellow) 단계
  - 여러 시설에서 동시다발적으로 환자가 발생할 우려가 높거나 발생하는 경우
  - 동일 식재료 업체나 위탁 급식업체가 납품·운영하는 여러 급식소에서 환자가 동시 발생
- 경계(Orange) 단계
  - 전국에서 동시에 원인 불명의 식중독 확산
  - 특정 시설에서 전체 급식 인원의 50% 이상 환자 발생
- 심각(Red) 단계
  - 식품 테러, 천재지변 등으로 대규모 환자 또는 사망자 발생
  - 독극물 등 식품 테러로 인한 식재료 오염으로 대규모 환자나 사망자가 발생할 우려가 있는 경우

■ 살균과 소독의 정의

- 살균 : 약한 살균력, 병원성 미생물의 생활력 파괴
- 멸균 : 강한 살균력, 미생물을 완전히 사멸 처리함
- 소독 : 살균과 멸균
- 방부 : 병원성 미생물의 발육과 그 작용을 저지 또는 정지시켜 부패나 발효를 방지하는 조작

■ 소독의 대상과 방법

종 류	소독 대상	소독방법
열탕 소독	식기, 행주	100℃에서 5분 이상 가열
증기 소독	식기, 행주	100~120℃, 10분 이상 처리(금속 100℃에서 5분, 사기류 80℃에서 1분, 천류 70℃에서 25분 또는 95℃에서 10분)
건열 소독	스테인리스 스틸 식기	160~180℃에서 30~45분
자외선 소독	소도구, 용기류	2,537Å, 30~60분 조사
화학 소독제	작업대, 기기, 도마, 과일, 채소	세제 잔류 없이 음용수로 깨끗이 세척
염소 소독	생과일, 채소	100ppm, 5~10분 침지
염소 소독	발판 소독	100ppm 이상
염소 소독	용기 등의 식품 접촉면	100ppm, 1분간
아이오딘액	기구, 용기	pH 5 이하, 실온, 25ppm, 최소 1분간 침지
알코올	손, 용기 등 표면	70% 에틸알코올을 분무하여 건조

■ 미생물의 종류와 특성

- 바이러스(Virus)
  - 살아 있는 세포에만 증식하며 순수배양이 불가능하다.
  - 미생물 중에서 크기가 가장 작으며 경구감염병의 원인이 된다.
- 세균(Bacteria)
  - 형태에 따라 구균(구형, Cocci), 간균(막대형, Bacilli), 나선균(나선형, Spirillum)으로 구분된다.
  - 세포벽의 염색성에 따라 그람 양성균과 그람 음성균으로 구분된다.
- 리케차(Rickettsia)
  - 세균과 바이러스의 중간에 속하며 형태는 원형과 타원형이다.
  - 종류 : 발진티푸스, 발진열 등
- 곰팡이(Mold)
  - 공기를 좋아하는 호기성으로 약산성 pH 5~6에서 가장 잘 자란다.
  - 장류, 주류, 치즈 등의 발효식품 제조에 이용되는 것도 있다.
  - 종류 : 누룩곰팡이, 푸른곰팡이, 털곰팡이 등
- 효모(Yeast)
  - 형태는 구형, 달걀형, 타원형, 소시지형 등이 있다.
  - 출아법으로 증식하며 균사를 만들지 않는다.
  - 공기의 존재와 무관하게 자란다(통성 혐기성).
  - pH 4~6에서 증식하고 내산성이 높다.
- 스피로헤타(Spirochaeta)
  - 형태는 나선형으로 운동성이 있다.
  - 단세포 생물과 다세포 생물의 중간이다.
  - 매독의 병원체가 된다.
- 미생물의 크기 : 곰팡이 > 효모 > 스피로헤타 > 세균 > 리케차 > 바이러스

■ 미생물의 발육 조건

- 영양소 : 탄소원, 질소원, 무기염류, 발육소 등
- 수 분
  - 미생물의 주성분, 생리 기능을 조절하는 데 필요
  - 미생물 증식이 억제되는 수분활성도(Aw, Water Activity) : 세균(0.8 이하) > 효모(0.75 이하) > 곰팡이(0.7 이하)

- 온 도

미생물	최적온도(℃)	발육 가능온도(℃)
저온균	15~20	0~25
중온균	25~37	15~55
고온균	50~60	40~70

- 산 소
  - 호기성 세균 : 산소가 있어야 발육 가능한 세균(초산균, 고초균, 결핵균 등)
  - 혐기성 세균 : 산소가 없어도 발육 가능한 세균

통성 혐기성 세균	산소의 유무에 상관없이 발육하는 세균(대장균, 효모 등)
편성 혐기성 세균	산소를 절대적으로 기피하는 세균(보툴리누스균, 파상풍균 등)

- 수소이온농도(pH)
  - pH 4.0~6.0(산성) : 효모, 곰팡이
  - pH 6.5~7.5(중성 내지 약알칼리성) : 일반 세균
  - pH 2.0~8.6(알칼리성) : 콜레라균

▌ 과자류 제품 공정
- 공정 관리에 필요한 제품 설명서와 공정흐름도를 작성하고 위해요소 분석을 통해 중요관리점을 결정한다.
- 결정된 중요관리점에 대한 세부적인 관리 계획을 수립하여 공정 관리한다.

▌ 위해요소와 중요관리점
- 위해요소(Hazard) : 「식품위생법」에서 정하고 있는 인체의 건강을 해할 우려가 있는 생물학적, 화학적 또는 물리적 인자나 조건을 말한다.
- 과자류 위해요소의 종류
  - 생물학적 위해요소(Biological Hazards) : 황색포도상구균, 살모넬라, 병원성대장균 등 식중독균
  - 화학적 위해요소(Chemical Hazards) : 중금속, 잔류농약 등
  - 물리적 위해요소(Physical Hazards) : 금속 조각, 비닐, 노끈 등 이물
- 중요관리점(CCP ; Critical Control Point) : 위해요소 중점관리기준을 적용하여 식품의 위해요소를 예방·제거하거나 허용 수준 이하로 감소시켜 해당 식품의 안전성을 확보할 수 있는 중요한 단계·과정 또는 공정을 말한다.

▌ 공정 관리 지침서 작성
제품 설명서 작성 → 공정흐름도 작성 → 위해요소 분석 → 중요관리점 결정 → 중요관리점에 대한 세부 관리 계획 수립

▌ 작업환경 위생 점검
- 작업장은 견고하고 평평하여야 한다.
- 작업장 바닥은 파여 있거나 갈라진 틈이 없어야 하고, 필요한 경우를 제외하고 마른 상태를 유지한다.
- 배수로는 작업장 외부 등에 폐수가 교차오염되지 않도록 덮개를 설치한다.
- 바닥, 벽, 천장은 생산환경 조건에 적합하고, 내구성 및 내수성이 있으며, 평활하고 세정이 용이한 것으로 한다.
- 벽, 바닥, 천장의 이음새가 틈이 없고 모서리는 오염이 되지 않도록 구배를 주며, 세정이 용이하도록 한다.
- 작업장 내 분리된 공간은 오염된 공기를 배출하기 위해 환풍기 등과 같은 강제 환기시설을 설치한다.

▌ 작업자 위생 점검
- 머리카락이나 비듬 등도 황색포도상구균의 오염원이 될 수 있으므로 청결한 위생모를 착용한다.
- 위생복, 앞치마 착용 시 청결한지 확인하고, 반소매 위생복은 화상의 위험이 있어 착용하지 않는다.
- 미끄러짐 등의 사고를 방지하기 위해 안전화는 반드시 착용하되, 치수에 맞게 선택하고 오염 여부를 확인한다.
- 침, 콧물, 재채기 등으로 인한 오염물질이 제품에 혼입되지 않도록 마스크를 착용한다.
- 반드시 비누를 사용하여 손을 20초 이상 깨끗이 씻는다.

▌ 믹서의 종류
- 수직형 믹서
  - 반죽을 만드는 반죽 날개가 수직으로 설치
  - 주로 소규모 제과점에서 케이크 반죽에 사용
- 수평형 믹서
  - 반죽을 만드는 반죽 날개가 수평으로 설치
  - 반죽의 양은 전체 반죽통 부피의 30~60%가 적합
  - 주로 대형 매장이나 공장형 제조업에서 사용
- 스파이럴 믹서
  - 나선형 훅 내장
  - 프랑스빵과 같이 글루텐 형성능력이 다소 작은 밀가루로 빵을 만들 경우 적당
- 에어 믹서
  - 제과 전용 믹서
  - 에어 믹서 사용 시 공기 압력이 가장 높아야 되는 제품 : 엔젤푸드 케이크

■ 기타 기기 및 도구
- 파이롤러(Pie Roller) : 반죽을 롤러에 의해 평균적으로 늘려 두께를 조절하는 기계(주로 크루아상 같은 유지가 많은 반죽에 사용)
- 스크레이퍼(Scraper) : 반죽을 분할할 때 사용하는 도구
- 스패출러(Spatula) : 케이크에 크림을 바를 때나 데커레이션에 사용
- 짤 주머니(Piping Bag) : 쿠키나 케이크 반죽을 넣고 짜서 쓸 때 사용
- 슈거체(Sugar Sieve) : 케이크 장식에 슈거파우더, 밀가루, 코코아 등을 뿌릴 때 사용
- 실리콘 주걱(Silicone Spatula) : 반죽을 긁어내거나 반죽 윗면을 평평하게 고를 때 또는 반죽을 짤 주머니로 옮길 때 사용
- 실리콘 붓(Silicone Brush) : 케이크에 시럽을 바를 때, 쿠키에 광택제 등을 바를 때 사용
- 타르트몰드(Tart Mold) : 타르트를 만들 때 사용하는 얇은 틀
- 키친에이드(Kitchen Aid) : 생크림, 달걀흰자 거품을 낼 때 사용

■ 설비 및 기기의 위생·안전관리
- 작업대 : 작업대는 부식성이 없는 스테인리스 등의 재질로 설비하고, 균이 검출될 수 있어 중성세제로 세척, 열탕 소독, 약품 소독을 해야 한다.
- 냉장·냉동기기 : 냉동실은 −18℃ 이하, 냉장실은 5℃ 이하의 적정 온도를 유지한다.
- 믹싱기 : 믹싱볼과 부속품은 분리한 후 중성세제나 약알칼리성 세제로 세정하고, 본체는 물이 들어가지 않아야 한다.
- 오븐 : 클리너로 그을림을 깨끗이 닦아 주고 부패 방지를 위해 주 2회 이상 청소한다.
- 파이롤러 : 사용 후 윗부분의 이물질을 솔로 깨끗이 청소한다.
- 튀김기 : 따뜻한 비눗물을 팬에 꽉 차게 붓고 10분간 끓여 내부를 충분히 씻고 건조한 후 뚜껑을 닫아 둔다.

PART 01

기출복원문제

제1회~제7회 기출복원문제

행운이란 100%의 노력 뒤에 남는 것이다.
– 랭스턴 콜먼(Langston Coleman)

자격증·공무원·금융/보험·면허증·언어/외국어·검정고시/독학사·기업체/취업
이 시대의 모든 합격! 시대에듀에서 합격하세요!
www.youtube.com ➡ 시대에듀 ➡ 구독

제1회 기출복원문제

01 단백질 급원식품으로만 연결된 것은?
① 소고기, 한천, 시금치
② 두부, 깨소금, 당근
③ 달걀, 버터, 감자
❹ 치즈, 달걀, 생선

해설
단백질 급원식품에는 소고기, 돼지고기, 닭고기, 생선, 조개, 콩, 두부, 달걀, 된장, 햄, 베이컨, 치즈 등이 있다.

02 칼슘의 흡수를 방해하는 인자는?
① 단백질   ❷ 옥살산
③ 유당   ④ 비타민 C

해설
고용량의 옥살산(수산), 아연 등은 칼슘의 흡수를 방해한다. 칼슘은 비타민 D, 비타민 K, 마그네슘 등과 촉진작용을 일으킨다.

03 다음 당류 중 단맛이 가장 강한 것은?
❶ 과당   ② 포도당
③ 설탕   ④ 맥아당

해설
당질의 감미도 : 과당 > 전화당 > 설탕 > 포도당 > 맥아당 > 유당

04 글루텐을 형성하는 단백질을 가장 많이 함유하는 것은?
① 보리
❷ 밀
③ 쌀
④ 옥수수

해설
밀가루의 글리아딘(Gliadin)과 글루테닌(Glutenin)이 물과 결합하여 글루텐(Gluten)을 만든다.

05 필수지방산이 가장 많이 들어 있는 것은?
① 소기름
② 생선기름
③ 유지방
❹ 대두유

해설
필수지방산은 대두유, 옥수수유, 땅콩 등 천연 식물기름에 많이 들어 있다.

06 다음 중 전분의 호화상태를 유지하는 가장 효율적인 방법은?

① 염장법
② 일광건조법
✓ ③ 급속냉동법
④ 산저장법

해설
0℃ 이하에서 급속 냉동하면 전분의 노화를 억제할 수 있다.

07 다음과 같은 배합표에 따라 필요한 재료의 무게를 계량했다. 무게가 잘못된 재료는?

재료명	Baker's Percent(%)	1개 무게(g)
박력분	100	200
달 걀	200	
설 탕	150	
코코아파우더	10	
베이킹소다	5	

✓ ① 달걀 – 360g
② 설탕 – 300g
③ 코코아파우더 – 20g
④ 베이킹소다 – 10g

해설
Baker's % = $\frac{각\ 재료의\ 중량(g)}{밀가루의\ 중량(g)}$ × 밀가루의 비율(%)

달걀의 Baker's %는 200%이므로,

200% = $\frac{달걀\ 중량}{200}$ × 100

따라서 달걀 중량은 360g이 아니고 400g이다.

08 다음과 같은 조건이 주어지고, 마찰계수가 35일 때 반죽에 사용할 사용수의 온도는 얼마인가?

- 실내 온도 : 25℃
- 밀가루 온도 : 24℃
- 설탕 온도 : 24℃
- 유지 온도 : 20℃
- 달걀 온도 : 18℃
- 반죽 희망 온도 : 27℃

① 10℃   ② 15℃
✓ ③ 16℃   ④ 20℃

해설
사용수 온도
= (반죽 희망 온도 × 6) − (실내 온도 + 밀가루 온도 + 설탕 온도 + 유지 온도 + 달걀 온도 + 마찰계수)
= (27 × 6) − (25 + 24 + 24 + 20 + 18 + 35)
= 16℃

09 [H_3O^+]의 농도가 다음과 같을 때 가장 강산인 것은?

✓ ① 10^{-2}mol/L
② 10^{-3}mol/L
③ 10^{-4}mol/L
④ 10^{-5}mol/L

해설
$H_3O^+ \rightarrow H_2O + H^+$, [$H_3O^+$] = [$H^+$]
pH = $-\log[H^+]$, pH가 작을수록 수소이온농도가 높으므로 강산이다.
① pH = $-\log 10^{-2}$ = 2
② pH = $-\log 10^{-3}$ = 3
③ pH = $-\log 10^{-4}$ = 4
④ pH = $-\log 10^{-5}$ = 5

10 다음과 같은 조건이 주어졌을 때 마찰계수는?

> - 실내 온도 : 23℃
> - 밀가루 온도 : 25℃
> - 설탕 온도 : 25℃
> - 유지 온도 : 21℃
> - 달걀 온도 : 19℃
> - 수돗물 온도 : 19℃
> - 완료한 반죽의 온도 : 28℃

① 32
② 34
✓③ 36
④ 38

해설
마찰계수
= (반죽 결과 온도 × 6) − (실내 온도 + 밀가루 온도 + 설탕 온도 + 유지 온도 + 달걀 온도 + 수돗물 온도)
= 28 × 6 − (23 + 25 + 25 + 21 + 19 + 19)
= 36

11 지름 24cm, 높이 5cm 원형 팬의 용적은 얼마인가?

✓① $2,260cm^3$
② $2,500cm^3$
③ $2,600cm^3$
④ $2,800cm^3$

해설
원형 팬의 용적 = 반지름 × 반지름 × π(3.14) × 높이
= 12 × 12 × π(3.14) × 5
≒ $2,260cm^3$

12 종류별 비용적을 연결한 것 중 옳지 않은 것은?

① 파운드 케이크 − $2.40cm^3/g$
② 레이어 케이크 − $2.96cm^3/g$
③ 엔젤푸드 케이크 − $4.71cm^3/g$
✓④ 스펀지 케이크 − $3.08cm^3/g$

해설
④ 스펀지 케이크의 비용적은 $5.08cm^3/g$이다.

13 반죽 형태가 나머지 셋과 다른 것은?

✓① 스펀지 케이크
② 파운드 케이크
③ 머핀
④ 과일 케이크

해설
①은 거품형 반죽으로 만들고, ②, ③, ④는 반죽형 반죽으로 만든다.
- 거품형 반죽 : 스펀지 케이크, 시폰 케이크, 마카롱, 다쿠아즈, 머랭
- 반죽형 반죽 : 파운드 케이크, 쿠키, 머핀, 과일 케이크, 레이어 케이크

14 다음 중 반죽법이 다른 하나는?

① 블렌딩법
② 복합법
✓③ 공립법
④ 설탕/물법

해설
블렌딩법, 복합법, 설탕/물법은 반죽형 반죽하기의 방법이고, 공립법은 거품형 반죽하기의 방법이다.

15 더운 공립법으로 만드는 스펀지 케이크 제조과정에 대한 설명으로 옳지 않은 것은?

① 버터를 중탕하여 사용한다.
② 설탕은 중탕하여 녹인다.
③ 중탕한 반죽은 반죽이 하얗고 되직해질 때까지 반죽기로 돌린다.
✔ **달걀을 흰자와 노른자로 분리해 반죽의 처음과 마지막에 섞는다.**

> 해설
> 공립법은 흰자와 노른자를 분리하지 않고 전란에 설탕을 넣어 함께 거품을 내는 방법이다.

16 다음은 어떤 반죽법에 대한 설명인가?

> 재료 전부를 한 번에 넣어 믹싱하는 방법으로 노동력과 시간이 절약되는 장점이 있으나, 크림화와 거품 올리기 중 공기 혼입이 적어질 수 있다.

✔ **1단계법**
② 공립법
③ 크림법
④ 복합법

> 해설
> 1단계법은 재료 전부를 한 번에 넣어 믹싱하는 방법으로 노동력과 시간이 절약되는 장점이 있으나, 크림화와 거품 올리기 중 공기 혼입이 적어질 수 있어 믹서의 성능과 화학 팽창제를 사용하는 제품에 적당하다. 마들렌, 피낭시에 등 구움 과자 반죽 제조법이 1단계법에 해당한다.

17 반죽형 반죽하기의 블렌딩법에서 재료를 넣는 순서로 옳은 것은?

① 건조 재료, 액체 재료 일부 → 나머지 액체 재료 → 유지, 밀가루
✔ **유지, 밀가루 → 건조 재료, 액체 재료 일부 → 나머지 액체 재료**
③ 건조 재료 → 유지, 밀가루 → 액체 재료
④ 액체 재료 → 건조 재료 → 유지, 밀가루

> 해설
> 블렌딩법은 처음에 유지와 밀가루를 믹싱하여 유지가 밀가루 입자를 얇은 막으로 피복한 후 건조 재료와 액체 재료 일부를 넣어 덩어리가 생기지 않게 혼합하고, 나머지 액체 재료를 투입하여 균일하게 믹싱하는 방법이다. 부드럽고 유연한 제품이나 파이 껍질을 제조할 때도 사용되며, 데블스 푸드 케이크, 마블 파운드 등에 블렌딩법을 사용한다.

18 색이 희고 깨끗해 웨딩 케이크를 만드는 데 많이 사용되는 버터크림은 어떤 머랭을 이용해 만드는가?

✔ **이탈리안 머랭**
② 프렌치 머랭
③ 스위스 머랭
④ 냉제 머랭

> 해설
> 이탈리안 머랭을 이용해 만드는 버터크림은 색이 희고 깨끗해 웨딩 케이크를 만드는 데 많이 사용된다.

19 머랭 중 거품이 많이 올라와서 덩어리진 채 떨어지는 상태는?

① 하드 피크(Hard Peak)
② 소프트 피크(Soft Peak)
✓ ③ 오버 피크(Over Peak)
④ 하이 피크(High Peak)

해설
머랭은 거품을 얼마나 올리느냐에 따라 흘러내리거나 떨어지지 않고 형태를 유지하는 하드 피크(Hard Peak), 덜 올라와서 흘러내리는 소프트 피크(Soft Peak, 중간 피크), 많이 올라와서 덩어리진 채 떨어지는 오버 피크(Over Peak, 건조 피크)로 구분한다.

20 다음 ㉠, ㉡, ㉢에 들어갈 말로 맞는 것은?

> 언더 베이킹은 (㉠)에서 (㉡) 굽는 것이다. (㉢)일 때 사용한다.

① ㉠ 낮은 온도, ㉡ 단시간, ㉢ 고배합
② ㉠ 낮은 온도, ㉡ 장시간, ㉢ 고배합
✓ ③ ㉠ 높은 온도, ㉡ 단시간, ㉢ 저배합
④ ㉠ 높은 온도, ㉡ 장시간, ㉢ 저배합

해설
• 언더 베이킹 : 높은 온도에서 단시간 굽는 것이다. 반죽이 적거나 저배합일 때 사용한다.
• 오버 베이킹 : 낮은 온도에서 장시간 굽는 것이다. 반죽이 많거나 고배합일 때 사용한다.

21 다음은 마카롱의 구조이다. ㉠, ㉡, ㉢에 들어갈 말로 옳은 것은?

① ㉠ 코크, ㉡ 필링, ㉢ 피에
② ㉠ 필링, ㉡ 코크, ㉢ 피에
③ ㉠ 피에, ㉡ 필링, ㉢ 코크
✓ ④ ㉠ 코크, ㉡ 피에, ㉢ 필링

해설
• 코크(Coque) : 프랑스어로 '껍질'을 의미하고, 마카롱에서 크림을 뺀 쿠키 부분을 말한다.
• 피에(Pied) : 프랑스어로 '발'을 의미하고, 코크에서 아래 레이스(물결무늬) 부분을 가리킨다.
• 필링(Filling) : 크림 사이에 들어가는 크림으로 잼, 콤포트, 가나슈, 버터크림 등을 가리키며, 마카롱의 맛을 좌우하는 중요한 부분이다.

22 가나슈크림 제조 시 유지가 분리되었을 때의 해결방법으로 옳은 것은?

① 분리된 가나슈크림과 생크림을 넣고 80°C에서 끓인다.
✓ ② 분리된 가나슈크림 일부에 새로 생크림을 넣고 유화시켜 사용한다.
③ 분리된 가나슈크림에 달걀을 넣고 천천히 휘핑한다.
④ 분리된 가나슈크림을 냉장고에서 차게 식혀 생크림을 넣고 잘 섞는다.

해설
가나슈크림이 분리된 경우 스테인리스 그릇에 분리된 가나슈크림의 일부와 생크림을 소량 넣고 유화시킨 다음, 분리된 가나슈크림을 조금씩 넣으면서 섞는다.

23 다음 중 수분 함량이 가장 높은 쿠키는?

① 머랭 쿠키
✓ ② 스펀지 쿠키
③ 쇼트브레드 쿠키
④ 스냅 쿠키

> **해설**
> 스펀지 쿠키(Sponge Cookie)는 수분 함량이 가장 높은 쿠키이다. 스펀지 케이크 배합률과 비슷하나, 밀가루 함량을 높여 분할 시 팬에서 모양이 유지되도록 구워 내며 짜는 형태의 쿠키이다. 분할 후 상온에서 건조하여 구우면 모양 형성이 더 잘된다.

24 파이나 피자를 정확히 분할할 때 사용하는 도구의 이름은?

✓ ① 파이롤러
② 스패출러
③ 스크레이퍼
④ 돌림판

> **해설**
> 제과・제빵용 소도구
> • 파이롤러 칼 : 파이나 피자를 정확히 분할할 때 사용
> • 스패출러 : 크림, 잼을 바르거나 토핑류를 자를 때 사용
> • 스크레이퍼 : 반죽의 분할이나 반죽 후 반죽 제거 시 사용
> • 스테인리스 체 : 쌀가루, 밀가루 등을 곱게 풀 때나 칠 때 사용
> • 붓 : 시럽이나 계란을 바를 때 사용
> • 밀대 : 밀가루 반죽을 넓게 펼 때 사용

25 다음 중 짤 주머니로 글자 모양을 짤 때 적당한 각도는?

① 15°
② 30°
✓ ③ 45°
④ 60°

> **해설**
> 모양에 따라 짜내는 각도가 다른데, 둥근 모양은 똑바로 세워서 짜고, 글자는 45° 각도로 기울여 짜 준다.

26 젤리 롤 케이크를 말 때 윗면이 터졌다면, 그 이유로 옳은 것은?

① 너무 느슨하게 말았다.
② 너무 단단하게 말았다.
③ 시트가 너무 뜨거울 때 말았다.
✓ ④ 시트가 너무 식었을 때 말았다.

> **해설**
> 젤리 롤 케이크 시트가 너무 식었을 때 말면 윗면이 터질 수 있으므로 따뜻할 때 말아야 한다. 너무 뜨거울 때 말면 제품의 부피가 작아지고 표피가 벗겨지기 쉽다.

27 반죽형 반죽을 제조할 때 반죽기에 연결하여 사용하는 도구는?

① 분할기
② 훅
③ 휘퍼
④ 비터 ✓

해설
제과에 사용하는 반죽기는 회전축이 수직으로 달려 있는 수직 믹서가 대표적이다. 제품에 따라 거품형 반죽 제조에는 휘퍼(Whipper)를 연결하여 사용하고, 반죽형 반죽 제조에는 비터(Beater)를 사용하며, 퍼프 페이스트리 등은 훅(Hook)을 연결하여 사용한다. 분할기는 정형을 자동으로 행하는 경우에 사용되며, 일정량의 반죽을 팬에 넣어 주거나 쿠키 반죽을 일정 크기로 잘라주는 도구이다.

28 과자류 껍질의 색깔을 갈색으로 변하게 만드는 반응으로만 묶인 것은?

① 캐러멜화 반응, 블룸반응
② 메일라드 반응, 응고반응
③ 캐러멜화 반응, 메일라드 반응 ✓
④ 캐러멜화 반응, 응고반응

해설
열에 의해 당류가 갈색을 내는 캐러멜화 반응과 당류와 아미노산이 결합하여 갈색 색소인 멜라노이딘을 만드는 메일라드 반응에 의해 껍질이 갈색으로 변한다.

29 충전물에 대한 설명으로 옳지 않은 것은?

① 충전물은 빈 곳을 채우는 물질이다.
② 마무리 충전물에는 크림류를 많이 사용한다.
③ 굽기 전에 충전하는 형태와 구워 낸 후 충전하는 형태가 있다.
④ 크렘 파티시에는 거품을 내어 공기를 포함시킨 크림이다. ✓

해설
충전물 크림의 종류
• 달걀에 설탕, 우유를 더한 크림 : 크렘 앙글레즈, 크렘 파티시에, 크렘 오 뵈르, 크렘 사바용 등
• 거품을 내어 공기를 포함시킨 크림 : 크렘 다망드, 크렘 프랑지판, 크렘 무슬린 등
• 가볍게 처리한 크림 : 크렘 샹티이, 크렘 퐁당, 크렘 생토노레 등

30 과자 반죽의 모양을 내는 것과 거리가 먼 것은?

① 밀대로 밀어 펴기
② 발효 후 가스 빼기 ✓
③ 성형 틀로 찍기
④ 짤 주머니로 짜기

해설
② 발효 후 가스 빼기는 제빵의 제조 공정 중 하나이다.
제조방법에 따른 쿠키의 분류
• 짜내는 쿠키
• 밀어 펴는(찍어 내기) 쿠키
• 냉동(냉장) 쿠키
• 손으로 만드는 쿠키
• 프랑스식(판에 등사하는) 쿠키
• 마카롱 쿠키

31 초콜릿에 물과 설탕을 넣어 끓여 만들며, 광택과 식감이 좋아 최근 많이 사용되는 아이싱 재료는 무엇인가?

① 초콜릿 가나슈
② 초콜릿
✓ ③ 초콜릿 글라사주
④ 초콜릿 무스

해설
초콜릿 글라사주는 초콜릿에 물과 설탕을 넣어 끓여 만들며, 광택과 식감이 좋아 최근 많이 사용된다.

32 충전물로 쓰는 기본 크림에 속하지 않는 것은?

① 크렘 파티시에
✓ ② 크렘 생토노레
③ 크렘 샹티이
④ 크렘 오 뵈르

해설
기본이 되는 크림은 크렘 파티시에, 크렘 샹티이, 크렘 오 뵈르, 크렘 가나슈, 크렘 앙글레즈의 다섯 종류이다.

33 다쿠아즈에 충전할 캐러멜 크림을 만들 때 주의사항으로 옳지 않은 것은?

① 캐러멜 소스를 만들 때 설탕 100g과 물 30g을 넣어 혼합한다.
② 캐러멜 소스에 생크림을 넣을 때에는 조금씩 넣으며 저어 주어야 한다.
③ 캐러멜 소스를 찬물에 방울로 떨어뜨려 퍼지지 않을 정도의 농도로 조절한다.
✓ ④ 캐러멜 소스를 만들 때 설탕과 물의 혼합물은 센 불에 올리자마자 저어 주어야 한다.

해설
캐러멜 소스를 만들 때 설탕과 물을 섞은 것을 용기에 담아 센 불에 올리고 주변에 색이 날 때까지 젓지 말고 기다렸다가 용기 주변의 시럽에 색이 나기 시작하면 나무 주걱을 이용하여 시럽을 안쪽으로 보내야 한다.

34 화이트 레이어 케이크 제조 시 주석산 크림을 사용하는 목적과 거리가 먼 것은?

① 흰자를 강하게 하기 위해
② 껍질색을 밝게 하기 위해
③ 속색을 하얗게 하기 위해
✓ ④ 제품의 색깔을 진하게 하기 위해

해설
달걀흰자의 단백질 강화, 흰자의 산도를 낮춰 케이크 색을 희게 유지하기 위하여 주석산 크림이 들어간다.

35 다음에서 설명하는 우유의 살균방법은?

> 130~150℃에서 2초간 가열 후 급랭시킨다.

① 저온살균법
② 고온살균법
✓ ③ 초고온 순간 살균법
④ 초음파 가열살균법

[해설]
우유의 가열살균법
- 저온살균법 : 60~65℃에서 30분간 가열 처리
- 고온 단시간 살균법 : 약 75℃에서 15초간 가열 처리
- 초고온 순간 살균법 : 130~150℃에서 2~5초간 가열 처리

36 보관 조건별 법적 온도 기준에서 실온에 해당하는 온도는?

① 0~10℃
✓ ② 1~35℃
③ 30~40℃
④ 15~25℃

[해설]
보관 조건별 법적 온도 기준
- 냉동 : −18℃ 이하
- 냉장 : 0~10℃
- 상온 : 15~25℃
- 실온 : 1~35℃
- 미온 : 30~40℃
- 냉암소 : 0~15℃

37 소비기한 표시에 관한 설명 중 옳지 않은 것은?

① 냉동 보관하여 유통하는 제품은 '냉동 보관'을 표시한다.
② 소비기한의 표시는 사용 또는 보존에 특별한 조건이 필요한 경우 이를 함께 표시하여야 한다.
③ 제조일을 사용하여 소비기한을 표시하는 경우에는 '제조일로부터 ○○일까지'로 표시할 수 있다.
✓ ④ 소비기한이 서로 다른 여러 제품을 함께 포장할 경우 가장 긴 소비기한을 표시한다.

[해설]
소비기한 표시(식품 등의 표시기준 별지 1)
소비기한이 서로 다른 각각의 여러 가지 제품을 함께 포장하였을 경우에는 그중 가장 짧은 소비기한을 표시하여야 한다. 다만 소비기한이 표시된 개별 제품을 함께 포장한 경우에는 가장 짧은 소비기한만을 표시할 수 있다.

38 조리사가 면허를 타인에게 대여하여 사용하게 한 경우, 1차 위반 시의 행정처분은?

① 업무정지 1개월
✓ ② 업무정지 2개월
③ 업무정지 3개월
④ 면허취소

[해설]
행정처분기준(식품위생법 시행규칙 별표 23)
조리사가 면허를 타인에게 대여하여 사용하게 한 경우
- 1차 위반 : 업무정지 2개월
- 2차 위반 : 업무정지 3개월
- 3차 위반 : 면허취소

39 식품위생법령상 식품접객업을 하고자 하는 경우 몇 시간의 위생교육을 받아야 하는가?

① 4시간
② 8시간
③ 2시간
✔ ④ 6시간

해설
식품위생교육 시간(식품위생법 시행규칙 제52조제2항)
- 식품제조 · 가공업, 식품첨가물제조업 및 공유주방 운영업을 하려는 자 : 8시간
- 식품운반업, 식품소분 · 판매업, 식품보존업, 용기 · 포장류제조업을 하려는 자 : 4시간
- 즉석판매제조 · 가공업 및 식품접객업을 하려는 자 : 6시간
- 집단급식소를 설치 · 운영하려는 자 : 6시간

40 식품 등의 표시기준상 열량 표시에서 몇 kcal 미만을 '0'으로 표시할 수 있는가?

① 7kcal
✔ ② 5kcal
③ 2kcal
④ 10kcal

해설
표시사항별 세부표시기준(식품 등의 표시기준 별지 1)
열량의 단위는 킬로칼로리(kcal)로 표시하되, 그 값을 그대로 표시하거나 그 값에 가장 가까운 5kcal 단위로 표시하여야 한다. 이 경우 5kcal 미만은 "0"으로 표시할 수 있다.

41 위생관리의무 등을 위반한 공중위생영업자에게 위생지도를 하는 자는?

① 공중위생지도사
✔ ② 공중위생감시원
③ 위생관리지도원
④ 공중위생조사원

해설
위생지도 및 개선명령(공중위생관리법 제10조)
시 · 도지사 또는 시장 · 군수 · 구청장은 다음의 어느 하나에 해당하는 자에 대하여 보건복지부령으로 정하는 바에 따라 기간을 정하여 그 개선을 명할 수 있다.
- 공중위생영업의 종류별 시설 및 설비기준을 위반한 공중위생영업자
- 위생관리의무 등을 위반한 공중위생영업자
※ 공중위생관리법 제10조의 규정에 의한 위생지도 및 개선명령 이행 여부의 확인은 공중위생감시원의 업무이다(공중위생관리법 시행령 제9조).

42 식품 또는 식품첨가물을 채취 · 제조 · 가공 · 조리 · 저장 · 운반 또는 판매하는 데 직접 종사하는 사람이 건강진단 검진을 받아야 하는 주기는?

✔ ① 1년   ② 6개월
③ 3개월   ④ 1개월

해설
건강진단 항목 등(식품위생 분야 종사자의 건강진단 규칙 제2조)
- 식품위생법에 따라 건강진단을 받아야 하는 영업자 및 그 종업원은 매 1년마다 건강진단을 받아야 한다.
- 건강진단의 유효기간은 1년으로 하며, 직전 건강진단의 유효기간이 만료되는 날의 다음 날부터 기산한다.

43 다음 중 HACCP의 7가지 적용 원칙에 해당하지 않는 것은?

① 위해요소 분석
② 중요관리점(CCP) 결정
③ 개선조치 방법 수립
④ **회수명령의 기준 설정** ✓

해설
안전관리인증기준(HACCP) 적용 원칙(식품 및 축산물 안전관리인증기준 제6조제1항)
- 1단계 : 위해요소 분석
- 2단계 : 중요관리점 결정
- 3단계 : 한계기준 설정
- 4단계 : 모니터링 체계 확립
- 5단계 : 개선조치 방법 수립
- 6단계 : 검증 절차 및 방법 수립
- 7단계 : 문서화 및 기록 유지

44 탄수화물이 미생물의 분해작용을 거치면서 유기산, 알코올 등이 생성되어 인체에 이로운 식품이나 물질을 얻는 현상은?

① 부 패
② 변 패
③ 산 패
④ **발 효** ✓

해설
① 부패 : 단백질 식품이 미생물에 의해서 분해되어 암모니아나 아민 등이 생성되어 악취가 심하게 나고 인체에 유해한 물질이 생성되는 현상이다.
② 변패 : 단백질, 지방질 이외의 탄수화물 등의 성분들이 미생물에 의하여 변질되는 현상이다.
③ 산패 : 유지가 산화되어 역한 냄새가 나고 점성이 증가할 뿐만 아니라 색깔이 변색되어 품질이 저하되는 현상이다.

45 식품의 신선도 또는 부패의 이화학적 판정에 이용되는 항목이 아닌 것은?

① 히스타민 함량
② **당 함량** ✓
③ 휘발성 염기질소 함량
④ 트라이메틸아민 함량

해설
식품 부패 시 생성되는 유해물질로 암모니아, 아민, 황화수소, 인돌, 페놀, 히스타민, 트라이메틸아민 등이 있다.

46 감염형 세균성 식중독에 해당하는 것은?

① 수은 식중독
② **살모넬라 식중독** ✓
③ 클로스트리듐 보툴리눔 식중독
④ 아플라톡신 식중독

해설
감염형 세균성 식중독 : 살모넬라 식중독, 장염 비브리오 식중독, 병원성 대장균 식중독 등

47 여러 시설에서 동시다발적으로 환자가 발생할 우려가 높거나 발생하는 경우는 식중독 위기 대응 단계 중 어디에 해당하는가?

① 관심(Blue) 단계
✓ ② 주의(Yellow) 단계
③ 경계(Orange) 단계
④ 심각(Red) 단계

해설
주의(Yellow) 단계
- 여러 시설에서 동시다발적으로 환자가 발생할 우려가 높거나 발생하는 경우
- 동일 식재료 업체나 위탁 급식업체가 납품·운영하는 여러 급식소에서 환자가 동시 발생

48 세균의 장독소(Enterotoxin)에 의해 유발되는 식중독은?

① 복어 식중독
② 장염 비브리오 식중독
③ 살모넬라 식중독
✓ ④ 황색포도상구균 식중독

해설
황색포도상구균은 식중독의 원인 물질인 장독소 엔테로톡신을 생성하는데, 장독소는 내열성이 강해 120℃에서 30분간 처리해도 파괴되지 않는다.

49 화학적 식중독의 원인 물질은?

① 테트로도톡신(Tetrodotoxin)
② 무스카린(Muscarine)
✓ ③ 메탄올(Methanol)
④ 아미그달린(Amygdalin)

해설
①, ②, ④는 자연독 식중독의 원인 물질이다. 테트로도톡신(Tetrodotoxin)은 복어, 무스카린(Muscarine)은 독버섯, 아미그달린(Amygdalin)은 살구씨의 독성성분이다.

50 장티푸스에 대한 예방대책으로 가장 적절하지 않은 것은?

✓ ① 검역을 강화한다.
② 환경위생 관리를 강화한다.
③ 예방접종을 강화한다.
④ 보균자 관리를 강화한다.

해설
장티푸스 예방법 : 물, 음식물, 곤충 등의 위생관리 철저, 예방접종, 보균자 격리 등

51 병원체가 바이러스인 질병은?

① 장티푸스
② 디프테리아
✓ **유행성 간염**
④ 콜레라

> [해설]
> 바이러스성 감염병 : 폴리오(소아마비), 감염성 설사, 유행성 간염 등

52 음식물 섭취와 관계없는 기생충은?

✓ **사상충**
② 요 충
③ 광절열두조충
④ 회 충

> [해설]
> 사상충은 모기에 의해 감염되는 기생충이다.

53 감염병의 예방 및 관리에 관한 법률상 환자의 격리를 요하지 않는 것은?

✓ **공수병**
② 에볼라바이러스병
③ 장티푸스
④ 콜레라

> [해설]
> 감염병의 예방 및 관리에 관한 법률 제2조에 따르면, 감염병 관리상 환자의 격리가 필요한 감염병은 제1급 감염병(음압격리와 같은 높은 수준의 격리)과 제2급 감염병이다. 공수병은 제3급 감염병, 에볼라바이러스병은 제1급 감염병, 장티푸스와 콜레라는 제2급 감염병에 해당한다.

54 디피티(DPT) 접종과 관계없는 질병은?

① 디프테리아
② 파상풍
✓ **콜레라**
④ 백일해

> [해설]
> DPT는 디프테리아(Diphtheria), 백일해(Pertussis), 파상풍(Tetanus)을 예방하기 위한 백신이다.

55 위생관리를 위해 작업자가 점검해야 하는 것으로 적당하지 않은 것은?

① 믹서기구의 청결 상태
② 빵 팬의 내부 확인
✓ **작업장 바닥의 수평 유지 확인**
④ 오븐 내의 이물질 유무 확인

> [해설]
> ③ 작업장 바닥은 파여 있거나 갈라진 틈이 없는지 등을 확인한다.

56 부패 세균의 발육이 억제되는 수소이온농도(pH)는?

✓ **pH 5.5 이하**
② pH 5.5 이상
③ pH 7.5 이하
④ pH 7.5 이상

> [해설]
> 부패 세균은 pH 5.5 이하에서 발육이 저해된다.

57 물 4L에 락스를 넣어 100ppm의 소독액을 만들려고 할 때 필요한 락스의 양은?(단, 락스의 유효 잔류 염소 농도는 4%이고, 1% = 10,000ppm이다)

① 5mL ✓ ② 10mL
③ 15mL ④ 20mL

해설
희석 농도(ppm)
$= \dfrac{\text{소독액의 양(mL)}}{\text{물의 양(mL)}} \times \text{유효 잔류 염소 농도}$

$100(\text{ppm}) = \dfrac{x}{4,000} \times 4 \times 10,000$

$\therefore x = 10\text{mL}$

58 위생복의 조건에 대한 설명 중 옳지 않은 것은?

① 뒷주머니나 앞주머니는 접착용 천이 붙거나 주머니 덮개가 달린 것이 좋다.
② 주머니는 단추보다는 지퍼가 좋다.
③ 열과 땀을 잘 흡수하고 발산할 수 있는 형태나 재질이어야 한다.
✓ ④ 위생복의 상의와 하의는 더러움이 잘 보이지 않게 짙은 색상의 것이 좋다.

해설
④ 위생복의 상의와 하의는 더러움을 쉽게 확인할 수 있도록 흰색이나 옅은 색상이 좋다.

59 작업대 관리에 대해 잘못 설명한 것은?

✓ ① 작업대는 40% 알코올을 분무하는 방법으로 살균한다.
② 작업대 표면은 매번 사용하기 전에 씻고 소독한다.
③ 작업대는 부식성이 없는 스테인리스강 등의 재질로 설비한다.
④ 나무로 된 테이블은 정기적으로 윗부분을 대패로 깎아 주어야 한다.

해설
작업대는 70% 알코올 분무 또는 이와 동등한 효과가 있는 방법으로 살균한다.

60 방충·방서 관리에 대한 설명으로 옳지 않은 것은?

① 창문에는 방충망을 설치하고 유지·관리한다.
② 창문틀이나 배수구 구멍에도 방충망을 설치하여야 한다.
③ 문이나 창문에 해충이 먹을 수 있는 음식물이 있는 경우에는 제거한다.
✓ ④ 작업장은 환기와 소독을 위해 오픈형 구조로 한다.

해설
설치류, 곤충, 새, 해충 등의 혼입을 방지하기 위해 작업장은 밀폐식 구조로 해야 한다. 그리고 배수로, 폐기물 처리장 등을 청결하게 관리하여야 한다. 또한 작업장 및 작업장 주변의 소독은 전문업체 등 외부에 의뢰하고 월 1회 이상 실시하는 것이 좋다.

제2회 기출복원문제

01 탄수화물의 구성요소가 아닌 것은?

① 탄 소
② 질 소 ✓
③ 산 소
④ 수 소

해설
탄수화물과 지방은 탄소, 산소, 수소로 구성되어 있으며, 단백질은 탄소, 산소, 수소 이외에 질소를 가지고 있다.

02 다음 중 이당류에 속하는 것은?

① 설탕(Sucrose) ✓
② 전분(Starch)
③ 과당(Fructose)
④ 갈락토스(Galactose)

해설
탄수화물의 분류
- 단당류 : 포도당, 과당, 갈락토스
- 이당류 : 맥아당(엿당), 설탕(서당, 자당), 유당(젖당)
- 다당류 : 전분(녹말), 글리코겐, 섬유소, 펙틴

03 식품의 단백질이 변성되었을 때 나타나는 현상이 아닌 것은?

① 소화효소의 작용을 받기 어려워진다. ✓
② 용해도가 감소한다.
③ 점도가 증가한다.
④ 폴리펩타이드(Polypeptide) 사슬이 풀어진다.

해설
단백질이 변성되면 점도 증가, 용해도 감소, 영양가 감소 및 침전이 용이해진다. 또한 대부분의 천연단백질은 단백질 소화효소인 트립신에 의해 소화되기 어려우나 변성되면 이 효소에 의해 쉽게 소화된다.

04 전란의 고형질은 일반적으로 몇 %인가?

① 12%
② 88%
③ 75%
④ 25% ✓

해설
전란은 수분 75%, 고형질 25%이고, 달걀은 껍질 10%, 노른자 30%, 흰자 60%로 구성되어 있다.

05 신체의 근육이나 혈액을 합성하는 구성영양소는?

① 단백질
② 무기질
③ 물
④ 비타민

[해설]
단백질은 체조직(근육, 머리카락, 혈구, 혈장 단백질 등) 및 효소, 호르몬, 항체 등을 구성한다.

06 다음 중 달걀흰자의 기포성에 관한 설명으로 옳은 것은?

① 오래된 달걀보다 신선한 달걀의 달걀흰자가 기포 형성이 잘된다.
② 수양난백이 농후난백보다 기포 형성이 잘된다.
③ 달걀흰자 거품을 낼 때 다량의 설탕을 넣으면 기포 형성이 잘된다.
④ 실온에 둔 것보다 냉장고에서 꺼낸 달걀흰자의 기포 형성이 쉽다.

[해설]
신선한 달걀은 오래된 달걀보다 기포 형성이 잘되지 않는다. 농후난백은 신선한 달걀의 특징이다.
달걀흰자
- 농후난백 : 날달걀을 깼을 때 달걀노른자 주변에 뭉쳐 있는 달걀흰자
- 수양난백 : 옆으로 넓게 퍼지는 달걀흰자

07 박력분에 대한 설명 중 옳은 것은?

① 마카로니 제조에 쓰인다.
② 우동 제조에 쓰인다.
③ 단백질 함량이 6~8.5%이다.
④ 글루텐의 탄력성과 점성이 가장 강하다.

[해설]
단백질 함량은 강력분 11~14%, 중력분 9~10.5%, 박력분 6~8.5%이다.

08 우유에 들어 있는 카세인에 대한 설명으로 틀린 것은?

① 열에 비교적 안정하여 잘 응고되지 않는다.
② 우유 단백질의 75~80%를 차지한다.
③ 산과 만나면 응고되는 성질이 있다.
④ 버터의 신맛을 내는 성분이다.

[해설]
버터의 신맛을 내는 성분은 젖산이다. 카세인은 우유의 주된 단백질로, 열에 비교적 안정하고 산에 의해 응고되는 성질이 있다.

09 아밀로스(Amylose)의 특징이 아닌 것은?

① 일반 곡물 전분 속에 약 17~28% 존재한다.
② 아밀로펙틴보다 분자량이 적다.
③ **아밀로펙틴보다 호화의 경향이 작다.** ✓
④ 아이오딘 용액에 청색 반응을 일으킨다.

해설
- 아밀로스 : 아이오딘에 청색 반응을 일으키고, 분자량이 적고, 호화가 빠르다.
- 아밀로펙틴 : 아이오딘에 적자색 반응을 일으키고, 분자량이 많고, 호화가 늦다.

11 환원당과 아미노 화합물의 축합이 이루어질 때 생기는 갈색 반응은?

① 아스코브산의 산화에 의한 갈변
② 효소적 갈변
③ 캐러멜화 반응
④ **메일라드 반응** ✓

해설
메일라드 반응(Maillard Reaction)은 아미노산과 환원당(포도당, 과당, 맥아당 등)이 반응하여 갈색의 중합체인 멜라노이딘(Melanoidine)을 만드는 반응이다.

10 빵, 케이크류에 사용이 허가된 보존료는?

① 탄산암모늄
② 탄산수소나트륨
③ **프로피온산** ✓
④ 폼알데하이드

해설
프로피온산은 빵 및 케이크류에 사용할 수 있도록 허가되어 있다. 부패의 원인이 되는 곰팡이나 부패균에 유효하며, 발효에 필요한 효모에는 작용하지 않는다.

12 다음 과자 반죽의 비중은 얼마인가?

- 물 1L의 무게 : 200g
- 반죽 1L의 무게 : 100g

① **0.5** ✓   ② 1
③ 1.5   ④ 2

해설
과자 반죽의 비중 = $\dfrac{\text{동일한 부피의 반죽 무게}}{\text{동일한 부피의 물 무게}}$
$= \dfrac{100}{200} = 0.5$

13 다음과 같은 조건일 때 마찰계수는?

> • 실내 온도 : 25℃
> • 밀가루 온도 : 24℃
> • 설탕 온도 : 24℃
> • 유지 온도 : 20℃
> • 달걀 온도 : 18℃
> • 수돗물 온도 : 18℃
> • 완료한 반죽의 온도 : 27℃

① 25   ✓ **33**
③ 35   ④ 40

해설
마찰계수
= (반죽 결과 온도 × 6) − (실내 온도 + 밀가루 온도 + 설탕 온도 + 유지 온도 + 달걀 온도 + 수돗물 온도)
= (27 × 6) − (25 + 24 + 24 + 20 + 18 + 18)
= 33

14 식품첨가물의 사용량 결정에 고려해야 하는 "ADI"란?

① 반수치사량
✓ **1일 섭취허용량**
③ 최대무작용량
④ 안전계수

해설
1일 섭취허용량(ADI ; Acceptable Daily Intake)
식품첨가물, 잔류농약 등 의도적으로 사용하는 화학물질에 대해 평생 섭취하여도 유해영향이 나타나지 않는 1인당 1일 최대섭취허용량을 말하며, 사람의 체중 kg당 일일섭취허용량을 mg으로 나타낸 것이다.

15 반죽 양을 구하는 식은?

① 팬 용적 − 팬 비용적
✓ **팬 용적 ÷ 팬 비용적**
③ 팬 용적 × 팬 비용적
④ 팬 용적 + 팬 비용적

해설
비용적이란 반죽 1g을 굽는 데 필요한 팬의 용적이다. 반죽 양은 '팬 용적 ÷ 팬 비용적'으로 구한다.

16 파운드 케이크를 용적이 1,640cm³인 팬에 구우려고 한다. 알맞은 반죽 양은 약 얼마인가?

① 562g
✓ **683g**
③ 812g
④ 924g

해설
파운드 케이크의 비용적은 $2.40cm^3/g$이고,

반죽 양 = $\dfrac{팬\ 용적}{팬\ 비용적}$ 이므로,

파운드 케이크 반죽 양 = $\dfrac{1,640}{2.40}$ ≒ 683(g)이다.

제품별 비용적
• 파운드 케이크 : $2.40cm^3/g$
• 레이어 케이크 : $2.96cm^3/g$
• 엔젤푸드 케이크 : $4.71cm^3/g$
• 스펀지 케이크 : $5.08cm^3/g$

17 반죽형 반죽에 대한 설명으로 옳지 않은 것은?

① 밀가루, 달걀, 우유를 재료로 한다.
✓ **유지 함량은 달걀 무게의 3/4 이상이다.**
③ 많은 양의 유지를 함유한 제품으로 반죽 온도가 중요하다.
④ 대표적인 제품으로 파운드 케이크, 과일 케이크, 머핀 등이 있다.

해설
② 반죽형 반죽의 유지 함량은 달걀 무게의 1/2 이상으로 한다.

18 다음은 반죽형 반죽을 만드는 방법 중 어떤 방법에 대한 설명인가?

- 파운드 케이크, 쿠키 등의 반죽을 만들 때 사용하는 방법이다.
- 처음에 유지와 설탕, 소금을 넣고 믹싱하여 크림을 만들어 사용한다.

① 블렌딩법
② 복합법
✓ **크림법**
④ 설탕/물법

해설
크림법은 처음에 유지와 설탕, 소금을 넣고 믹싱하여 크림을 만든 후 달걀을 서서히 투입하여 크림을 부드럽게 만든 후, 여기에 체로 친 밀가루와 베이킹파우더, 건조 재료를 가볍고 균일하게 혼합하여 반죽한다. 크림법은 일반적이고 전통적인 방법으로 대부분의 반죽형 제품에 많이 사용되고 있으며 부피가 양호하다.

19 제과류의 반죽 온도가 높을 때 나타나는 현상으로 옳은 것은?

✓ **기공이 열리고 큰 구멍이 생긴다.**
② 기공이 조밀해서 부피가 작아진다.
③ 표면이 터지고 거칠어질 수 있다.
④ 식감이 나빠진다.

해설
반죽 온도가 높으면 기공이 열리고 큰 구멍이 생겨 조직이 거칠게 되어 노화가 빨라진다. 반대로 반죽 온도가 낮으면 기공이 조밀해져 부피가 작아지고 식감이 나빠지며, 굽기 중 오븐 온도에 의한 증기압을 형성하는 데 많은 시간이 필요하여 껍질이 형성된 후 증기압에 의한 팽창작용으로 표면이 터지고 거칠어질 수 있다.

20 다음 중 온도가 가장 낮은 것은?

✓ **퍼프 페이스트리 반죽 온도**
② 마들렌 반죽 온도
③ 파운드 케이크 반죽 온도
④ 버터스펀지 케이크(공립법) 반죽 온도

해설
① 퍼프 페이스트리 : 20℃
② 마들렌 : 24℃
③ 파운드 케이크 : 23℃
④ 버터스펀지 케이크(공립법) : 23℃

21 흰자를 거품내면서 뜨겁게 끓인 시럽을 부어 만든 머랭은?

① 냉제 머랭
✔ **이탈리안 머랭**
③ 스위스 머랭
④ 프렌치 머랭

해설
이탈리안 머랭은 거품을 낸 달걀흰자에 115~118℃에서 끓인 설탕시럽을 조금씩 넣어주면서 거품을 낸 것으로, 달걀흰자 중 일부가 열 응고를 일으켜서 기포가 매우 단단해진다.

22 퍼프 페이스트리 반죽에 대한 설명으로 옳지 않은 것은?

✔ **반죽에 이스트를 넣어 부풀린다.**
② 반죽 사이에 유지가 들어가 맛이 고소하다.
③ 반죽이 늘어지는 성질이 좋아 결을 많이 만들 수 있다.
④ 반죽은 제조법에 따라 접이형과 반죽형으로 나눌 수 있다.

해설
퍼프 페이스트리는 반죽에 이스트를 넣지 않고, 구울 때 반죽 사이의 유지가 녹아 생긴 공간을 수증기압으로 부풀려서 만든다.

23 쿠키에 대한 설명으로 옳지 않은 것은?

① 영국의 플레인 번, 미국의 비스킷, 프랑스의 푸르 세크에 해당하는 과자이다.
② 스냅 쿠키는 액체 재료가 드롭 쿠키에 비해 적게 들어간다.
③ 쇼트브레드 쿠키는 밀어 펴는 형태의 쿠키이다.
✔ **드롭 쿠키는 스냅 쿠키라고도 한다.**

해설
드롭 쿠키(Drop Cookies)는 소프트 쿠키(Soft Cookies)라고도 하며 많은 수분을 함유한 제품이다.

24 쿠키가 큰 퍼짐성을 갖게 되는 경우에 대한 설명으로 옳지 않은 것은?

① 오븐 온도가 낮다.
② 설탕을 과다하게 사용하였다.
✔ **반죽이 산성을 띤다.**
④ 철판에 기름칠이 과도하다.

해설
쿠키를 만들 때 오븐 온도가 낮은 경우, 반죽이 알칼리성을 띠는 경우, 설탕을 과다하게 사용한 경우, 철판에 기름칠이 과도한 경우 등에 쿠키의 퍼짐성이 커진다.

25 다음은 어떤 현상에 대한 설명인가?

> 어떤 물질에 공기를 포함시켰을 때 나타나는 양적 팽창이다.

✓ ① 오버 런
② 오버 베이킹
③ 언더 베이킹
④ 메일라드 반응

해설
오버 런(Over Run)은 어떤 물질에 공기를 포함시켰을 때 나타나는 양적 팽창으로, 예를 들어 생크림 등을 거품냈을 때 나타나는 현상이다. 오버 런 100%란 처음 생크림 부피의 2배 정도의 부피를 말한다.

26 제과류의 정형과 분할에 대한 설명으로 옳지 않은 것은?

① 호두 분태를 패닝한 반죽 윗면에 고르게 뿌리면 윗면이 타는 것을 어느 정도 방지해 준다.
② 호두 분태는 약하게 구워서 사용한다.
③ 과일 케이크는 일반 케이크에 비해 조금 많은 양을 패닝한다.
✓ ④ 과일 케이크 패닝 작업은 최대한 천천히 해야 모양이 좋아진다.

해설
과일 케이크 반죽에는 머랭이 섞여 있기 때문에, 분할 패닝 작업을 최대한 빠르게 마무리하고 오븐에 넣어 주어야 부피가 좋은 제품을 얻을 수 있다.

27 다음에서 설명하는 정형방법으로 만들어지는 쿠키는?

> 수분이 많은 묽은 반죽을 철판에 흘려 굽는다.

✓ ① 프랑스식 쿠키
② 마카롱 쿠키
③ 밀어 펴는 쿠키
④ 냉장 쿠키

해설
① 프랑스식(판에 등사하는) 쿠키 : 수분이 많은 묽은 반죽을 철판에 흘려 굽는 쿠키로, 아주 얇고 바삭바삭하며 베이킹파우더를 사용하지 않는다.
② 마카롱 쿠키 : 달걀흰자와 설탕으로 만든 머랭 쿠키이다.
③ 밀어 펴는 쿠키 : 반죽을 일정한 두께로 밀어 펴 다양한 형태의 정형기(모양틀)를 이용해 원하는 모양을 만드는 쿠키이다.
④ 냉장 쿠키 : 반죽을 냉장한 뒤 알맞은 크기와 너비로 잘라 굽는 쿠키이다.

28 파운드 팬에 깔아 주는 위생지에 대한 설명으로 옳은 것은?

① 위생지를 팬 높이보다 낮게 재단한다.
② 위생지를 팬 높이보다 높게 재단한다.
✓ ③ 위생지가 팬 높이보다 낮으면 반죽이 팬에 붙어 잘 떨어지지 않는다.
④ 위생지가 팬 높이보다 낮으면 굽기 시 색이 일정하게 나지 않는다.

해설
파운드 팬에 깔아 주는 위생지는 팬 높이와 같게 재단한다. 팬 높이보다 낮으면 반죽이 팬에 붙어 잘 떨어지지 않고, 팬 높이보다 높으면 굽기 시 색이 일정하게 나지 않아 상품 가치가 떨어진다.

29 팬 오일의 조건에 대한 설명으로 옳지 않은 것은?

① 발연점이 높아야 한다.
❷ 빵의 풍미를 높일 수 있게 일정한 향이 있는 것이 좋다.
③ 고온이나 장시간의 산패에 잘 견뎌야 한다.
④ 바르기 쉽고 골고루 잘 발라져야 한다.

> **해설**
> 팬 오일은 제품을 구울 때 제품이 팬에 들러붙지 않고 구운 후에 팬에서 잘 이탈되도록 바르는 것으로, 제품의 맛에 영향을 미치지 않도록 무색·무미·무취여야 한다.

30 과자류 굽기에 대한 설명으로 옳지 않은 것은?

① 굽는 온도와 시간은 배합률에 따라 달라진다.
❷ 얇은 팬에서 구운 케이크는 깊은 팬에서 구운 케이크보다 중심부에 틈이 생기기 쉽다.
③ 반짝거리는 재질로 된 팬을 이용할 경우 약간 둥글거나 평평한 케이크가 된다.
④ 일반적으로 고배합의 반죽은 낮은 온도에서 오래 굽는다.

> **해설**
> ② 깊은 팬에서 구운 케이크는 얇은 팬에서 구운 케이크보다 중심부에 틈이 생기기 쉽다.

31 다음 ㉠, ㉡, ㉢에 들어갈 말로 맞는 것은?

> 오버 베이킹은 (㉠)에서 (㉡) 굽는 것이다. (㉢)일 때 사용한다.

① ㉠ 낮은 온도, ㉡ 단시간, ㉢ 고배합
❷ ㉠ 낮은 온도, ㉡ 장시간, ㉢ 고배합
③ ㉠ 높은 온도, ㉡ 단시간, ㉢ 저배합
④ ㉠ 높은 온도, ㉡ 장시간, ㉢ 저배합

> **해설**
> • 오버 베이킹 : 낮은 온도에서 장시간 굽는 것이다. 반죽이 많거나 고배합일 때 사용한다.
> • 언더 베이킹 : 높은 온도에서 단시간 굽는 것이다. 반죽이 적거나 저배합일 때 사용한다.

32 도넛을 튀기는 동안 껍질이 터지는 이유로 알맞은 것은?

① 달걀노른자의 사용량이 부족하다.
② 튀기는 동안 탄 찌꺼기가 도넛 표면에 달라붙는다.
❸ 저율 배합으로 반죽을 잘못 만들었다.
④ 묽은 반죽을 써서 튀기는 동안 표면적이 넓어졌다.

> **해설**
> ③ 튀기는 동안 도넛의 껍질이 터지는 것은 저율 배합으로 반죽을 잘못 만들어 너무 많이 팽창했기 때문이다.
> ① 달걀노른자의 사용량이 부족하면 조직이 거칠어진다.
> ② 찌꺼기가 도넛 표면에 달라붙으면, 도넛의 튀김색이 고르게 되지 않는다.
> ④ 반죽이 묽어 튀기는 동안 표면적이 넓어지면, 도넛에 기름이 많아진다.

33 파운드 케이크를 구울 때 뚜껑을 덮는 이유는 무엇인가?

① 케이크 바닥이 검게 되는 것을 막기 위해서이다.
② 케이크의 수분흡수력을 높이기 위해서이다.
③ 케이크 내부가 노란색을 띠게 하기 위해서이다.
☑ **껍질 색이 너무 진하지 않고 표피를 얇게 하기 위해서이다.**

해설
뚜껑을 덮는 이유는 껍질 색이 너무 진하지 않고 표피를 얇게 하기 위해서이다. 케이크의 바닥이 검게 되는 것을 막으려면 두 겹 겹친 베이킹 팬 위에 파운드 틀을 얹어 오븐의 중간 칸에 넣고 구워야 한다.

34 호두파이를 구울 때 다음과 같은 결과가 나타났다. 그 원인으로 적합한 것은?

- 색깔이 제대로 나지 않는다.
- 구운 뒤에도 눅눅하다.

① 오븐 윗불의 온도가 높을 때
② 오븐 윗불의 온도가 낮을 때
③ 오븐 아랫불의 온도가 높을 때
☑ **오븐 아랫불의 온도가 낮을 때**

해설
오븐 아랫불의 온도가 낮으면 색깔이 제대로 나지 않고 구운 뒤에도 눅눅하면서 충전물이 끓어 넘친다. 또 오븐 윗불의 온도가 높으면 바닥 껍질이 채 익기 전에 위의 껍질의 색이 빨리 난다.

35 다음은 어떤 오븐에 대한 설명인가?

일반적으로 가장 많이 사용하며 선반에서 독립적으로 상하부 온도를 조절하여 제품을 구울 수 있다.

☑ **데크 오븐**
② 로터리 랙 오븐
③ 터널 오븐
④ 컨벡션 오븐

해설
데크 오븐(Deck Oven)은 독립적으로 상하부 온도를 조절하여 제품을 구울 수 있다. 온도가 균일하게 형성되지 않는다는 단점이 있으나 각각의 선반 출입구를 통해 제품을 손으로 넣고 꺼내기가 편리하다. 또한 제품이 구워지는 상태를 눈으로 확인할 수 있어 각각의 팬의 굽는 정도를 조절할 수 있다.

36 설탕시럽을 끓인 후 식혀 만든 아이싱 재료는 무엇인가?

① 광택제
☑ **폰당**
③ 생크림
④ 마지팬

해설
폰당(Fondant, 혼당, 폰던트)
설탕시럽을 115℃까지 끓였다가 40℃로 식히면서 교반하면 결정이 일어나면서 희고 뿌연 상태가 되면서 폰당이 만들어진다. 일반적으로 폰당은 에클레어(Eclair) 위 또는 케이크 위에 아이싱으로 많이 쓰인다.

37 다음에서 설명하는 제과류 냉각법은?

> 무스와 같은 냉과류를 빨리 냉각하여 장식하기 위한 목적으로 사용한다.

① 자연냉각
② 냉장고
❸ 냉동고
④ 냉각 컨베이어

해설
냉동고는 무스와 같은 냉과류를 빨리 냉각하여 장식하기 위한 목적으로 사용한다. 냉동고에는 완만한 냉동고와 급속 냉동고가 있다. 완만한 냉동고는 -20℃ 이상으로 냉동하고, 급속 냉동은 -40℃ 이하에서 냉동한다.

38 다음 중 재료별 냉장 보관 기준을 잘못 설명한 것은?

① 과일, 채소류는 물기 없이 보관하는 것이 좋다.
② 마가린은 미개봉 상태일 때 6개월 정도 보관이 가능하다.
❸ 생크림 케이크는 포장 박스에서 꺼낸 상태로 10℃ 이하에서 보관한다.
④ 우유는 빙점 이하에서 얼지 않도록 보관한다.

해설
생크림 케이크는 포장 박스에 담아 보관하는 것이 좋다. 저장온도는 10℃ 이하, 저장습도는 75~85%가 적절하다.

39 제과류를 냉동 보관할 때 주의사항으로 옳지 않은 것은?

❶ 냉동고 용량의 90% 이하로 식품을 보관한다.
② 냉동식품은 검수 후 즉시 냉동고에 저장한다.
③ 냉동고 문의 개폐는 신속하고 최소한으로 해야 한다.
④ 제품별로 포장하거나 밀봉한다.

해설
① 냉동고 용량의 70% 이하로 식품을 보관한다.

40 과자류의 냉각에 대한 설명으로 옳지 않은 것은?

① 좁게는 상온 이하 어는점 이상의 온도 범위를 말한다.
❷ 오븐에서 꺼낸 제과류를 상온에 방치해 약 70℃가 된 상태를 말한다.
③ 넓게는 상온 이하의 모든 온도 범위를 말한다.
④ 냉각 방법은 자연 냉각과 냉각기를 이용한 냉각이 있다.

해설
오븐에서 꺼낸 약 100℃의 과자류를 상온에 방치하면 온도가 점점 내려가는데, 35~40℃ 정도의 온도가 된 것을 냉각이라고 한다.

41 과자류 제품 포장에 대한 설명으로 옳지 않은 것은?

① 1차 포장은 포장을 하는 과자류 제품과 직접 접촉하는 포장이다.
② 포장 시에 습기 제거제나 산소 제거제를 넣을 수 있다.
✓ **2차 포장을 위한 포장재로는 주로 플라스틱을 사용한다.**
④ 1차 포장의 주된 목적은 수분, 습기, 광열 및 충격 등으로부터 제품을 보호하는 것이다.

해설
2차 포장을 위한 포장재로는 종이 등을 주로 사용한다. 필름, 시트 등의 플라스틱 포장재는 주로 1차 포장 재료로 쓰인다.

42 초콜릿을 씌운 사탕이나 아이스크림을 만들 때 전화효소(Invertase)의 작용은?

① 설탕의 가수분해를 막아 준다.
② 설탕을 다량 사용하지 않아도 단맛의 사탕을 제조할 수 있다.
✓ **설탕을 가수분해시킴으로써 결정화되는 것을 막아 준다.**
④ 설탕을 가수분해시켜 결정이 되는 것을 촉진시킨다.

해설
인버테이스(Invertase)는 설탕을 가수분해시켜 포도당과 과당의 등량 혼합물을 만들어 용해도를 증가시킨다.

43 식품위생법령상 영업허가를 받아야 하는 업종은?

① 식품운반업
✓ **유흥주점영업**
③ 즉석판매제조·가공업
④ 식품소분·판매업

해설
허가를 받아야 하는 영업 및 허가관청(식품위생법 시행령 제23조)
• 식품조사처리업 : 식품의약품안전처장
• 단란주점영업과 유흥주점영업 : 특별자치시장·특별자치도지사 또는 시장·군수·구청장

44 식품위생법상 조리사 면허의 취소처분을 받은 때 면허증 반납은 누구에게 하는가?

① 보건복지부장관
✓ **특별자치시장·특별자치도지사·시장·군수·구청장**
③ 식품의약품안전처장
④ 보건소장

해설
조리사 면허증의 반납(식품위생법 시행규칙 제82조)
조리사가 그 면허의 취소처분을 받은 경우에는 지체 없이 면허증을 특별자치시장·특별자치도지사·시장·군수·구청장에게 반납하여야 한다.

45 연수를 사용한 반죽에 관한 설명으로 옳은 것은?

① 반죽이 연하고 가스 보유력이 강하다.
② 반죽이 단단하고 가스 보유력이 강하다.
③ ✓ **반죽이 연하고 가스 보유력이 약하다.**
④ 반죽이 단단하고 가스 보유력이 약하다.

> **해설**
> 반죽 시 연수를 사용하면 글루텐을 약화시켜 반죽이 연하고 끈적거리나 발효 속도는 빠르다. 또한 가스 보유력이 떨어진다.

46 식품첨가물에 대한 안전성 평가에서 고려하는 'MNEL'이란?

① 사람의 1일 섭취허용량
② 관능검사
③ 반수치사량
④ ✓ **최대무작용량**

> **해설**
> 최대무작용량(MNEL ; Maximum No Effect Level) 일생 동안 계속적으로 투여하여도 독성이 나타나지 않는 무독성이 인정되는 최대의 섭취량으로 동물의 체중 kg당 mg으로 표시한다.

47 다음은 식품의 변질 중 무엇에 대한 설명인가?

> 유지가 산화되어 점성이 증가할 뿐만 아니라 색깔이 변색된다.

① 부 패
② 변 패
③ ✓ **산 패**
④ 발 효

> **해설**
> 산패는 유지가 산화되어 역한 냄새가 나고 점성이 증가할 뿐만 아니라 색깔이 변색되어 품질이 저하되는 현상이다.

48 알레르기성 식중독에 관계되는 원인 물질과 균은?

① 아세토인(Acetoin), 살모넬라균
② 지방(Fat), 장염 비브리오균
③ 엔테로톡신(Enterotoxin), 포도상구균
④ ✓ **히스타민(Histamine), 모르가니균**

> **해설**
> 사람이나 동물의 장내에 상주하는 모르가니균은 알레르기를 일으키는 히스타민을 만든다.

49 일반적으로 신선한 우유의 pH는?

① 4.0~4.5
② 3.0~4.0
③ 5.5~6.0
④ ✓ 6.5~6.7

해설
신선한 우유의 pH는 약 6.6 정도로 우유를 저장하는 과정에서 공기와의 접촉이 일어나면 우유 속의 이산화탄소가 배기되면서 pH가 높아진다. 산도의 증가는 유산의 양에 따라 좌우되며 우유의 보존 온도에 영향을 받는다.

50 사시, 동공확대, 언어장애 등 특유의 신경마비 증상을 나타내며 비교적 높은 치사율을 보이는 식중독 원인균은?

① ✓ 클로스트리듐 보툴리늄균
② 황색포도상구균
③ 병원성 대장균
④ 바실루스 세레우스균

해설
클로스트리듐 보툴리늄균은 불충분하게 가열살균 후 밀봉 저장한 식품(통조림, 소시지, 병조림, 햄 등)이 원인 식품이고 뉴로톡신이라는 신경독소를 생성한다.

51 식품의 위생을 위협하는 화학적 요소 중 자연독에 해당하는 것은?

① 아크릴아마이드
② ✓ 아마톡신
③ 다이옥신
④ 에틸카바메이트

해설
② 아마톡신은 독버섯에 함유된 자연독이다.
①, ④는 제조·가공·저장 중에 생성될 수 있는 화합물이고, ③은 환경호르몬에 해당한다.

52 달걀 40%를 사용하여 제조한 커스터드 크림과 비슷한 되기를 만들기 위하여 달걀 전량을 옥수수 전분으로 대치한다면 얼마 정도가 적당한가?

① ✓ 10%
② 20%
③ 30%
④ 40%

해설
달걀은 수분 75%, 고형분 25%로 이루어져 있다.
• 달걀의 수분 : 40 × 0.75 = 30
• 고형분 : 40 × 0.25 = 10
∴ 옥수수 전분 10%, 물 30%

53 세척제를 세척 대상에 따라 분류한 것으로 옳은 것은?

① 1종 세제 – 식기, 조리기구 등을 씻는 세제
② 1종 세제 – 제조, 가공용 기구 등을 씻는 세제
❸ **2종 세제 – 식기, 조리기구 등을 씻는 세제**
④ 2종 세제 – 제조, 가공용 기구 등을 씻는 세제

> **해설**
> • 1종 세제 : 사람이 그대로 먹을 수 있는 채소, 과일 등을 씻는 세제
> • 2종 세제 : 식기, 조리기구 등을 씻는 세제
> • 3종 세제 : 제조, 가공용 기구 등을 씻는 세제

54 저온살균법에 대한 설명으로 옳은 것은?

① 95~120℃ 정도로 30~60분간 가열하여 살균하는 방법
② 130~150℃에서 2초간 가열 처리하는 방법
③ 초음파로 단시간에 처리하는 방법
❹ **60~65℃에서 30분간 가열 처리하는 방법**

> **해설**
> ① 고온살균법
> ② 초고온 순간 살균법
> ③ 초음파 가열살균법

55 냉동제법에서 혼합(Mixing) 다음 단계의 공정은?

① 해 동
❷ **분 할**
③ 1차 발효
④ 2차 발효

> **해설**
> 냉동반죽법은 1차 발효 또는 성형을 끝낸 반죽을 냉동 저장하는 방법으로, 분할·성형하여 필요할 때마다 쓸 수 있다는 장점이 있다.

56 제과기능사의 장신구 착용에 대한 설명으로 옳지 않은 것은?

① 매니큐어를 제거한다.
② 손톱은 위생에 지장이 없도록 짧게 자른다.
③ 몸에 부착된 모든 종류의 장신구를 제거해야 한다.
❹ **장신구 중 반지는 제거하고 시계와 팔찌는 착용해도 된다.**

> **해설**
> 시계나 팔찌를 착용할 경우 밀가루나 유지 등의 재료가 묻어 곰팡이나 세균이 증식하여 식품이 오염될 가능성이 있고, 안전사고를 유발할 수도 있으므로 제거해야 한다.

57 제과 작업장의 환경에 대한 설명 중 옳지 않은 것은?

① **창문은 나무 재질을 사용하는 것이 좋다.**
② 바닥은 방수성과 방습성, 내약품성 및 내열성이 있는 재질이 좋다.
③ 떨어지거나 깨져 파편이 비산되지 않도록 보호장구가 설치된 조명기구를 사용해야 한다.
④ 창문과 창틀 사이에 실리콘 패드, 눈썹 고무 등을 부착하여 밀폐 상태를 유지한다.

[해설]
창문은 내수 처리하여 물청소가 용이하고 물 등으로부터 변형되지 않는 재질을 사용하고, 나무 재질은 지양한다. 또한 물 등에 의해 부식되지 않는 내부식성 재료를 사용하며, 유리 파손에 의한 혼입을 방지하기 위해 반드시 필름 코팅이나 강화유리 등을 사용한다.

58 화재 예방에 대한 설명 중 옳지 않은 것은?

① 화재 위험성이 있는 화기나 설비 주변은 정기적으로 점검한다.
② 정기적으로 화재 예방 교육을 한다.
③ 뜨거운 오일이나 유지 등 화염원 근처에 물건을 적재하지 않는다.
④ **전기 사용 지역은 불이 났을 때를 대비해 물 사용이 많은 곳으로 하는 것이 좋다.**

[해설]
④ 전기 사용 지역은 물과 접촉할 가능성이 가급적 적은 곳으로 정하는 것이 좋다.

59 작업장의 창문이 갖추어야 할 구비 조건으로 옳지 않은 것은?

① 창문은 개방 시 방충이 가능하도록 망이 설치되어야 한다.
② **안쪽 창문에 문지방이 있다면, 선반으로 사용되지 않게 경사가 없어야 한다.**
③ 청소할 때 쉽게 떼어 낼 수 있어야 한다.
④ 창문과 기타 환기구는 먼지가 누적되지 않게 설치되어야 한다.

[해설]
② 안쪽 창문에 문지방이 있다면, 선반으로 사용되지 않게 경사가 있어야 한다.

60 수도와 하수의 관리에 대해 잘못 설명한 것은?

① 음용수는 승인된 수원으로부터 공급되는지 확인해야 한다.
② 지하수의 경우 연 1회 먹는물관리법 항목에 대한 용수검사를 실시한다.
③ **배수로는 일반 구역에서 청결 구역으로 흐르도록 한다.**
④ 수도꼭지는 역류 또는 역 사이펀 현상이 방지되도록 설계한다.

[해설]
③ 배수로는 청결 구역에서 일반 구역으로 흐르도록 하고, 퇴적물이 쌓이지 않아야 한다.

제 3 회 기출복원문제

01 재료 계량 시 유의사항으로 적절하지 않은 것은?

① 계량 시 수평을 이루는 평평한 곳에서 계량한다.
② 재료 계량 시 재료의 손실이 없도록 유의한다.
③ 계량한 재료가 배합표의 양과 재료 목록과 일치하는지 확인한다.
✓ 유산지는 무게가 나가지 않으므로 재료와 함께 재어도 무방하다.

해설
유산지에 다른 재료를 측정할 경우 유산지를 측정 판 위에 올리고 "용기" 키를 눌러 "0"으로 맞춘다. 그다음 재료를 유산지 위에 올려 순수한 재료만의 무게를 측정한다.

02 베이커스 퍼센트는 어떤 재료 100%를 기준으로 표시한 것인가?

① 물
② 설탕
✓ 밀가루
④ 전체 재료

해설
- 베이커스 퍼센트 : 밀가루 100%를 기준으로 하여 각각의 재료를 백분율로 표시한 것이다.
- 트루 퍼센트 : 제품 생산에 필요한 전체 재료에 사용된 양의 합을 100%로 나타낸 것이다.

03 단백질에 관한 설명 중 옳은 것은?

✓ 인단백질은 단순단백질에 인산이 결합한 단백질이다.
② 지단백질은 단순단백질에 당이 결합한 단백질이다.
③ 당단백질은 단순단백질에 지방이 결합한 단백질이다.
④ 핵단백질은 단순단백질 또는 복합단백질이 화학적 또는 산소에 의해 변화된 단백질이다.

해설
- 지단백질 : 지질과 단백질이 결합한 단백질이다.
- 당단백질 : 단백질과 탄수화물이 공유 결합한 복합단백질이다.
- 핵단백질 : 핵산과 단백질이 결합한 단백질이다.

04 다음 중 환원성이 없는 당은?

① 포도당(Glucose)
② 과당(Fructose)
✓ 설탕(Sucrose)
④ 맥아당(Maltose)

해설
환원당의 종류에는 포도당, 과당, 맥아당, 유당, 갈락토스가 있고, 비환원당에는 설탕과 전분이 있다.

05 캐러멜 커스터드 푸딩의 굽기 온도는?

① 130~140℃
☑ **160~170℃**
③ 190~200℃
④ 210~220℃

해설
커스터드 푸딩 틀에 80% 채운 반죽을 컵이 거의 잠길 만큼 팬에 더운 물을 붓고, 160~170℃로 예열한 오븐에서 30~35분간 또는 중심부에 젓가락을 꽂아서 아무것도 묻지 않을 때까지 중탕으로 굽는다.

06 우유 가공품이 아닌 것은?

① 버 터
☑ **마요네즈**
③ 치 즈
④ 아이스크림

해설
마요네즈는 식물성 기름과 달걀노른자, 식초, 약간의 소금과 후추를 넣어 만든 소스로 상온에서 반고체 상태를 형성한다.

07 유지의 발연점에 영향을 주는 인자와 거리가 먼 것은?

☑ **용해도**
② 유리지방산의 함량
③ 노출된 유지의 표면적
④ 불순물의 함량

해설
유지가 발연되는 최저온도를 유지의 발연점이라고 하며, 유리지방산의 함량이 많을수록, 노출된 유지의 표면적이 클수록, 불순물이 많이 존재할수록 유지의 발연점은 내려간다.

08 전분의 노화를 억제하는 방법으로 적절하지 않은 것은?

① 설탕 및 유화제 첨가
☑ **0~5℃에서 보존**
③ 80℃ 이상에서 급속히 건조
④ 수분 함량 15% 이하로 조절

해설
전분의 노화는 수분 30~60%, 온도 0~5℃일 때 가장 일어나기 쉽다.

09 젤라틴의 응고에 관한 내용으로 적절하지 않은 것은?

① 젤라틴의 농도가 높을수록 응고 속도가 빠르다.
☑ **설탕의 농도가 높을수록 빨리 응고된다.**
③ 염류는 젤라틴이 물을 흡수하는 것을 막아 단단하게 응고시킨다.
④ 단백질 분해효소를 사용하면 응고력이 약해진다.

해설
설탕은 젤라틴 분자의 망상구조 형성을 방해하기 때문에 농도가 증가하면 젤리 강도가 감소된다.

10 케이크의 배합에서 고율 배합이 저율 배합에 비해 더 높거나 많은 항목은?

① **믹싱 중 공기 혼입 정도** ✓
② 비 중
③ 화학팽창제의 사용량
④ 굽는 온도

> [해설]
> 고율 배합은 믹싱 중 공기 혼입 정도가 많고, 비중이나 화학팽창제의 사용이 적으며, 저온에서 장시간 굽는다.

11 초콜릿 템퍼링 시 맨 처음 초콜릿을 녹이는 공정에서 적당한 온도는?

① 30~35℃
② 35~40℃
③ **50~55℃** ✓
④ 60~65℃

> [해설]
> 초콜릿 템퍼링 시 초콜릿은 스테인리스 그릇에 담고 불 위에서 중탕으로 녹인다. 이때 온도는 초콜릿의 모든 성분이 녹을 수 있도록 50~55℃로 한다. 그 이상이면 초콜릿 안의 유제품이 녹아 굳어지므로 주의한다.

12 다음 중 반죽형 케이크가 아닌 것은?

① 머 핀
② 과일 케이크
③ 파운드 케이크
④ **스펀지 케이크** ✓

> [해설]
> ④ 스펀지 케이크는 거품형 반죽을 사용한다.
> 반죽형 케이크는 밀가루, 달걀, 우유를 구성 재료로 하고 많은 양의 유지를 함유한 제품으로 반죽 온도가 중요하다. 유지 함량은 달걀의 무게에 1/2 이상이며, 대표적인 제품은 파운드 케이크, 과일 케이크, 머핀과 각종 레이어 케이크가 있다.

13 반죽형 반죽 제조 시 액당을 사용하는 믹싱법은?

① 크림법
② 블렌딩법
③ 복합법
④ **설탕/물법** ✓

> [해설]
> 설탕/물법은 액당을 사용하기 때문에 제조 공정의 단축, 포장비 절감의 효과가 있으나, 액당 저장 공간과 이송 파이프, 계량장치 등 시설비가 높아 생산량이 많은 공장에서 채택하고 있다.

14 비중컵의 무게가 50g, 물을 담은 비중컵의 무게가 600g, 반죽을 담은 비중컵의 무게가 270g일 때, 반죽의 비중은?

① 0.3
❷ 0.4
③ 0.5
④ 0.6

해설
반죽의 비중이란 같은 부피의 물의 무게에 대한 반죽의 무게를 단위 없이 나타낸 값이다.

비중 = $\dfrac{\text{동일한 부피의 반죽 무게}}{\text{동일한 부피의 물 무게}}$

= $\dfrac{270-50}{600-50}$ = 0.4

15 다음 중 반죽 시 주의사항으로 옳지 않은 것은?

① 설탕과 밀가루는 체로 쳐서 덩어리가 없도록 사용한다.
❷ 설탕은 분리되지 않도록 양이 많더라도 한 번에 투입한다.
③ 유지를 크림화하거나 반죽 시 믹싱 볼 측면과 바닥을 긁어 주어 반죽이 균일하게 혼합되도록 한다.
④ 달걀의 온도가 너무 높거나 낮으면 유지가 굳거나 녹아 분리되기 쉽다.

해설
② 설탕량이 많을 때는 두세 번에 나누어 투입하는 것이 좋다.

16 다음 중 공립법에 대한 설명으로 옳지 않은 것은?

① 흰자와 달걀노른자를 분리하지 않고 전란에 설탕을 넣어 함께 거품을 내는 방법이다.
② 달걀과 설탕을 넣고 중탕하여 43℃로 데운 후 거품을 내는 것은 더운 방법이다.
③ 중탕하지 않고 달걀과 설탕을 거품 내는 것은 찬 방법으로 저율 배합에 적합한 방법이다.
❹ 달걀을 노른자와 흰자로 분리하여 제조하는 방법이다.

해설
달걀을 노른자와 흰자로 분리하여 제조하는 방법은 별립법으로, 각각 설탕을 넣고 따로 거품 내어 사용한다.

17 다음 중 반죽형 쿠키가 아닌 것은?

① 드롭 쿠키
② 스냅 쿠키
❸ 스펀지 쿠키
④ 쇼트브레드 쿠키

해설
쿠키의 분류
• 반죽형 쿠키 : 드롭 쿠키, 스냅 쿠키, 쇼트브레드 쿠키
• 거품형 쿠키 : 머랭 쿠키, 스펀지 쿠키

18 퍼프 페이스트리 반죽을 만드는 데 들어가지 않아도 되는 재료는?

① 소금
② 이스트 ✓
③ 강력분
④ 유지

> [해설]
> 퍼프 페이스트리는 밀가루에 단단한 유지를 넣고 스크레이퍼를 사용하여 유지를 콩알만한 크기로 자르고 물과 소금을 넣고 가볍게 반죽한다. 퍼프 페이스트리 반죽에는 이스트를 사용하지 않는다.

19 빵 제품 냉각에 대한 설명으로 틀린 것은?

① 빵의 수분은 내부에서 외부로 이동하여 평형을 이루지 못한다.
② 냉각된 제품의 수분 함량은 38%를 초과하지 않는다.
③ 냉각된 빵의 내부 온도는 32~35℃에 도달하였을 때 절단·포장한다.
④ 일반적인 제품에서 냉각 중에 수분 손실이 12% 정도가 된다. ✓

> [해설]
> 냉각 손실은 2% 정도이며 빵 속의 온도가 35~40℃, 수분은 38%가 될 때까지 식힌다.

20 다음과 같은 조건에서 마찰계수는?

- 실내 온도 24℃
- 밀가루 온도 26℃
- 설탕 온도 24℃
- 쇼트닝 온도 22℃
- 달걀 온도 20℃
- 수돗물 온도 22℃
- 결과 온도 25℃

① 11   **② 12** ✓
③ 13   ④ 14

> [해설]
> 마찰계수
> = (반죽 결과 온도 × 6) − (실내 온도 + 밀가루 온도 + 설탕 온도 + 유지 온도 + 달걀 온도 + 수돗물 온도)
> = 25 × 6 − (24 + 26 + 24 + 22 + 20 + 22)
> = 12

21 다음 중 타르트 반죽에 대한 설명으로 옳지 않은 것은?

① 반죽이 끝나면 비닐 또는 랩에 싸서 냉장고에서 1~2시간 휴지시킨다.
② 재료는 상온에 두고 사용하는 것이 좋다. ✓
③ 유지는 계량 후 냉장고에 넣어서 딱딱하게 굳힌다.
④ 프랑스에서는 타르트에 사용되는 반죽을 파트 브리제와 파트 쉬크레 두 가지로 나눈다.

> [해설]
> 타르트 반죽을 할 때 유지가 녹기 쉬우므로 반죽에 사용하는 재료는 차게 사용하는 것이 좋다.

22 냉제 머랭으로도 불리며, 가장 기본이 되는 머랭은?

① **프렌치 머랭**
② 이탈리안 머랭
③ 스위스 머랭
④ 다쿠아즈 머랭

> **해설**
> 프렌치 머랭은 냉제 머랭으로도 불린다. 가장 기본이 되는 머랭으로, 설탕을 넣는 방법에 따라 제품의 특성이 달라질 수 있다.

23 재료의 전처리 방법 중 옳지 않은 것은?

① 가루는 고운체를 이용하여 바닥면과 적당한 거리를 두고 공기 혼입이 잘되도록 체질한다.
② 건조 과일은 용도에 따라 자르거나 술에 담가 놓은 후 사용한다.
③ 견과류의 경우 제품의 용도에 따라 굽거나 볶아서 사용한다.
④ **건포도의 경우 60℃ 이상의 물에 담가 불려서 사용한다.**

> **해설**
> 건포도의 경우 건포도의 12%에 해당하는 27℃의 물을 첨가하여 4시간 후에 사용하거나, 건포도가 잠길 만큼 물을 넣고 10분 이상 두었다가 가볍게 배수시켜 사용한다.

24 타르트, 파이, 슈 등에 내용물을 채우는 것으로, 일반적으로 필링(Filling)이라고 부르는 것은?

① 토핑물
② **충전물**
③ 장식물
④ 첨가물

> **해설**
> 충전물을 만드는 형태와 재료에 따라 나누면 크게 크림 충전물과 기타 충전물로 나눌 수 있다. 또한 사용방법에 따라 제품에 넣어서 굽는 크림과 구운 후 충전하는 크림으로 나눌 수 있다.

25 팬의 부피가 2,200cm^3이고, 비용적(cm^3/g)이 4라면 적당한 분할량은?

① 450g
② 500g
③ **550g**
④ 600g

> **해설**
> 반죽 분할량 = 팬 용적/비용적 = 2,200/4 = 550(g)

26 팬 부피의 95% 정도를 패닝하는 제품은?

✔ ① 커스터드 푸딩
② 스펀지 케이크
③ 초콜릿 케이크
④ 파운드 케이크

> **해설**
> 제품의 적정 패닝 양
> • 반죽형 반죽 : 팬 부피의 70~80%
> • 거품형 반죽 : 팬 부피의 50~60%
> • 푸딩 : 팬 부피의 95%

27 반죽과 소금의 관계로 적절한 것은?(단, 후염법은 제외한다)

① 반죽에 소금을 첨가하면 흡수율이 높아지고 발효 시간이 지연된다.
✔ ② 반죽에 소금을 첨가하면 흡수율이 낮아지고 발효 시간이 지연된다.
③ 반죽에 소금을 첨가하면 흡수율이 높아지고 발효 시간이 빨라진다.
④ 반죽에 소금을 첨가하면 흡수율이 낮아지고 발효 시간이 빨라진다.

> **해설**
> 제과·제빵에서 소금은 맛과 풍미를 향상시키고 이스트의 활성을 조절한다. 소금을 반죽에 첨가하게 되면 삼투압에 의해 흡수율이 감소하고 반죽의 저항성이 증가되는 특성이 있어 가장 중요한 원재료 중의 하나이다.

28 퍼프 페이스트리 정형에 대한 설명으로 옳지 않은 것은?

① 예리한 기구(칼, 파이롤러, 커터)로 절단해야 한다.
② 파지(자투리)를 최소화한다.
③ 굽는 면적이 넓은 경우 껍질에 작은 구멍을 내 준다.
✔ ④ 정형이 끝나면 유지가 녹지 않도록 바로 구워야 한다.

> **해설**
> ④ 굽기 전 30~60분간 휴지시키는 작업은 퍼프 페이스트리 제조 시 중요한 과정이다.

29 제품 정형 시 균일하게 정형하는 것이 중요한 이유는?

① 광택을 좋게 하기 위해
② 팻 블룸이 일어나지 않게 하기 위해
③ 입안에서의 용해성을 좋게 하기 위해
✔ ④ 굽기 과정에서 열전달을 일정하게 하기 위해

> **해설**
> 균일한 정형은 이어지는 굽기 과정에서 균일한 열전달에 매우 중요한 요소이다. 굽기 과정에서 제품의 크기나 중량이 다르거나 간격이 일정하지 않으면, 열전달이 일정하지 않아 너무 빨리 구워져 크기가 작아지거나 너무 느리게 구워져 갈라지는 문제가 생기기 쉽다.

30 케이크 도넛 반죽 정형 시 휴지 과정이 너무 길 때 생기는 현상은?

① 반죽의 양이 늘어난다.
② 팻 블룸이 일어난다.
③ **튀길 때 볼륨이 작아진다.** ✓
④ 반죽의 손실이 온다.

> **해설**
> 휴지 과정은 수축을 방지하는 과정이므로 꼭 지켜주어야 한다. 그러나 너무 오래 휴지하면 베이킹소다가 산화되어 튀길 때 볼륨이 작아진다.

31 고온의 열을 강력한 팬을 이용하여 강제 대류시키며 제품을 굽는 오븐은?

① 데크 오븐
② 로터리 랙 오븐
③ 터널 오븐
④ **컨벡션 오븐** ✓

> **해설**
> ① 데크 오븐 : 일반적으로 가장 많이 사용하며 선반에서 독립적으로 상하부 온도를 조절하여 제품을 구울 수 있다.
> ② 로터리 랙 오븐 : 오븐 속의 선반이 회전하여 구워지는 오븐으로, 내부 공간이 커서 많은 양의 제품을 구울 수 있다.
> ③ 터널 오븐 : 반죽이 들어가는 입구와 제품이 나오는 출구가 서로 다른 오븐으로, 다양한 제품을 대량 생산할 수 있다.

32 메일라드(Maillard) 반응에 영향을 주는 인자가 아닌 것은?

① 수 분
② 온 도
③ 당의 종류
④ **효 소** ✓

> **해설**
> **메일라드 반응**
> 포도당이나 설탕이 아미노산과 만나 갈색 물질인 멜라노이딘을 형성하는 반응으로 비효소적 갈변에 해당한다. 반응에 영향을 미치는 요인으로 pH, 수분, 온도, 당의 종류 등이 있다.

33 퍼프 페이스트리 굽기 시 온도에 대한 설명으로 옳은 것은?

① 굽는 온도가 낮으면 껍질이 먼저 생긴다.
② 굽는 온도가 낮으면 부피가 커진다.
③ 굽는 온도가 높으면 증기압이 발생한다.
④ **굽는 온도가 높으면 제품이 갈라진다.** ✓

> **해설**
> 퍼프 페이스트리 굽기 시 굽는 온도가 낮으면 글루텐이 말라 신장성이 줄고 증기압이 발생해 부피가 작고 묵직해지며, 굽는 온도가 높으면 껍질이 먼저 생겨 글루텐의 신장성이 작은 상태에서 팽창이 일어나 제품이 갈라진다.

34 좋은 튀김유의 조건이 아닌 것은?

① 색이 연하고 투명하고 광택이 있는 것
② 냄새가 없고 기름 특유의 원만한 맛을 가질 것
③ 가열했을 때 거품이 생성되지 않고 연기가 나지 않을 것
✔ **리놀렌산을 다량 함유할 것**

[해설]
튀김유 중의 리놀렌산은 산패취를 일으키기 쉬우므로 적은 것이 좋으며, 항산화 효과가 있는 토코페롤을 다량 함유하는 기름이 좋다.

35 '찌기'에 대한 설명으로 옳지 않은 것은?

✔ **찜기 재질은 도기보다 금속이 좋다.**
② 알찜, 푸딩 등 달걀의 희석 용액을 찌면 응고되어 젤화한다.
③ 85~90℃에 가열하며 켜 놓거나 불을 약하게 해서 온도 조절을 한다.
④ 찔 때의 물의 양은 물을 넣는 부분의 70~80% 정도가 적당하다.

[해설]
① 그릇의 재질은 금속보다 열의 전도가 적은 도기가 좋다.

36 아이싱 중 설탕시럽을 115℃까지 끓이고 40℃로 식혀서 만든 것은?

✔ **폰 당**
② 광택제
③ 생크림
④ 마지팬

[해설]
폰당(Fondant)
설탕시럽을 115℃까지 끓였다가 40℃로 식히면서 교반하면 결정이 일어나면서 희고 뿌연 상태가 되면서 폰당이 만들어진다. 일반적으로 폰당은 에클레어(Eclair) 위 또는 케이크 위에 아이싱으로 많이 쓰인다.

37 냉동 보관방법으로 적절하지 않은 것은?

① 냉동 저장 온도는 −23~−18℃, 습도 75~95%에서 관리한다.
✔ **최근에 입고된 것부터 먼저 사용한다.**
③ 냉동고 용량의 70% 이하로 식품을 보관한다.
④ 제품의 냉해 방지와 수분 증발을 억제하기 위해 제품별로 포장하거나 밀봉하여 보관한다.

[해설]
선입선출이 용이하도록 먼저 입고된 것을 앞쪽에 보관하고, 나중에 입고된 것을 뒤쪽에 보관한다. 먼저 입고된 것부터 먼저 꺼내어 사용한다.

38 베이킹파우더를 과다 사용했을 때 제품의 결과로 옳지 않은 것은?

① **산성 물질이므로 붉은 기공을 만든다.** ✓
② 세포벽이 열려서 속결이 거칠다.
③ 속색이 어둡고 건조가 빠르다.
④ 오븐 팽창이 커서 찌그러들기 쉽다.

> **해설**
> 베이킹파우더를 과다 사용하면 제품의 세포벽이 열려서 속결이 거칠어지고, 오븐 팽창이 커서 찌그러들기 쉽다. 또한 속색이 어둡고 건조가 빠르다.

39 장기간의 식품 보존방법과 가장 관계가 먼 것은?

① 배건법
② 염장법
③ 산저장법
④ **냉장법** ✓

> **해설**
> 냉장법은 단기저장 이용법으로, 평균 5℃의 저온에서 식품을 신선한 상태로 보존하기 위한 방법이다.

40 제품 포장의 기능이 아닌 것은?

① **비밀성 보장** ✓
② 취급의 편의
③ 판매의 촉진
④ 상품의 가치 증대

> **해설**
> 속이 보이는 포장을 통해 소비자가 제품을 식별하도록 하고, 속이 보이지 않는 경우 내용물에 관한 상품 정보 및 전달 표시를 통해 정보력을 높인다.

41 포장 재료의 조건이 아닌 것은?

① 포장재로 인하여 내용물이 오염되어서는 안 된다.
② 식품 포장 기준에 맞아야 한다.
③ 포장 재료의 특성을 잘못 선택하여 제품의 고유성이 변화되어서는 안 된다.
④ **식품에 접촉하지 않는 부분이라면 포장재 자체의 유해물질 유무는 중요하지 않다.** ✓

> **해설**
> 유독기구 등의 판매·사용 금지(식품위생법 제8조)
> 유독·유해물질이 들어 있거나 묻어 있어 인체의 건강을 해할 우려가 있는 기구 및 용기·포장과 식품 또는 식품첨가물에 직접 닿으면 해로운 영향을 끼쳐 인체의 건강을 해칠 우려가 있는 기구 및 용기·포장을 판매하거나 판매할 목적으로 제조·수입·저장·운반·진열하거나 영업에 사용하여서는 안 된다.

42 다음 중 소비기한에 영향을 미치는 요인이 아닌 것은?

① 수분 함량 및 수분활성도
② pH 및 산도
③ **제조사명** ✓
④ 포장 재질 및 포장방법

> **해설**
> 소비기한에 영향을 미치는 요인
>
> | 내부적 요인 | 외부적 요인 |
> | --- | --- |
> | • 원재료 | • 제조 공정 |
> | • 제품의 배합 및 조성 | • 위생 수준 |
> | • 수분 함량 및 수분활성도 | • 포장 재질 및 포장방법 |
> | • pH 및 산도 | • 저장, 유통, 진열 조건 (온도, 습도, 빛, 취급 등) |
> | • 산소의 이용성 및 산화환원 전위 | • 소비자 취급 |

43 공정안전 관리 중 제품 설명서 작성 시 포함사항이 아닌 것은?

① 소비기한
❷ 제조원가
③ 포장방법 및 재질, 표시사항
④ 성분 배합비율 및 제조(포장) 단위

해설
제품 설명서 작성 시 포함사항
- 제품명, 제품 유형 및 성상
- 품목제조 보고 연월일, 작성자 및 작성 연월일
- 성분(또는 식자재) 배합비율 및 제조(포장) 단위
- 완제품의 규격
- 보관·유통(또는 배식)상의 주의사항
- 소비기한(또는 배식시간)
- 포장방법 및 재질, 표시사항

44 우리나라 식품위생법의 목적과 거리가 먼 것은?

① 식품으로 인한 위생상의 위해 방지
② 식품영양의 질적 향상 도모
③ 국민 건강의 보호·증진에 이바지
❹ 부정식품 제조에 대한 가중처벌

해설
식품위생법의 목적(식품위생법 제1조)
이 법은 식품으로 인하여 생기는 위생상의 위해를 방지하고 식품영양의 질적 향상을 도모하며 식품에 관한 올바른 정보를 제공함으로써 국민 건강의 보호·증진에 이바지함을 목적으로 한다.

45 식품위생감시원의 직무가 아닌 것은?

① 영업소의 폐쇄를 위한 간판 제거 등의 조치
❷ 영업의 건전한 발전과 공동의 이익을 도모하는 조치
③ 영업자 및 종업원의 건강진단 및 위생교육의 이행 여부의 확인·지도
④ 조리사 및 영양사의 법령 준수사항 이행 여부의 확인·지도

해설
식품위생감시원의 직무(식품위생법 시행령 제17조)
- 식품 등의 위생적인 취급에 관한 기준의 이행 지도
- 수입·판매 또는 사용 등이 금지된 식품 등의 취급 여부에 관한 단속
- 식품 등의 표시·광고에 관한 법률 규정에 따른 표시 또는 광고기준의 위반 여부에 관한 단속
- 출입·검사 및 검사에 필요한 식품 등의 수거
- 시설기준의 적합 여부의 확인·검사
- 영업자 및 종업원의 건강진단 및 위생교육의 이행 여부의 확인·지도
- 조리사 및 영양사의 법령 준수사항 이행 여부의 확인·지도
- 행정처분의 이행 여부 확인
- 식품 등의 압류·폐기 등
- 영업소의 폐쇄를 위한 간판 제거 등의 조치
- 그 밖에 영업자의 법령 이행 여부에 관한 확인·지도

46 식품제조 공정 시 거품이 많이 날 때 거품 제거의 목적으로 사용되는 식품첨가물은?

① 용제   ② 피막제
❸ 소포제   ④ 보존제

해설
소포제는 식품의 제조 공정에서 생기는 거품이 품질이나 작업에 지장을 주는 경우에 거품을 소멸 또는 억제시키기 위해 사용되는 첨가물이다.

47 식품위생법상 "집단급식소"에 대한 정의로 옳은 것은?

① 영리를 목적으로 하는 모든 급식시설을 일컫는 용어이다.
② 영리를 목적으로 하지 않고 비정기적으로 1개월에 1회씩 음식물을 공급하는 급식시설도 포함된다.
③ ✔ **영리를 목적으로 하지 아니하면서 특정 다수인에게 계속하여 음식물을 공급하는 급식시설을 말한다.**
④ 영리를 목적으로 하지 않고 계속적으로 불특정 다수인에게 음식물을 공급하는 급식시설을 말한다.

해설
집단급식소(식품위생법 제2조제12호)
영리를 목적으로 하지 아니하면서 특정 다수인에게 계속하여 음식물을 공급하는 기숙사, 학교, 유치원, 어린이집, 병원, 사회복지시설, 산업체, 국가, 지방자치단체 및 공공기관, 그 밖의 후생기관 등의 어느 하나에 해당하는 곳의 급식시설로서 대통령령으로 정하는 시설을 말한다.

48 빵 반죽 시 반죽 온도가 높아지는 가장 큰 이유는?

① ✔ **마찰열이 생기기 때문에**
② 원료가 융해되는 관계로
③ 글루텐이 발전하는 관계로
④ 이스트가 번식하기 때문에

해설
반죽 온도가 높아지는 두 가지 원인은 반죽하는 동안 마찰에 의해 발생하는 마찰열과 밀가루가 물과 결합할 때 생성되는 수화열 때문이다.

49 다음 중 우리나라에서 허가된 발색제가 아닌 것은?

① 아질산나트륨
② 질산나트륨
③ 질산칼륨
④ ✔ **아질산칼륨**

해설
- 발색제 : 식품의 색을 안정화시키거나 유지 또는 강화시키는 식품첨가물
- 허가 발색제 : 아질산나트륨, 질산나트륨, 질산칼륨 등

50 유지가 산화되어 역한 냄새가 나고 점성이 증가할 뿐만 아니라 색깔이 변색되어 품질이 저하되는 현상은?

① 부패　　② 변패
③ ✔ **산패**　　④ 발효

해설
① 부패 : 단백질 식품이 미생물에 의해서 분해되어 암모니아나 아민 등이 생성되어 악취가 심하게 나고 인체에 유해한 물질이 생성되는 현상
② 변패 : 단백질, 지방질 이외의 탄수화물 등의 성분들이 미생물에 의하여 변질되는 현상
④ 발효 : 탄수화물이 미생물의 분해작용을 거치면서 유기산, 알코올 등이 생성되어 인체에 이로운 식품이나 물질을 얻는 현상

51 독소형 식중독으로 짝지어진 것은?

① 살모넬라 식중독, 장염 비브리오 식중독
② 리스테리아 식중독, 복어독 식중독
③ **황색포도상구균 식중독, 클로스트리듐 보툴리눔균 식중독** ✓
④ 맥각독 식중독, 콜레라균 식중독

해설
- 독소형 식중독 : 보툴리누스, 포도상구균
- 감염형 식중독 : 살모넬라, 장염 비브리오, 장출혈성 대장균, 캠필로박터, 리스테리아

52 다음 중 지방의 기능이 아닌 것은?

① **산과 염기의 균형** ✓
② 세포막 형성
③ 지용성 비타민의 흡수율 향상
④ 생체기관의 보호

해설
산과 염기의 균형은 무기질이 조정한다.

53 다음 중 곰팡이에 의해 생성되는 독소가 아닌 것은?

① 아플라톡신(Aflatoxin)
② 오크라톡신(Ochratoxin)
③ **엔테로톡신(Enterotoxin)** ✓
④ 파툴린(Patulin)

해설
③ 엔테로톡신은 세균에 의해 생성되는 독소이다.
곰팡이에 의해 생성되는 독소 : 아플라톡신, 파툴린, 푸모니신, 오크라톡신 등

54 모양 깍지 중 장미꽃을 만들 때 가장 적합한 것은?

① 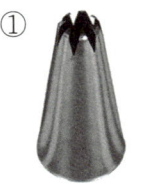   ②

③ 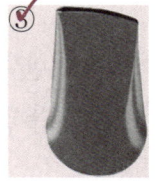 ✓ ④

해설
③ 장미 모양 깍지
① 별 모양 깍지
② 나뭇잎 모양 깍지
④ 원형 깍지

55 식중독 발생 시 대처방법 중 현장 조치사항이 아닌 것은?

① 영업 중단
② 오염시설 사용 중지 및 현장 보존
③ **전처리, 조리, 보관, 해동관리 철저** ✓
④ 건강진단 미실시자, 질병에 걸린 환자 조리업무 중지

해설
식중독 발생 시 대처방법으로는 현장 조치, 후속 조치, 예방 사후관리가 있다.
③ 전처리, 조리, 보관, 해동관리는 현장 조치사항이 아니라 후속 조치사항에 해당한다.

56 감염병 발생의 3대 요인이 아닌 것은?

① **예방접종** ✓
② 환 경
③ 숙 주
④ 병 인

해설
감염병 발생의 3대 요인 : 병인(병원체), 숙주(감수성), 환경

57 소도구나 용기류 등의 소독에 이용하며 2,537Å에서 30~60분 동안 이루어지는 소독방법은?

① 열탕 소독
② 증기 소독
③ 건열 소독
④ **자외선 소독** ✓

해설
자외선 소독은 2,537Å에서 30~60분간 이루어지며, 자외선 살균기 내외부는 이물 등이 제거되어 있어야 하고, 소독기 내 기구들이 겹침 없이 관리되어야 한다.

58 미생물의 번식을 방지하는 방법으로, 가열한 공기를 식품 표면에 보내어 수분을 증발시키는 건조법은?

① 일광건조법
② **열풍건조법** ✓
③ 고온건조법
④ 감압건조법

해설
① 일광건조법 : 주로 농산물, 해산물 건조에 많이 이용되는 방법
③ 고온건조법 : 90℃ 이상의 고온으로 건조, 보존하는 방법
④ 감압건조법 : 감압, 저온으로 건조시키는 방법

59 복장위생과 관련하여 장갑 착용 시 주의사항으로 옳지 않은 것은?

① 장갑 착용 전에는 반드시 손을 세척해야 한다.
② 교차오염을 예방하기 위하여 각 작업이 바뀔 때마다 장갑 교체가 필요하다.
③ 찢어지거나 구멍 난 장갑은 바로 교체한다.
④ **위생장갑은 즉석식품이나 재료를 가열할 때 등 늘 사용해야 한다.** ✓

해설
위생장갑은 즉석식품에만 사용하고, 재료를 가열하는 데는 사용하지 않아도 된다. 장갑을 착용하고 비식품류, 예를 들어 냉장고 문, 전화 등을 만질 때에는 반드시 키친타월을 이용한다.

60 작업실의 바닥에 대해 잘못 설명한 것은?

① 식품을 오염시키지 않는 자재로 마감해야 한다.
② 내구성 및 내수성이 있어야 한다.
③ 액체가 바깥으로 흘러 배수가 되기에 충분하도록 구배가 확보되어야 한다.
④ **작업장 바닥의 이음새에는 틈이 있어야 한다.** ✓

해설
작업장 바닥의 이음새에는 틈이 없어야 하고, 모서리는 오염이 되지 않도록 구배를 주며, 세정이 용이한 구조로 해야 한다.

제4회 | 기출복원문제

01 원가 구성 중 판매가격은 총원가에 무엇을 더한 것인가?

① 직접노무비
② 판매관리비
③ 직접원가
④ **이익** ✓

해설
판매가격 = 총원가 + 이익

02 베이커스 퍼센트(Baker's percent)에 대해 잘못 설명한 것은?

① 베이커리 업계에서 사용하고 있는 퍼센트이다.
② **반죽에 사용한 물의 양을 100으로 한 비율이다.** ✓
③ 백분율을 사용할 때보다 배합표 변경이 쉽다.
④ 배합표 변경에 따른 반죽의 특성을 짐작할 수 있다.

해설
② 밀가루 사용량을 100으로 한 비율이다.

03 찹쌀의 아밀로스와 아밀로펙틴에 대한 설명으로 옳은 것은?

① 아밀로스 함량이 더 많다.
② 아밀로스 함량과 아밀로펙틴의 함량이 거의 같다.
③ **거의 아밀로펙틴으로 이루어져 있다.** ✓
④ 아밀로펙틴은 존재하지 않는다.

해설
찹쌀이나 찰옥수수, 차조 등의 찰 전분은 거의 아밀로펙틴으로만 구성되어 있다.

04 어떤 단백질의 질소 함량이 18%라면 이 단백질의 질소계수는 약 얼마인가?

① **5.56** ✓
② 6.30
③ 6.47
④ 6.67

해설
질소계수 = $\dfrac{100}{\text{질소 함량}} = \dfrac{100}{18} ≒ 5.56$

05 무기질만으로 짝지어진 것은?

① 지방, 나트륨, 비타민 A
✅ ② 칼슘, 인, 나트륨
③ 지방산, 염소, 비타민 B
④ 아미노산, 아이오딘, 지방

해설
무기질에는 칼슘, 인, 나트륨 외에 칼륨, 염소, 철, 구리, 마그네슘, 아이오딘 등이 있다.

06 다음 중 알칼리성 식품을 설명한 것은?

✅ ① Na, K, Ca, Mg이 많이 함유되어 있는 식품
② S, P, Cl이 많이 함유되어 있는 식품
③ 당질, 지질, 단백질 등이 많이 함유되어 있는 식품
④ 곡류, 육류, 치즈 등의 식품

해설
알칼리성 식품과 산성 식품
- 알칼리성 식품
  - 나트륨(Na), 칼슘(Ca), 칼륨(K), 마그네슘(Mg) 등을 함유한 식품
  - 채소, 과일, 우유, 기름, 굴 등
- 산성 식품
  - 인(P), 황(S), 염소(Cl) 등을 함유한 식품
  - 곡류, 육류, 어패류, 달걀류 등

07 건조된 아몬드 100g에 탄수화물 16g, 단백질 18g, 지방 54g, 무기질 3g, 수분 6g, 기타 성분 등을 함유하고 있다면 이 아몬드 100g의 열량은?

① 약 200kcal ② 약 364kcal
✅ ③ 약 622kcal ④ 약 751kcal

해설
1g당 발생하는 열량은 탄수화물 4kcal, 단백질 4kcal, 지방 9kcal이다.
따라서 $(16 \times 4) + (18 \times 4) + (54 \times 9) = 622$kcal

08 액상 기름을 고체 상태로 변화시킨 경화유 과정에 첨가되는 물질은?

① 산 소   ✅ ② 수 소
③ 질 소   ④ 칼 슘

해설
경화유는 액상 기름에 수소를 첨가하여 고체 상태로 만든 것이다.

09 일반적으로 양질의 빵 속을 만들기 위한 아밀로그래프의 범위는?

① 0~150BU   ② 200~300BU
✅ ③ 400~600BU   ④ 800~1,000BU

해설
녹말의 물에 의한 팽윤, 가열에 의한 호화, 파괴되는 상태, 점도의 차이 및 노화 등 현탁액의 특성 변화를 아밀로그래프로 측정하여 아밀레이스의 활성을 알 수 있다. 일반적으로 양질의 빵 속을 만들기 위한 아밀로그래프 수치의 범위는 400~600BU가 적당하다.

10 우유의 균질화(Homogenization)에 대한 설명으로 옳은 것은?

① 우유의 성분을 일정하게 하는 과정이다.
② 우유의 색을 일정하게 고정시키는 과정이다.
③ 우유의 영양 성분을 높이는 과정이다.
④ **우유의 지방 입자 크기를 미세하게 만드는 과정이다.**

해설
우유의 균질화란 우유에 함유된 지방 알갱이를 잘게 부수는 것으로, 우유를 균질화하면 지방의 소화흡수율이 높아지고 전체적으로 부드러운 맛을 느낄 수 있다.

11 반죽과 온도의 관계에 대해 잘못 설명한 것은?

① 반죽 온도가 낮으면 기공이 조밀해서 부피가 작아진다.
② **반죽 온도가 낮으면 큰 구멍이 생겨 조직이 거칠게 되어 노화가 빨라진다.**
③ 반죽 온도가 낮으면 굽기 중 오븐 온도에 의한 증기압을 형성하는 데 많은 시간이 필요하다.
④ 반죽 온도가 낮으면 굽기로 껍질이 형성된 후 증기압에 의한 팽창작용으로 표면이 터지고 거칠어진다.

해설
반죽 온도가 낮으면 기공이 조밀해서 부피가 작아져 식감이 나빠지고, 굽기 중 오븐 온도에 의한 증기압을 형성하는 데 많은 시간이 필요하여 껍질이 형성된 후 증기압에 의한 팽창작용으로 표면이 터지고 거칠어질 수 있다. 반대로 반죽 온도가 높으면 기공이 열리고 큰 구멍이 생겨 조직이 거칠게 되어 노화가 빨라진다.

12 반죽형 반죽 제조 시 재료의 전처리에 대해 잘못 설명한 것은?

① 가루는 고운체를 이용하여 체질하여 사용한다.
② **가루를 체질할 때에는 공기의 혼입이 되지 않도록 주의한다.**
③ 견과류는 제품의 용도에 따라 굽거나 볶아서 사용한다.
④ 건포도는 10분 이상 물에 담가 두었다가 가볍게 배수시켜 사용한다.

해설
재료의 전처리 과정에서 가루는 고운체를 이용하여 바닥면과 적당한 거리를 두고 공기 혼입이 잘되도록 체질한다.

13 이탈리안 머랭을 제조할 때 휘핑 시 처음부터 설탕을 너무 많이 넣으면 나타나는 현상은?

① 거품이 꺼져 단단한 제품이 된다.
② **기공이 조밀해지고 시간이 오래 걸린다.**
③ 큰 기포가 형성되어 조직이 거칠어진다.
④ 조직이 부드러워져 모양이 쉽게 흐트러진다.

해설
이탈리안 머랭을 제조할 때 달걀흰자를 믹싱하여 30% 정도 올려 준 뒤 설탕시럽을 조금씩 넣으며 휘핑해야 한다. 머랭 휘핑 시 처음부터 설탕을 너무 많이 넣으면 기공이 조밀해지고 시간이 오래 걸린다.

14 이탈리안 버터크림을 만들 때 사용하는 재료가 아닌 것은?

① 물
② 설 탕
③ 버 터
❹ 달걀노른자

[해설]
이탈리안 버터크림은 달걀흰자를 사용하며, 색이 희고 깨끗해 웨딩 케이크를 만드는 데 많이 사용된다.

15 사과 충전물 제조에 대해 바르게 설명한 것은?

① 전분은 불에 올린 후 풀어 주는 것이 좋다.
② 전분이 불투명해지면 호화가 다 된 것으로 볼 수 있다.
❸ 전분의 호화가 잘 이루어지지 않으면 나중에 풀어질 수 있다.
④ 사과를 설탕물에 담가 놓는 것은 갈변 방지에 도움이 되지 않는다.

[해설]
① 전분은 불에 올리기 전에 물에 충분히 풀어 주어야 한다.
② 전분이 투명해지면 호화가 다 된 것이다.
④ 사과는 갈변을 막기 위해 설탕, 식초, 레몬 등을 넣은 물에 담가 놓을 수 있다.

16 초콜릿을 템퍼링한 효과에 대한 설명 중 틀린 것은?

❶ 입안에서의 용해성이 나쁘다.
② 안정한 결정이 많고 결정형이 일정하다.
③ 광택이 좋고 내부 조직이 조밀하다.
④ 팻 블룸이 일어나지 않는다.

[해설]
템퍼링의 효과
• 팻 블룸(Fat Bloom) 방지
• 광택이 좋고 내부 조직이 조밀해짐
• 안정한 결정이 많음
• 결정형이 일정함
• 입안에서의 용해성이 좋아짐

17 슈 반죽 제조에 대해 잘못 설명한 것은?

① 반죽을 가열해 호화시킬 때 지나치게 오래 하거나 모자라게 하지 않는다.
② 처음 넣은 달걀이 반죽에 흡수되면 다시 달걀을 두세 번에 나누어 넣으면서 충분히 섞는다.
③ 반죽이 너무 되직하면 정량보다 달걀을 조금 더 넣는다.
❹ 물에 떨어뜨렸을 때 반죽이 퍼져야 잘 된 반죽이다.

[해설]
다 된 반죽은 반죽을 들었을 때 주걱에서 자연스럽게 흘러 역삼각형으로 떨어진다. 물에 떨어뜨려 반죽이 퍼지는지 확인하기도 하는데, 반죽이 퍼지면 잘못된 것이다.

18 찹쌀도넛 반죽에 사용하는 적절한 물은?

① 얼음물　　② 차가운 물
③ 미지근한 물　**④ 뜨거운 물** ✓

> **해설**
> 찹쌀도넛 반죽에 점성이 생겨 식감이 쫄깃해지도록 하기 위해서 뜨거운 물을 사용하는 것이 좋다.

19 가로 20cm, 세로 15cm, 높이 5cm인 사각 팬의 용적은?

① $750cm^3$　　**② $1,500cm^3$** ✓
③ $2,200cm^3$　④ $3,000cm^3$

> **해설**
> 사각 팬의 용적 = 가로 × 세로 × 높이
> 　　　　　　 = 20cm × 15cm × 5cm
> 　　　　　　 = $1,500cm^3$

20 슈 반죽을 오븐에 넣기 전 표면에 물을 충분히 분사하는 이유가 아닌 것은?

① 오븐에서 껍질이 형성되는 것을 지연시킨다.
② 충분히 부풀어 오를 수 있도록 도움을 준다.
③ 균일한 모양을 얻을 수 있도록 한다.
④ 제품의 모양을 쉽게 변형시킬 수 있도록 한다. ✓

> **해설**
> 패닝 후 슈 반죽 표면에 물을 충분히 분사해 주면, 오븐에서 껍질이 형성되는 것을 지연시켜 양배추 모양으로 충분히 부풀어 오를 수 있도록 도움을 준다.

21 반죽 제조 시 유지와 밀가루를 먼저 혼합하는 방법은?

① 블렌딩법 ✓　② 크림법
③ 1단계법　　　④ 혼합법

> **해설**
> 블렌딩법은 유지와 밀가루를 먼저 믹싱하는 방법이며, 제품의 유연성이 좋다.

22 액상 재료의 양을 잴 때 사용하는 도구는?

① 스패츌러　　② 전자저울
③ 스크레이퍼　**④ 계량컵** ✓

> **해설**
> ① 스패츌러 : 크림, 잼을 바르거나 토핑류를 자를 때 사용
> ② 전자저울 : 무게를 잴 때 사용
> ③ 스크레이퍼 : 반죽의 분할이나 반죽 후 반죽 제거의 용도로 사용

23 시폰 팬에 물 뿌리기 공정을 진행할 때 물을 너무 과하게 뿌렸을 경우 나타나는 현상은?

① 제품을 굽는 시간이 길어진다.
② 팬과 반죽이 쉽게 분리되지 않는다.
③ 제품이 단단해져서 상품성이 떨어진다.
④ 구울 때 케이크 내부에 큰 구멍이 생긴다. ✓

> **해설**
> 시폰 팬에 물이 너무 과하게 뿌려지면 구울 때 케이크 내부에 큰 구멍과 터널이 생기는 현상이 발생한다.

24 퍼프 페이스트리를 정형할 때 거치는 휴지 과정에 대해 바르게 설명한 것은?

① 냉장에서 1시간 휴지시킨다.
② 실온에서 1시간 휴지시킨다.
③ **냉장에서 20~30분간 휴지시킨다.** ✓
④ 실온에서 20~30분간 휴지시킨다.

> [해설]
> 퍼프 페이스트리를 정형할 때 반죽이 마르지 않도록 비닐에 싸서 냉장(0~4℃)에서 20~30분간 휴지시킨다.

25 타르트 반죽을 구울 때 타르트 바닥의 열기가 나갈 수 있도록 구멍을 만들기 위해 사용하는 도구는?

① 도넛 링
② 모양틀
③ **피케 롤러** ✓
④ 스크레이퍼

> [해설]
> 일정하게 밀어 편 타르트 반죽은 피케 롤러나 포크를 이용하여 구울 때 타르트 바닥의 열기가 나갈 수 있는 구멍을 만들어 준다.

26 인체의 수분 소요량과 관련이 없는 것은?

① 활동력
② 염분의 섭취량
③ **신장의 기능** ✓
④ 기온

> [해설]
> 인체의 수분 소요량에 영향을 주는 요인 : 기온, 활동력, 염분의 섭취량, 영양소의 종류와 기능 등

27 과자류를 오븐에 구울 때 굽는 온도는 배합률에 따라 달라지는데, 일반적으로 고배합의 반죽을 굽는 온도는?

① **160~180℃** ✓   ② 200~220℃
③ 230~250℃   ④ 270~280℃

> [해설]
> 일반적으로 고배합의 반죽은 160~180℃의 낮은 온도에서 오래 굽고, 저배합의 반죽은 그 반대이다.

28 파운드 케이크를 오븐에 넣고 굽는 중간에 케이크 윗면에 뚜껑을 덮는 이유는?

① **표피를 얇게 하기 위해서** ✓
② 껍질의 색을 진하게 하기 위해서
③ 기공이 생기는 것을 방지하기 위해서
④ 케이크의 바닥이 검게 되는 것을 방지하기 위해서

> [해설]
> 파운드 케이크를 오븐에 넣고 굽는 중간에 케이크 윗면에 뚜껑을 덮는 이유는 껍질 색이 너무 진하지 않고, 표피를 얇게 하기 위해서이다.

29 마카롱(이탈리안 머랭)을 컨벡션 오븐에 구울 때 적절한 온도는?

① **150℃** ② 180℃
③ 200℃ ④ 210℃

해설
마카롱을 컨벡션 오븐에 굽는 경우에는 150℃에서 굽는다.

30 튀김의 특징이 아닌 것은?

① 고온·단시간 가열로 영양소의 손실이 적다.
② 기름의 맛이 더해져 맛이 좋아진다.
③ 표면이 바삭바삭해 입안에서의 촉감이 좋아진다.
④ **불미성분이 제거된다.**

해설
④ 쓴맛, 떫은 맛, 아린 맛 등의 불미성분은 튀김으로 제거되지는 않는다.

31 다음 중 케이크 도넛의 튀김 온도로 가장 적합한 것은?

① 140~160℃ ② **180~190℃**
③ 217~227℃ ④ 230℃ 이상

해설
케이크 도넛 튀기기 수행 순서
- 케이크 도넛의 제조 시 작업 지시서에 명시된 튀김유의 종류, 온도, 양을 맞춘다.
- 180~190℃에서 3~5분간 튀긴다.
- 한 면을 튀기는 데 1분 30초 정도가 소요되며, 색이 나면 한 번만 뒤집어 준다.
- 건져 내어 기름을 빼고 식힌다.

32 찹쌀 도넛의 흡유량이 많아지는 이유를 잘못 설명한 것은?

① 튀김 시간이 길다.
② 묽은 반죽을 사용하였다.
③ **튀김 기름의 온도가 높다.**
④ 반죽 상태가 알맞지 않아 기공이 불규칙하다.

해설
찹쌀 도넛의 튀김 시간이 길어지고, 묽은 반죽을 사용하면 튀기는 동안 표면적이 넓어져 기름의 흡수율이 높아진다. 튀김 기름의 온도가 낮아 튀김 시간이 길어져도 흡유량은 많아진다. 그리고 반죽 상태가 알맞지 않아 기공이 불규칙하고 팽창이 고르지 못하면 기름을 많이 흡수한다.

33 커스터드 푸딩을 만들 때 증기의 온도가 몇 도 이상이 되지 않도록 해야 하는가?

① 55~60℃ ② 65~70℃
③ 75~80℃ ④ **85~90℃**

해설
커스터드 푸딩은 찜기의 뚜껑을 비껴 놓거나 불을 약하게 해서 증기의 온도가 85~90℃ 이상이 되지 않도록 주의해야 한다.

34 거품기로 휘핑크림을 찍어 올렸을 때 휘핑크림이 매달려 있는 상태로, 쇼트 케이크의 아이싱 및 샌드하기에 적합한 상태는?

① 오버 런 60~70%
❷ **오버 런 70~90%**
③ 오버 런 90% 이상
④ 오버 런 100%

해설
① 오버 런 60~70% : 거품기로 휘핑크림을 찍어 올렸을 때 묵직하게 흘러 떨어지는 상태
③ 오버 런 90% 이상 : 휘핑크림의 끝부분이 위로 향하는 정도의 상태
④ 오버 런 100% : 처음 생크림 부피의 2배 정도의 부피

35 밀가루 보관 시 주의사항을 잘못 설명한 것은?

① 창고에서 보관 시 바닥이 젖지 않도록 주의한다.
② 방향제, 소독약 등 냄새가 강한 것과 함께 보관하지 않는다.
③ 온도 10~15℃, 상대습도 70~80%에서 보관하는 것이 좋다.
❹ **온도차가 크고, 통풍과 환기가 잘되는 곳에 보관한다.**

해설
밀가루는 온도차가 크지 않은 곳, 통풍과 환기가 잘되는 곳, 온도 10~15℃, 상대습도 70~80%에서 보관하는 것이 좋다.

36 제과에 자주 사용하는 '럼'의 원료는?

① 쌀
❷ **당 밀**
③ 포도당
④ 옥수수

해설
'해적의 술'이라고도 불리는 '럼'은 당밀이나 사탕수수의 즙을 발효시켜 만든 술이다.

37 저온 저장의 효과와 가장 거리가 먼 것은?

① 미생물의 생육을 억제할 수 있다.
② 효소활성이 낮아져 수확 후 호흡, 발아 등의 대사를 억제할 수 있다.
❸ **살균효과가 있다.**
④ 영양 손실의 속도를 저하시킨다.

해설
저온 저장만으로 살균효과를 기대할 수는 없다.

38 커스터드 크림의 재료가 아닌 것은?

① 우 유
② 달 걀
③ 설 탕
❹ **생크림**

해설
커스터드 크림은 설탕, 달걀노른자, 버터, 우유, 향료를 넣어 끓인 크림이다.

39 저장 관리의 원칙을 잘못 설명한 것은?

① 저장위치 표시의 원칙
② 분류저장의 원칙
③ 품질보존의 원칙
④ **선입후출의 원칙** ✓

> **해설**
> 선입선출의 원칙
> 재료가 효율적으로 순환되기 위하여 유효일자나 입고일을 기록하여 먼저 구입하거나 생산한 것부터 순차적으로 판매·제조하는 것으로, 재료의 신선도를 최대한 유지하고 낭비의 가능성을 최소화할 수 있다.

40 포장의 기능이 아닌 것은?

① **매출의 감소** ✓
② 취급의 편의
③ 내용물의 보호
④ 상품의 가치 증대

> **해설**
> 포장의 기능 : 내용물의 보호, 취급의 편의, 판매의 촉진, 상품의 가치 증대와 정보 제공, 사회적 기능, 환경친화적 기능 등

41 식품위생법상 식품위생의 대상은?

① 식품포장기구, 그릇, 조리방법
② 재배환경, 조리방법, 식품포장재
③ 식품, 식품첨가물, 영양제, 비타민제
④ **식품, 식품첨가물, 기구, 용기·포장** ✓

> **해설**
> 식품위생이란 식품, 식품첨가물, 기구 또는 용기·포장을 대상으로 하는 음식에 관한 위생을 말한다(식품위생법 제2조제11호).

42 식품위생법령상 영업허가를 받아야 할 업종이 아닌 것은?

① 단란주점영업
② 유흥주점영업
③ 식품조사처리업
④ **제과점영업** ✓

> **해설**
> ④ 제과점영업은 영업신고를 하여야 하는 업종이다(식품위생법 시행령 제25조제1항제8호).
> 허가를 받아야 하는 영업 및 허가관청(식품위생법 시행령 제23조)
> • 식품조사처리업 : 식품의약품안전처장
> • 단란주점영업과 유흥주점영업 : 특별자치시장·특별자치도지사 또는 시장·군수·구청장

43 식품위생법령상 일반음식점의 모범업소의 지정기준이 아닌 것은?

① 화장실에는 1회용 위생종이 또는 에어타월이 비치되어 있어야 한다.
② 주방에는 입식조리대가 설치되어 있어야 한다.
③ **1회용 컵을 사용하여야 한다.** ✓
④ 종업원은 청결한 위생복을 입고 있어야 한다.

> **해설**
> 일반음식점의 모범업소로 지정되기 위해서는 1회용 컵, 1회용 숟가락, 1회용 젓가락 등을 사용하지 않아야 한다(식품위생법 시행규칙 별표 19).

44 데커레이션 케이크 제조 시 1명이 아이싱 작업 100개를 하는 데 5시간이 걸린다. 이때 아이싱 1,400개를 7시간 안에 하려면 필요한 인원은?(단, 작업자의 아이싱 시간은 모두 같다)

❶ 10명
② 12명
③ 15명
④ 14명

해설
1명이 100개 아이싱하는 데 5시간이 걸리므로, 1명당 1시간에 20개 작업할 수 있다. 1,400개를 7시간 안에 하려면 1시간당 200개가 작업되어야 한다. 따라서 필요한 인원은 10명이다.

45 식품첨가물이 갖추어야 할 조건으로 옳지 않은 것은?

① 인체에 유해한 영향이 없을 것
❷ 다량 사용하였을 때 효과가 나타날 것
③ 상품의 가치를 향상시킬 것
④ 식품을 소비자에게 이롭게 할 것

해설
식품첨가물의 구비조건
- 인체에 유해한 영향이 없을 것
- 소량으로도 충분한 효과를 발휘할 것
- 식품 자체의 영양가를 유지할 것
- 식품 제조 및 가공에 꼭 필요할 것
- 첨가물을 확인할 수 있어야 할 것
- 식품의 외관을 좋게 할 것
- 식품을 소비자에게 이롭게 할 것

46 색소를 함유하고 있지는 않지만 식품 중의 성분과 결합하여 색을 안정화시키면서 선명하게 하는 식품첨가물은?

① 착색료
② 보존료
❸ 발색제
④ 산화방지제

해설
① 착색료 : 식품의 가공 중 퇴색되는 색을 복원하거나 외관을 보기 좋게 하기 위해 첨가하는 물질
② 보존료 : 식품 저장 중 미생물의 증식에 의해 일어나는 부패나 변질을 방지하기 위해 사용되는 방부제
④ 산화방지제 : 유지의 산패 및 식품의 변색이나 퇴색을 방지하기 위해 사용하는 첨가물

47 거품을 올린 흰자에 뜨거운 시럽을 첨가하면서 고속으로 믹싱하여 만드는 아이싱은?

❶ 마시멜로 아이싱
② 콤비네이션 아이싱
③ 초콜릿 아이싱
④ 로열 아이싱

해설
② 콤비네이션 아이싱 : 단순 아이싱과 크림 형태의 아이싱을 섞어 만든다.
③ 초콜릿 아이싱 : 초콜릿을 녹여 물과 분당을 섞어 만든다.
④ 로열 아이싱 : 흰자나 머랭 가루를 분당과 섞어 만든다.

48 베이킹파우더의 산-반응물질이 아닌 것은?

① 주석산과 주석산염
② 인산과 인산염
③ 알루미늄 물질
❹ **중탄산과 중탄산염**

[해설]
베이킹파우더의 산-반응물질(Acid-reacting Material)
- 탄산수소나트륨을 중화시키는 물질로, 가스 발생 속도를 조절할 수 있다.
- 가스 발생 속도 : 주석산과 주석산염 > 인산과 인산염 > 알루미늄 물질

49 식중독 예방을 위한 개인위생 안전관리에 대해 잘못 설명한 것은?

① 식품의 온도 관리만큼이나 식품 취급자의 관리가 매우 중요하다.
② 조리 종사원의 건강 상태를 확인해야 한다.
❸ **손을 씻을 때 세정제의 사용은 자제한다.**
④ 음식물은 속까지 충분히 익혀 먹는다.

[해설]
식중독 예방을 위하여 손 씻기를 할 때에는 비누 등의 세정제를 사용하여 손가락 사이, 손등까지 골고루 흐르는 물로 30초 이상 씻는다.

50 굽기에 관한 설명으로 옳지 않은 것은?

① 발효가 과다한 제품은 높은 온도에서 굽는다.
② 발효가 부족한 제품은 낮은 온도에서 굽는다.
③ 고율 배합, 반죽 양이 많은 제품은 낮은 온도에서 오랫동안 굽는다.
❹ **저율 배합, 반죽 양이 적은 제품은 낮은 온도에서 오랫동안 굽는다.**

[해설]
오버 베이킹(Over Baking)
- 수분을 증발시켜 말리듯이 굽는 방법으로 장식용 빵을 굽거나 바삭한 식감의 그리시니 등을 구울 때 사용한다.
- 반죽 양이 많거나 고율 배합, 발효부족 제품에 적당하다.
- 낮은 온도에서 오래 구우면 윗면이 평평하고 조직이 부드러워지나 수분 손실이 크다.

51 식품과 자연독의 연결이 틀린 것은?

① 감자 - 솔라닌
❷ **피마자 - 무스카린**
③ 청매 - 아미그달린
④ 목화씨 - 고시폴

[해설]
② 피마자 - 리신, 리시닌

52 과일통조림으로부터 용출되며, 다량 섭취 시 구토, 설사, 복통 등을 일으킬 가능성이 있는 물질은?

① 수 은
☑ **주 석**
③ 아 연
④ 구 리

해설
통조림은 강철판에 얇게 주석을 입힌 캔으로 채소나 과일 등을 보관할 때 사용하는데, 캔으로부터 주석이 용출되어 중독을 일으키기도 한다. 다량 섭취 시 구토, 설사, 복통 등의 증상이 나타난다.

53 비말감염이 가장 잘 이루어질 수 있는 조건은?

☑ **군 집**
② 영양결핍
③ 피 로
④ 매개곤충의 서식

해설
다수가 밀집해 있는 곳의 실내 공기는 화학적 조성이나 물리적 조성의 변화로 불쾌감, 비말감염 등의 이상현상이 발생한다. 비말감염은 재채기, 기침, 대화 등을 통해 공기 중에 분산된 물질이 다른 사람에게 흡입·감염되는 것이다.

54 질병관리청장이 지정하는 감염병의 종류 고시에서 인수공통감염병에 해당되지 않는 것은?

① 일본뇌염
② 큐 열
③ 중증급성호흡기증후군(SARS)
☑ **매 독**

해설
④ 매독은 성매개감염병이다.
인수공통감염병(질병관리청장이 지정하는 감염병의 종류 고시)
장출혈성대장균감염증, 일본뇌염, 브루셀라증, 탄저, 공수병, 동물인플루엔자 인체감염증, 중증급성호흡기증후군(SARS), 변종크로이츠펠트-야콥병(vCJD), 큐열, 결핵, 중증열성혈소판감소증후군(SFTS), 장관감염증(살모넬라균 감염증, 캄필로박터균 감염증)

55 분유에 대한 설명으로 옳지 않은 것은?

☑ **탈지분유 - 우유에서 지방을 제거하고 수분은 남긴 것이다.**
② 전지분유 - 순수하게 우유의 수분을 제거한 것이다.
③ 조제분유 - 여러 가지 영양소를 첨가하여 기능성 분유를 만들기 위한 것이다.
④ 고지방분유 - 지방 함량이 높은 우유의 분말이다.

해설
탈지분유는 우유에서 지방과 수분을 제거한 것이다. 탈지분유는 직접 물에 녹이면 덩어리지기 쉽고, 공기에 노출하면 습기를 빨아들여 변성되기 쉽고 곰팡이가 생기기 쉽다.

56 우유 1컵(200mL)에 지방이 6g이라면 지방으로부터 얻을 수 있는 열량은?

① 6kcal
② 24kcal
③ **54kcal** ✓
④ 120kcal

해설
1g당 지방으로 얻을 수 있는 열량은 9kcal이다.
∴ 6g × 9kcal/g = 54kcal

57 제과·제빵에서 달걀의 역할은?

① 영양가치 증가, 유화 역할, pH 강화
② **영양가치 증가, 유화 역할, 조직 강화** ✓
③ 영양가치 증가, 조직 강화, 방부효과
④ 유화 역할, 조직 강화, 발효 시간 단축

해설
제과·제빵에서 달걀흰자는 단백질의 피막을 형성하여 부풀리는 팽창제의 역할을 하며, 노른자의 레시틴은 유화제 역할을 한다.

58 세척제의 구비 조건을 잘못 설명한 것은?

① 고체 표면에 액체와 접촉하여 배어드는 습윤성이 있어야 한다.
② 지방을 유화시키는 유화성이 있어야 한다.
③ 단백질을 용해시키는 용해성이 있어야 한다.
④ **금속 등의 부식성이 있어야 한다.** ✓

해설
④ 세척제는 금속 등의 부식성이 없어야 한다.

59 조리기구의 재질 중 열전도율이 커서 열을 전달하기 쉬운 것은?

① 유 리
② 도자기
③ **알루미늄** ✓
④ 석 면

해설
열전도율
- 열이 전해지는 속도이다.
- 열전도율이 큰 금속(은, 구리, 알루미늄 등)은 빨리 데워지고 빨리 식는다.
- 열전도율이 작은 재질(유리, 도자기류 등)은 서서히 데워지고 쉽게 식지 않는다.

60 소규모 주방 설비 중 작업의 효율성을 높이기 위한 작업 테이블의 위치로 가장 적당한 것은?

① 오븐 옆에 설치한다.
② 냉장고 옆에 설치한다.
③ 발효실 옆에 설치한다.
④ **주방의 중앙부에 설치한다.** ✓

해설
작업 테이블은 주방의 중앙부에 설치하여 작업의 효율성을 높여야 한다.

제5회 기출복원문제

01 질병에 대한 저항력을 지닌 항체를 만드는 데 꼭 필요한 영양소는?

① 탄수화물
② 지 방
③ 칼 슘
④ 단백질 ✓

[해설]
항체는 체내 단백질에 의해 만들어진다.

02 초콜릿 제품을 만들 때 사용하는 것은?

① 오븐(Oven)
② 워터 스프레이(Water Spray)
③ 디핑 포크(Dipping Fork) ✓
④ 파이롤러(Pie Roller)

[해설]
디핑 포크(Dipping Fork)는 초콜릿 제품 중 디핑 초콜릿을 만들 때 사용하는 도구로, 삼지창, 달팽이, 포크 모양 등이 있다. 디핑 포크는 가나슈 내용물의 형태에 맞는 것을 사용한다.

03 원가 절감 방안이 아닌 것은?

① 재고 보관 창고의 규모를 늘린다. ✓
② 불량률을 줄인다.
③ 출고된 재료의 양을 조절, 관리한다.
④ 폐기에 의한 재료 손실을 최소화한다.

[해설]
재고의 저장관리는 입고된 재료 및 제품을 품목별, 규격별, 품질 특성별로 분류한 후에 적합한 저장방법으로 저장고에 위생적인 상태로 보관하는 것을 가리킨다. 저장과정에서 발생할 수 있는 도난, 폐기, 발효에 의한 손실을 최소화하여 생산에 차질이 발생하지 않도록 하는 데 목적이 있다.
① 보관 창고의 규모를 늘리는 것은 원가 절감 방안과는 관련이 없다.

04 식품접객업에 해당하지 않는 것은?

① 식품소분업 ✓
② 유흥주점
③ 제과점
④ 휴게음식점

[해설]
식품접객업의 종류(식품위생법 시행령 제21조)
휴게음식점영업, 일반음식점영업, 단란주점영업, 유흥주점영업, 위탁급식영업, 제과점영업

05 버섯중독의 원인 독소가 아닌 것은?

① 무스카린(Muscarine)
② 콜린(Choline)
③ 팔린(Phaline)
④ ✓ 시큐톡신(Cicutoxin)

[해설]
시큐톡신(Cicutoxin)은 독미나리의 독성분이다.

06 제빵 반죽 시 가장 적합한 물의 ppm은?

① 0~60ppm
② 60~120ppm
③ ✓ 120~180ppm
④ 180~200ppm

[해설]
일반적으로 제빵에 적합한 물의 경도는 아경수(120~180ppm)이다.

07 바이러스에 의한 질병은?

① ✓ 간염
② 장티푸스
③ 파라티푸스
④ 콜레라

[해설]
감염병의 분류
• 세균에 의한 질병 : 세균성 이질, 장티푸스, 파라티푸스, 콜레라, 성홍열, 디프테리아 등
• 바이러스에 의한 질병 : 인플루엔자, 유행성 간염, 폴리오, 천열, 홍역 등

08 제품 회전율 공식은?

① ✓ 순매출액/(기초제품 + 기말제품) ÷ 2
② 총이익/매출액 × 100
③ 순매출액/(기초원재료 + 기말원재료) ÷ 2
④ 고정비/(단위당 판매가격 ÷ 변동비)

[해설]
• 제품 회전율 = $\dfrac{\text{순매출액}}{\text{평균 재고액}}$

• 평균 재고액 = $\dfrac{\text{기초제품} + \text{기말제품}}{2}$

09 HACCP 적용업소인 제과 작업장의 채광 및 조명 기준으로 틀린 것은?

① 창문 유리는 강화 유리, 강화 플라스틱을 사용한다.
② 조명시설의 세척 시 소독된 면걸레로 먼지, 검은 때 등을 제거한다.
③ ✓ 자연 채광이 충분히 들어와야 하므로 채광시설에 보호장비를 따로 설치하지는 않는다.
④ 직접 눈으로 확인해야 하는 공정에서는 정확성을 위하여 조도 기준을 540lx 이상으로 한다.

[해설]
조명장치 관리
• 조명은 의도하는 생산이나 검사 활동이 효과적으로 수행될 수 있어야 하고, 조명이 식품의 색상을 변경시키지 않으며, 규격 기준을 충족시켜야 한다.
• 식품이나 포장재가 노출되는 구역 내에 설치된 전구나 조명장치는 안전한 형태의 것이거나 파손이나 이물 낙하 등에 의한 식품의 오염이 방지될 수 있도록 보호장치나 보호커버가 설치되어 있어야 한다.

10 다음 중 회분 함량이 가장 낮은 밀가루로 만들어야 하는 제품은?

① 쿠 키
② 크래커
③ 스펀지 케이크 ✓
④ 파 이

해설
일반적인 케이크는 단백질 함량이 7~9%, 회분 함량이 0.4% 이하인 박력분을 사용하며, 유지 함량이 많은 쿠키는 중력분, 파이는 중력분 또는 강력분을 각각 섞어서 사용한다.

11 스펀지 케이크 제조 시 기포의 진행 정도를 파악하기 어려운 것은?

① 점 도
② 색
③ 온 도 ✓
④ 부 피

12 초콜릿 보관 시 적정 온도, 습도는?

① 14~16℃, 50~60% ✓
② 14~16℃, 75~85%
③ 20~23℃, 50~60%
④ 20~23℃, 75~85%

해설
초콜릿은 온도와 습기에 매우 민감하기 때문에 저장 조건을 잘 맞추어야 한다. 이상적인 온도는 14~16℃이고 상대습도는 50~60%이다.

13 철분대사에 관한 설명으로 옳은 것은?

① 철분은 Fe^{2+}보다 Fe^{3+}이 흡수가 잘 된다.
② 수용성이기 때문에 체내에 저장되지 않는다.
③ 흡수된 철분은 간에서 헤모글로빈을 만든다.
④ 체내에서 사용된 철은 되풀이하여 사용된다. ✓

해설
철분은 체내에 산소를 공급해 주는 헤모글로빈의 구성성분이다. 철은 한번 체내로 흡수되면 극히 일부만 배설되고 재사용된다.

14 슈 반죽 작업에 대한 내용으로 옳지 않은 것은?

① 반죽을 들었을 때 주걱에서 자연스럽게 흘러 역삼각형으로 떨어지는지 확인한다.
② 다 된 반죽을 물에다 떨어뜨려 반죽이 퍼지지 않는지 확인한다.
③ 슈 반죽 시에는 탄력 있는 반죽이 되도록 세게 가열해 준다. ✓
④ 처음 넣은 달걀이 반죽에 흡수되면 다시 달걀을 두세 번에 나누어 넣으면서 충분히 섞는다.

해설
슈는 굽는 동안 달걀과 버터가 익으면서 겉껍질이 생기고, 반죽 안의 수분이 수증기로 변하여 팽창하면서 속이 비는 모양이 형성된다. 반죽 작업 시 호화되는 동안 전분을 너무 가열하면 밀가루 속의 글루텐이 변성해서 탄력이 없는 반죽이 되고, 가열이 불충분한 경우에는 전분이 호화되지 않아서 점성이 불충분하고 반죽에 수분이 많아 납작해진다.

15 빵 표피의 갈변반응을 설명한 것으로 적절한 것은?

① 이스트가 사멸하여 생긴다.
② 마가린으로부터 생긴다.
✓ ③ 아미노산과 당으로부터 생긴다.
④ 굽기 온도 때문에 지방이 산패되어 생긴다.

> **해설**
> 식품에 함유된 단백질(아미노산이 많이 결합한 것)이나 아미노산과 환원당을 약 160℃ 이상의 고온으로 가열하면 갈색으로 색을 입히는 물질과 고소한 향이 되는 물질을 생성한다.

16 냉장고 냉각을 해야 하는 제품은?

✓ ① 젤리
② 빙과류
③ 구움 과자
④ 스펀지 케이크

> **해설**
> • 자연 냉각 : 파운드 케이크, 스펀지 케이크, 구움 과자 등 오븐 사용 제품
> • 냉장고 냉각 : 무스, 젤리, 케이크 등
> • 냉동고 냉각 : 빙과류, 장식하기 전 무스, 초콜릿 케이크 등

17 다음 중 반죽의 비중과 pH가 가장 작은 제품은?

✓ ① 엔젤푸드 케이크
② 파운드 케이크
③ 옐로 레이어 케이크
④ 화이트 레이어 케이크

> **해설**
> 거품형 케이크가 비중이 낮다.

18 식빵 배합률 합계가 180%, 밀가루 총 사용량이 3kg일 때 총 반죽의 무게는?(단, 기타 손실은 없음)

① 1,620g
② 3,780g
✓ ③ 5,400g
④ 5,800g

> **해설**
> 총 반죽 무게 = (밀가루 무게 × 총 배합률) ÷ 밀가루 비율
> = (3,000 × 180) ÷ 100 = 5,400g

19 다음 지단백질(Lipoprotein) 중 나쁜 콜레스테롤 함량이 가장 많은 것은?

① 초저밀도 지단백질(VLDL)
② 고밀도 지단백질(HDL)
✓ ③ 저밀도 지단백질(LDL)
④ 카일로마이크론(Chylomicron)

> **해설**
> 저밀도 지단백질(LDL ; Low Density Lipoprotein)은 '나쁜 콜레스테롤'이라고 불리기도 하며, 지단백질 중에서 콜레스테롤 함량이 가장 높다.

20 다음 중 엔젤푸드 케이크의 기본 재료가 아닌 것은?

① 달걀흰자
② 소 금
❸ **탄산수소나트륨**
④ 설 탕

해설
엔젤푸드 케이크는 달걀흰자, 설탕, 소금, 주석산 크림, 박력분 등이 필요하다.

21 일반법 머랭 제조에 대한 설명으로 옳은 것은?

① 흰자 100에 대하여 설탕 200의 비율로 흰자와 설탕을 섞고 43℃로 중탕 후 거품을 돌려 제조한다.
❷ **흰자 100에 대하여 설탕 200의 비율로 흰자의 온도 24℃인 상태에서 거품을 돌리면서 설탕을 넣어 제조한다.**
③ 흰자 100에 대하여 설탕 350의 비율로 거품을 돌리면서 120℃로 끓인 설탕시럽을 천천히 넣어 제조한다.
④ 흰자 100에 대하여 설탕 340의 비율로 흰자의 온도 43℃로 중탕 후 설탕을 넣으면서 거품을 돌려 제조한다.

해설
머랭은 일반적으로 달걀흰자에 설탕을 넣어 믹싱한 것이다. 24℃에서 흰자에 대한 설탕의 사용 비율은 200%가 적당하다. 제조 시 기름기나 노른자가 없어야 튼튼한 거품이 나온다.

22 다음 중 수분 함량이 가장 낮은 것은?

① 슈크림빵 커스터드 크림
❷ **일반 데커레이션 케이크용 버터크림**
③ 시폰 케이크용 머랭크림
④ 유지방 35%의 순수 생크림

해설
버터크림(Butter Cream)은 버터, 달걀, 물엿, 설탕 등을 넣어서 만든 크림이다.

23 스펀지 케이크 제조 시 녹인 버터를 넣는 시기는?

① 처음 재료를 섞을 때
❷ **반죽을 섞을 때**
③ 오븐에 넣기 전
④ 패닝 직전

해설
스펀지 케이크 제조 시 녹인 버터를 반죽 일부에 섞은 다음 반죽 전체에 골고루 섞어 준다.

24 원가 구성의 3요소가 아닌 것은?

① 재료비
② 노무비
❸ **공 정**
④ 경 비

해설
원가 구성의 3요소 : 재료비, 노무비, 경비

25 파운드 케이크 제조 시 유지의 품온은?

① -1~-5℃   ② 2~10℃
③ **18~25℃**   ④ 27~35℃

해설
파운드 케이크라는 이름은 기본 재료인 밀가루, 설탕, 달걀, 버터 네 가지를 1파운드씩 동일하게 넣어 만든 제품에서 유래되었다고 한다. 파운드 케이크 제조 시 반죽 온도를 일정하게 맞추어야 하며, 유지의 품온은 18~25℃가 적당하다.

26 커스터드 크림의 농후화제로 알맞지 않은 것은?

① **버 터**   ② 박력분
③ 전 분   ④ 달 걀

해설
① 버터는 향미는 우수하나 농후화제의 역할을 하지 못한다.
커스터드 크림은 전분질 원료와 함께 물, 설탕, 유지, 달걀 등을 넣어 가열, 호화시켜 페이스트 상태로 만든 것이다.

27 다음 무게에 관한 내용 중 옳은 것은?

① 1kg은 10g이다.
② 1kg은 100g이다.
③ **1kg은 1,000g이다.**
④ 1kg은 10,000g이다.

해설
1kg = 1,000g

28 빵의 포장 및 냉각에 대한 설명으로 옳지 않은 것은?

① 포장재는 유해, 유독성분이 없고 무미, 무취하여야 한다.
② 차광성, 방습성, 방수성, 보향성이 우수한 포장재를 사용하여야 한다.
③ **빵 내부의 적정 냉각 온도는 20℃이다.**
④ 냉각 중 습도가 낮으면 껍질이 갈라지기 쉽다.

해설
빵은 자연 상태로 3~4시간 동안 35~40℃로 냉각시켜 포장한다.

29 이스트 푸드에 관한 사항 중 틀린 것은?

① 물 조절제 - 칼슘염
② 이스트 영양분 - 암모늄염
③ 반죽 조절제 - 산화제
④ **이스트 조절제 - 글루텐**

해설
이스트 푸드는 이스트 조절제(영양원), 물 조절제, 반죽 조절제로 구성되어 있다. 이스트 조절제는 암모늄염 등으로 이스트 발효에 필요한 영양소를 공급한다.

30 팬의 부피가 2,300cm³이고 비용적(cm³/g)이 3.8이라면 적당한 분할량은?

① 약 480g ❷ 약 605g
③ 약 560g ④ 약 644g

해설
반죽 분할량 = 팬 용적/비용적
= 2,300/3.8 ≒ 605(g)

31 일반적인 식품의 최대빙결정생성대 온도 범위는?

❶ −1~−5℃ ② −10~−40℃
③ 2~10℃ ④ −10~−15℃

해설
최대빙결정생성대 : 냉동 저장 중 빙결정(얼음결정)이 가장 크고 많이 생성되는 온도 구간(−1~−5℃)

32 HACCP에서 정의하는 위해요소로 가장 적절한 것은?

① 인체의 건강을 해할 우려가 있는 미생물학적, 물리적 인자
② 인체의 건강을 해할 우려가 있는 화학적, 환경적 인자
❸ 인체의 건강을 해할 우려가 있는 생물학적, 화학적 또는 물리적 인자
④ 인체의 건강을 해할 우려가 있는 생물학적, 환경적 또는 물리적 인자

해설
위해요소(Hazard) : 인체의 건강을 해할 우려가 있는 생물학적, 화학적 또는 물리적 인자나 조건을 말한다.

33 미생물에 의한 변질을 방지하여 식품의 보존기간을 연장시키기 위한 첨가물이 아닌 것은?

① 프로피온산
② 프로피온산나트륨
③ 소브산
❹ 차아염소산나트륨

해설
④는 살균제에 해당한다.

34 튀김용 유지의 조건이 아닌 것은?

❶ 과산화물가가 많을수록 건강에 좋다.
② 거품이 일지 않는 것이 좋다.
③ 발연점이 높은 것이 좋다.
④ 튀김 중이나 튀김 후에 불쾌한 냄새가 나지 않아야 한다.

해설
튀김용 유지의 조건
- 기름에 튀겨지는 동안 구조 형성에 필요한 열전달을 할 수 있어야 한다.
- 튀김 중이나 튀김 후에 불쾌한 냄새가 나지 않아야 한다.
- 제품이 냉각되는 동안 충분히 응결되어 설탕이 탈색되거나 지방 침투가 되지 않아야 한다.
- 발연점이 높은 것이 좋다.
- 엷은 색을 띠며 특유의 향이나 착색이 없어야 한다.
- 수분 함량은 0.15% 이하로 유지해야 한다.

35 제품의 생산원가를 계산하는 목적이 아닌 것은?

① 원·부재료 관리
② 판매가격 결정
③ **설비 보수** ✓
④ 이익 계산

> [해설]
> 제품의 생산원가를 계산하는 목적에는 이익 계산, 판매가격 결정, 원·부재료 관리가 있다.

36 설탕공예용 당액 제조 시 고농도화된 당의 결정을 막아주는 재료는?

① 탄산수소나트륨
② **주석산** ✓
③ 포도당
④ 베이킹파우더

> [해설]
> 설탕공예 시럽을 끓일 때 주석산을 소량 넣어 당의 결정을 늦추어 준다.

37 세계보건기구(WHO)는 성인의 하루 섭취 열량 중 트랜스지방의 섭취를 몇 % 이하로 권고하고 있는가?

① 0.5%   ② **1%** ✓
③ 2%   ④ 3%

> [해설]
> 세계보건기구(WHO)는 트랜스지방산의 1일 섭취량을 총 열량의 1% 이내로 제한하고 있다.

38 산양, 양, 돼지, 소에 감염되면 유산을 일으키고, 주증상은 발열로 고열이 2~3주 주기적으로 일어나는 인수공통감염병은?

① 광우병
② 공수병
③ **파상열** ✓
④ 신증후군출혈열(유행성출혈열)

> [해설]
> 파상열(Brucellosis, 브루셀라)은 인간에게는 고열을, 동물에는 유산을 일으키는 인수공통감염병이다.

39 설탕을 포도당과 과당으로 가수분해하는 효소는?

① **Invertase** ✓
② Zymase
③ Maltase
④ α-Amylase

> [해설]
> 인버테이스(Invertase, 인버타아제)는 설탕을 가수분해시켜 포도당과 과당의 등량 혼합물을 만들어 용해도를 증가시킨다.

40 파운드 케이크 배합 중 달걀의 함량이 증가할 때 다른 재료의 변화로 옳은 것은?

① 소금은 비슷하거나 약간 감소한다.
② 쇼트닝 양이 감소한다.
③ 베이킹파우더 양이 증가한다.
☑ **우유의 양은 감소한다.**

해설
파운드 케이크라는 이름은 기본 재료인 밀가루, 설탕, 달걀, 버터 네 가지를 1파운드씩 동일하게 넣어 만든 제품에서 유래되었다. 파운드 케이크 배합에서 달걀의 양이 증가할 때 우유의 양은 감소한다.

41 A제과점의 밀가루 입고 기준은 수분 함량 14%이다. 20kg짜리 1,000포대가 입고되었는데, 수분 함량이 15%였다. 이 밀가루를 얼마나 더 받아야 A제과점에서 손해를 보지 않는가?

① 187kg
☑ **236kg**
③ 293kg
④ 307kg

해설
$(1{,}000포 \times 0.85 \times 20) + (x포 \times 0.85 \times 20) = 1{,}000포 \times 0.86 \times 20$
$17{,}000 + 17x = 17{,}200$
$x = 11.76471$
∴ $11.76 \times 20 = 235.2(kg)$

42 식품 중에 존재하며, 쉽게 이동 가능한 물로 0℃ 이하에서 동결, 100℃에서 증발하는 것은?

☑ **자유수**
② 결합수
③ 경 수
④ 아경수

해설
② 결합수는 식품 중 고분자 물질과 강하게 결합하여 쉽게 제거할 수 없는 물로 −20℃에서도 잘 얼지 않으며, 100℃에서 증발되지 않는다.
③, ④ 경수와 아경수는 경도에 따라 물을 분류한 것이다.

43 손 씻기 방법으로 가장 적당한 것은?

① 흐르는 우물물에 씻는다.
② 고여 있는 수돗물에 씻는다.
☑ **흐르는 물에 비누로 씻는다.**
④ 흐르는 수돗물에 씻는다.

해설
손에 물을 묻히고 비누로 거품을 충분히 낸 후 흐르는 물로 깨끗하게 헹군다.

44 유지의 기능이 아닌 것은?

☑ **수축성**
② 가소성
③ 쇼트닝 기능
④ 크림화 기능

해설
유지의 기능 : 쇼트닝 기능, 공기 혼입 기능, 크림화 기능, 안정화 기능, 식감과 저장성, 신장성, 가소성

45 다음 중 초콜릿의 맛을 크게 좌우하는 가장 중요한 요인은?

① 코팅 기술　② 코코아 껍질
③ 카카오 버터　④ 카카오 단백질

> 해설
> 초콜릿의 지방 성분인 카카오 버터는 상온에서는 굳어진 결정을 하고 있지만 체온 가까이에서는 급히 녹는 성질이 있기 때문에, 먹을 때에 독특한 맛이 금방 퍼진다. 또한 카카오 버터는 일반 유지에 비해 산화되기 어려워 맛이 오래 보존된다.

46 제과에 많이 쓰이는 럼주는 무엇을 원료로 하여 만든 술인가?

① 당밀　② 포도당
③ 타피오카　④ 옥수수 전분

> 해설
> 럼(Rum)은 원래는 서인도 제도의 설탕 당밀을 발효시켜 증류해서 만드는 화주이다. 본래 무색이나 태운 설탕(Caramel)을 넣어 숙성되는 동안 연한 갈색으로 변색된다.

47 표면이 갈라지고 부푼 모양이 양배추와 비슷해서 프랑스어로 양배추란 의미를 가진 것은?

① 슈　② 만 주
③ 푸 딩　④ 타르트

> 해설
> ② 만주 : 밀가루, 메밀가루, 쌀가루 등으로 만든 반죽에 앙금을 넣고 싸서 찌거나 구운 과자이다.
> ③ 푸딩 : 달걀, 설탕, 우유 등을 섞어 중탕으로 구워낸 것으로 부드러운 식감을 지닌 것이 특징이다.
> ④ 타르트 : 얇은 원형 팬에 타르트 반죽을 깔고 과일이나 크림 같은 충전물을 넣어 구운 과자를 말한다.

48 식자재의 교차오염을 예방하기 위한 보관 방법으로 잘못된 것은?

① 뚜껑이 있는 청결한 용기에 덮개를 덮어서 보관
② 바닥과 벽으로부터 일정 거리를 띄워 보관
③ 원재료와 완성품을 구분하여 보관
④ 식자재와 비식자재를 함께 식품창고에 보관

> 해설
> 식자재의 교차오염을 예방하기 위해서는 식자재와 비식자재를 분리하여 보관한다.

49 퍼프 페이스트리를 제조할 때 주의할 점으로 틀린 것은?

① 성형한 반죽을 장기간 보관하려면 냉장하는 것이 좋다.
② 굽기 전에 적정한 최종 휴지를 시킨다.
③ 충전물을 넣고 굽는 반죽은 구멍을 뚫고 굽는다.
④ 파치(Scrap Pieces)가 최소가 되도록 성형한다.

> 해설
> **퍼프 페이스트리 반죽 보관**
> • 이스트를 사용하지 않기 때문에 정형한 반죽은 포장하여 냉장고(0~4℃)에서 4~7일까지 보관 가능하다.
> • −20℃ 이하의 냉동고에서는 수분 증발을 방지하여 장기간 보존할 수 있으나, 구울 때 해동해야 한다.

50 식물의 열매에서 채취하지 않고 껍질에서 채취하는 향신료는?

① **계피**
② 너트메그
③ 정향
④ 카다몬

해설
계피는 열대성 상록수 나무껍질로 만든 향신료이다.

51 다음 중 필수 아미노산이며 분자구조에 황을 함유하고 있는 것은?

① 발린
② 타이로신
③ **메티오닌**
④ 트레오닌

해설
메티오닌은 단백질을 구성하는 아미노산의 하나이며, 황 함유 아미노산의 일종으로 필수 아미노산이다. 생체 내에서는 메틸공급체인 S-아데노실메티오닌의 전구체로서도 생리적으로 중요한 역할을 하고 있다.

52 과자류 포장에 많이 쓰이며, 공기가 함유되어 있는 상태에서 포장하는 방법은?

① **함기포장**
② 진공포장
③ 밀봉포장
④ 무균포장

해설
함기포장(상온포장)은 일반적으로 기계를 사용하지 않는 포장의 대부분을 말하며, 과자류 포장에 가장 많이 쓰인다.

53 다음 중 전분의 구조가 100% 아밀로펙틴으로 이루어진 것은?

① 콩
② **찰옥수수**
③ 보리
④ 멥쌀

해설
보통 전분은 70~80%의 아밀로펙틴을 함유하지만 찹쌀전분, 옥수수전분은 대개 아밀로펙틴만으로 이루어진다.

54 우유 중 제품의 껍질 색을 개선시켜 주는 성분은?

① **유당**
② 칼슘
③ 유지방
④ 광물질

해설
우유 속 유당은 캐러멜화나 메일라드 반응과 같은 갈변 반응을 일으켜 껍질 색을 개선해 준다.

55 데커레이션(Decoration) 케이크 장식에 사용되는 분당의 주성분은?

① 과당
② 포도당
③ **설탕**
④ 전화당

해설
분당(Powdered Sugar)은 입상형의 설탕을 분쇄하여 미세한 분말로 만든 다음 고운체를 통과시켜서 만든다.

56 생크림의 적정 보관 온도는?

① -18℃   ✓② 3℃
③ 13℃   ④ -2℃

해설
생크림은 천연 우유 속에 들어 있는 비중이 작은 지방만을 원심 분리한 후에 살균, 냉각, 숙성시킨 것이다. 3~7℃의 온도에 냉장 보관하는 것이 원칙이다.

57 베이킹파우더 성분 중 이산화탄소를 발생시키는 것은?

① 전분   ✓② 탄산수소나트륨
③ 주석산   ④ 인산칼슘

해설
탄산수소나트륨(중조)은 가열하여 약 20℃ 이상이 되면 분해되어 이산화탄소를 발생한다. 2개의 분자로 이루어진 탄산수소나트륨은 열에 의해 분해되어 1개의 분자는 이산화탄소를 발생시켜 날아가고, 나머지 1개의 분자는 탄산나트륨으로 반죽에 남아 알칼리성 물질로 색소에 영향을 미친다.

58 당류 가공품 중 결정형 캔디는?

✓① 폰당(Fondant)
② 캐러멜(Caramel)
③ 마시멜로(Marshmallow)
④ 젤리(Jelly)

해설
결정형 캔디의 예로는 폰당(Fondant), 퍼지(Fudge), 디비니티(Divinity) 등이 있고, 비결정형 캔디의 예로는 하드캔디(Hard Candy), 캐러멜(Caramel), 마시멜로(Marshmallow) 등이 있다.

59 일반적인 버터의 수분 함량은?

✓① 18% 이하
② 25% 이하
③ 30% 이하
④ 45% 이하

해설
일반적으로 버터는 17~18%의 수분을 함유하고 있다.

60 개인위생을 설명한 것으로 적절한 것은?

① 식품종사자들이 사용하는 소독제나 탈취제의 종류
② 식품종사자들이 일주일에 목욕하는 횟수
✓③ 식품종사자들이 건강, 위생복장 착용 및 청결을 유지하는 것
④ 식품종사자들이 작업 중 항상 장갑을 끼는 것

해설
위생관리란 음료수 처리, 쓰레기, 분뇨, 하수와 폐기물 처리, 공중위생, 접객업소와 공중이용시설 및 위생용품의 위생관리, 조리, 식품 및 식품첨가물과 이에 관련된 기구·용기 및 포장의 제조와 가공에 관한 위생 관련 업무를 말한다.

제6회 기출복원문제

01 베이킹파우더를 많이 사용한 제품의 결과와 거리가 먼 것은?

✓ ① 밀도가 크고 부피가 작다.
② 속결이 거칠다.
③ 오븐스프링이 커서 찌그러들기 쉽다.
④ 속색이 어둡다.

[해설]
베이킹파우더는 이산화탄소 가스의 발생과 속도를 조절하는 팽창제로, 과다 사용 시 속결이 거칠어지고, 오븐 팽창이 커서 찌그러들기 쉽다. 또한 속색이 어둡고 건조가 빠르게 된다.

02 어린 반죽으로 만든 제품에 대한 설명 중 틀린 것은?

① 조직이 거칠다.
✓ ② 외형의 경우 모서리가 둥글다.
③ 껍질 색은 어두운 갈색이다.
④ 슈레드가 생기지 않는다.

[해설]
어린 반죽은 발효가 정상보다 덜 된 상태를 말하며, 외형 균형은 완제품을 들어 밑면을 보면 발효 상태를 알 수 있다. 어린 반죽의 외형은 반죽의 숙성이 덜 되어 모서리가 예리하며 딱딱하다.

03 pH 4 이하 산성 식품에서 생육하기 어려운 것은?

✓ ① 대장균
② 효모
③ 곰팡이
④ 젖산균

[해설]
곰팡이와 효모는 pH 4~6의 약산성 상태에서 가장 잘 발육하며, 젖산균은 pH 3.5 정도에서도 생육 가능하다.

04 밀가루와 물을 섞은 반죽을 체에 걸러 물로 계속해서 씻으면 남게 되는 단백질은?

① 글리시닌(Glycinin)
✓ ② 글루텐(Gluten)
③ 글루테닌(Glutenin)
④ 글리아딘(Gliadin)

[해설]
글루텐은 밀가루에 천연적으로 들어 있는 단백질이다. 물을 넣고 밀가루를 반죽하면 글리아딘과 글루테닌이 물과 결합하여 글루텐을 형성한다.

05 과일의 조리에서 열에 의해 가장 영향을 많이 받는 수용성 비타민으로, 부족하면 괴혈병을 유발하는 영양소는?

✓ ① 비타민 C
② 비타민 A
③ 비타민 B_1
④ 비타민 E

해설
비타민 C는 열이나 빛, 물과 산소 등에 쉽게 파괴된다.

06 분변오염의 지표균은?

✓ ① *Escherichia coli*
② *Vibrio parahaemolyticus*
③ *Bacillus cereus*
④ *Salmonella* spp.

해설
대장균(*Escherichia coli*)은 수질의 분변오염의 지표균으로, 대장균 검출로 다른 미생물이나 분변오염을 추측할 수 있고 검출방법이 간편하고 정확하다.

07 알칼리성 식품에 속하는 것은?

① 곡 류
② 어패류
③ 육 류
✓ ④ 채소류

해설
채소 및 과일류는 수분을 80~90% 정도 함유하고, 비타민, 나트륨, 칼슘, 칼륨, 마그네슘 등의 무기질을 많이 함유하는 알칼리성 식품에 속한다.

08 우유를 먹었을 때 주로 섭취할 수 있는 무기질로만 짝지어진 것은?

① 칼슘, 인, 철분, 아연
✓ ② 칼슘, 인, 마그네슘, 칼륨
③ 칼슘, 인, 나트륨, 구리
④ 칼슘, 인, 황, 구리

해설
우유에는 칼슘, 인, 마그네슘, 칼륨이 있는데, 이는 뼈와 치아를 구성하는 무기질이다.

09 식중독균 사멸 조건으로 옳은 것은?

① 보툴리누스균 – 60℃에서 10분 가열 시 사멸
✓ ② 살모넬라균 – 60℃에서 30분 가열 시 사멸
③ 장염 비브리오균 – 40℃에서 5분 가열 시 사멸
④ 황색포도상구균 – 60℃에서 20분 가열 시 사멸

해설
② 살모넬라균은 60℃에서 30분 동안 가열하면 사멸한다.
① 보툴리누스균은 80℃에서 20분 또는 100℃에서 1~2분 가열하면 사멸한다.
③ 장염 비브리오균은 60℃에서 5분 또는 55℃에서 10분 가열하면 사멸한다.
④ 황색포도상구균은 78℃에서 1분 혹은 64℃에서 10분의 가열로 균은 거의 사멸되나 식중독 원인 물질인 장독소는 내열성이 강하여 100℃에서 60분간 가열해야 사멸한다.

10 반죽을 구울 때 팬에 달라붙지 않게 바르는 것은?

✓① 쇼트닝　② 밀가루
③ 왁스　　④ 글리세린

해설
팬 오일의 종류로는 유동 파라핀(백색광유), 정제 라드(쇼트닝), 식물유(면실유, 대두유, 땅콩기름), 혼합유 등이 있다.

11 파운드 케이크를 만들려고 한다. 이때 다음의 용적을 가진 팬을 이용하려고 할 때, 팬 용적은 얼마인가?

구 분	윗면 지름	아랫면 지름	높 이
외부 팬	18cm	20cm	10cm
내부 팬	4cm	6cm	10cm

① 785.6cm³
② 2,110.0cm³
✓③ 2,637.6cm³
④ 10,550.4cm³

해설
- 외부 팬 용적 : 평균 반지름 × 평균 반지름 × 3.14 × 높이
  → 9.5 × 9.5 × 3.14 × 10 = 2,833.85cm³
- 내부 팬 용적 : 평균 반지름 × 평균 반지름 × 3.14 × 높이
  → 2.5 × 2.5 × 3.14 × 10 = 196.25cm³
- 실제 팬 용적 : 외부 팬 용적 – 내부 팬 용적
  → 2,833.85 – 196.25 = 2,637.6cm³

12 반죽의 비중에 대한 설명으로 옳지 않은 것은?

① 비중이 높으면 단단해진다.
② 비중이 높으면 부피가 작아진다.
✓③ 비중이 높으면 기공이 커진다.
④ 비중이 높으면 무거운 제품이 된다.

해설
부피가 같은 제품을 구울 때 비중이 높으면 부피가 작고 단단해지고, 비중이 낮으면 굽기 후 식히는 과정에서 부피가 줄어들 수 있어 제품을 균일하게 유지하는 데 문제가 될 수 있다. 또한 비중은 외부의 영향뿐만 아니라 내부에도 영향을 주어 비중이 높으면 기공이 조밀하여 무거운 제품이 되며, 너무 낮으면 거칠고 큰 기포가 형성되어 거친 조직이 된다.

13 다음에서 설명하는 거품형 반죽방법은?

흰자와 달걀노른자를 분리하지 않고 전란에 설탕을 넣어 함께 거품을 내는 방법으로 더운 방법과 찬 방법이 있다.

✓① 공립법
② 별립법
③ 시폰형
④ 머랭

해설
② 별립법 : 달걀을 노른자와 흰자를 분리하여 제조하는 방법
③ 시폰형 : 달걀의 흰자와 노른자를 분리하여 노른자는 반죽형과 같은 방법으로 제조하고, 흰자는 머랭을 만들어 두 가지 반죽을 혼합하여 제조하는 방법
④ 머랭 : 달걀흰자에 설탕을 넣어서 거품을 낸 것

14 다음 중 표면 건조를 하지 않는 제품은 무엇인가?

☑ ① 슈
② 밤과자
③ 마카롱
④ 핑거쿠키

[해설]
슈는 굽기 전 물을 분무하거나 침지시키고 표면 건조를 하지 않는다.

15 케이크 도넛을 튀길 때 도넛의 흡유량에 관한 설명으로 옳은 것은?

① 반죽의 수분이 많을 경우 흡유량은 적어진다.
☑ ② 설탕의 양이 많을 경우 흡유량은 많아진다.
③ 팽창제의 양이 많을 경우 흡유량은 적어진다.
④ 글루텐의 양이 많을 경우 흡유량은 많아진다.

[해설]
① 반죽의 수분이 많을 경우 흡유량은 많아진다.
③ 팽창제의 양이 많을 경우 흡유량은 많아진다.
④ 글루텐의 양이 적을 경우 흡유량은 많아진다.

16 딸기 토핑물을 제조할 때 일반 스테인리스 냄비보다 동 냄비를 사용할 때의 효과가 아닌 것은?

☑ ① 열전도율이 낮다.
② 보다 짧은 시간에 제조할 수 있다.
③ 영양분의 손실을 줄일 수 있다.
④ 열에 의한 풍미의 손실을 줄일 수 있다.

[해설]
일반 스테인리스 냄비보다 동 냄비를 사용하면 열전도율이 높아 보다 짧은 시간에 제조 가능하여 열에 의한 풍미와 영양분의 손실을 줄일 수 있다.

17 식품의 기준 및 규격상 카카오 씨앗의 껍질을 벗긴 후 압착 또는 용매 추출하여 얻은 지방을 무엇이라 하는가?

☑ ① 코코아 버터
② 코코아 매스
③ 코코아 분말
④ 코코아 페이스트

[해설]
식품의 기준 및 규격에 따르면 코코아 버터는 카카오 씨앗의 껍질을 벗긴 후 압착 또는 용매 추출하여 얻은 지방을 말한다.

18 타르트에 사용되는 반죽 중 설탕이 적고 유지가 많이 들어가 담백하며, 일반적으로 타르트를 만들 때 밑에 까는 깔개용 반죽으로 사용되는 것은?

① 슈(Coux)
② 에클레어
③ 파트 쉬크레
④ 파트 브리제

해설
프랑스에서는 타르트에 사용되는 반죽을 파트 브리제와 파트 쉬크레로 나눈다. 파트 브리제는 설탕이 적고 유지가 많이 들어가 담백한 것이 특징이고, 일반적으로 타르트를 만들 때 밑에 까는 깔개용 반죽으로 사용된다. 파트 쉬크레는 파트 브리제 반죽에 설탕을 더한 반죽으로 크림이 들어가는 반죽과 어울린다.

19 치즈를 만들 때 나오는 유청을 이용하여 만든 이탈리아 치즈로, 비숙성 크림치즈의 일종이며, 부드럽고 단맛이 나는 것이 특징인 치즈는?

① 카망베르
② 리코타 치즈
③ 모차렐라 치즈
④ 고르곤졸라 치즈

해설
리코타 치즈는 치즈 제조 시 분리되고 남은 유청을 활용하여 만든 이탈리아 치즈로 부드럽게 풀려 커스터드 크림과 섞어 치즈크림을 만들어 쓰기도 한다.

20 다음 재료의 계량 오차량이 같다고 가정할 때, 제품에 가장 영향을 크게 미치는 것은?

① 설 탕
② 밀가루
③ 달 걀
④ 베이킹파우더

해설
화학적 팽창제의 계량 오차는 제품에 큰 영향을 미친다.

21 제과용 팬 오일(이형유)의 조건을 잘못 설명한 것은?

① 바르기 쉬워야 한다.
② 고화되지 않아야 한다.
③ 발연점이 낮아야 한다.
④ 산패에 잘 견뎌야 한다.

해설
③ 팬 오일(이형유)은 발연점이 높은 기름(210℃ 이상)이어야 한다.

22 파운드 팬에 깔아 주는 위생지가 팬 높이보다 낮을 경우 발생하는 현상은?

① 반죽이 팬에 붙어 잘 떨어지지 않는다.
② 반죽이 넘쳐 제품이 지저분해진다.
③ 굽기 시 제품에 작은 구멍들이 생긴다.
④ 굽기 시 제품의 색이 불균일해진다.

해설
파운드 팬에 깔아 주는 위생지는 팬 높이와 같게 재단해야 한다. 위생지가 팬 높이보다 낮으면 반죽이 팬에 붙어 잘 떨어지지 않고, 팬 높이보다 높으면 굽기 시 색이 일정하게 나지 않아 상품 가치가 떨어진다.

23 반죽 상태에 따라 쿠키를 분류할 때 반죽형 쿠키가 아닌 것은?

① 드롭 쿠키
❷ 머랭 쿠키
③ 스냅 쿠키
④ 쇼트브레드 쿠키

해설
반죽 상태에 따른 쿠키의 분류
• 반죽형 쿠키 : 드롭 쿠키, 스냅 쿠키, 쇼트브레드 쿠키
• 거품형 쿠키 : 머랭 쿠키, 스펀지 쿠키

24 짤 주머니(Piping Bag) 사용법에 대해 잘못 설명한 것은?

① 큰 모양을 짤 때는 천 소재의 짤 주머니를 사용하는 것이 좋다.
❷ 딱딱한 반죽을 짤 때는 비닐 재질의 짤 주머니를 사용하는 것이 좋다.
③ 가는 선 작업을 할 때는 종이 재질의 짤 주머니를 사용하는 것이 좋다.
④ 섬세한 작업을 할 때는 종이 재질의 짤 주머니를 사용하는 것이 좋다.

해설
딱딱한 반죽이나 큰 모양을 짤 때는 천 소재의 짤 주머니를 사용하는 것이 좋으며, 가는 선이나 사인(Sign) 같은 섬세한 작업을 할 때는 비닐이나 종이 재질의 짤 주머니를 사용하는 것이 좋다.

25 퍼프 페이스트리 정형 시 휴지의 목적이 아닌 것은?

❶ 보관 용이
② 글루텐 안정
③ 밀어 펴기 용이
④ 반죽의 되기 조절

해설
휴지의 목적은 글루텐 안정, 재료의 수화, 밀어 펴기 용이, 반죽과 유지의 되기 조절에 있다.

26 밤과자 정형하기에서 캐러멜 색소를 바르는 방법으로 가장 적절한 것은?

① 한 번만 발라 준다.
② 연달아 2회 발라 준다.
❸ 한 번 바른 후 약간 마른 뒤에 다시 한 번 발라 준다.
④ 한 번 바른 후 완전히 마른 뒤에 다시 발라 주기를 3회 반복한다.

해설
달걀노른자에 캐러멜 색소를 혼합하여 밤 색깔을 맞춘 후 표면의 물기가 마른 반죽 위에 깨가 묻은 부분을 제외한 윗면에 붓으로 2회 발라 준다. 캐러멜 색소는 한 번 바른 후 약간 마른 뒤에 다시 한 번 발라 주어야 얼룩이 생기지 않고 제품 색이 고르게 난다.

27 식중독 발생의 주요 경로인 배설물-구강-오염경로(Fecal-Oral Route)를 차단하기 위한 방법으로 가장 적합한 것은?

① **손 씻기 등 개인위생 지키기** ✓
② 음식물 철저히 가열하기
③ 조리 후 빨리 섭취하기
④ 남은 음식물 냉장 보관하기

해설
'배설물-구강-오염경로'는 사람의 대변에 있는 병원체가 다른 사람의 입으로 들어가 병을 옮기는 경로로, 주된 원인은 야외 배변과 개인위생 소홀이다. 흙이나 물이 대변에 오염되면 수인성 질병이나 토양 매개 질병을 옮길 수 있다. 화장실에 다녀온 후나 아기 기저귀를 갈고 나서 손 씻기를 제대로 하면 식중독을 예방할 수 있다.

28 '찌기'에서 식품을 가열하기 위해 사용하는 것은?

① 기름
② 연기
③ **수증기** ✓
④ 직화

해설
찌기는 수증기를 이용해서 식품을 가열하는 조리방법이다.

29 오버 베이킹(Over Baking)에 대해 바르게 설명한 것은?

① M자형 결함이 생긴다.
② 제품에 수분이 많이 남는다.
③ **낮은 온도에서 장시간 굽는 방법이다.** ✓
④ 중심 부분이 갈라지고 조직이 거칠어진다.

해설
오버 베이킹(Over Baking)은 낮은 온도에서 장시간 굽는 방법으로, 굽는 온도가 너무 낮으면 조직이 부드러우나 윗면이 평평하고 수분 손실이 크게 된다. 언더 베이킹(Under Baking)은 높은 온도에서 단시간 굽는 방법으로, 오븐의 온도가 너무 높으면 중심 부분이 갈라지고 조직이 거칠며 설익어 M자형 결함이 생긴다.

30 마들렌을 구울 때 적절한 오븐의 예열 온도와 굽는 시간은?

① **윗불 190℃, 아랫불 160℃, 20~25분** ✓
② 윗불 170℃, 아랫불 150℃, 20~25분
③ 윗불 190℃, 아랫불 160℃, 35~40분
④ 윗불 170℃, 아랫불 150℃, 35~40분

해설
마들렌 굽기 시 오븐은 윗불 190℃, 아랫불 160℃로 예열하고, 오븐에서 20~25분간 굽는다.

31 튀김 기름의 조건으로 옳지 않은 것은?

① 열 안정성이 높은 것
❷ **색이 진하고 불투명한 것**
③ 가열했을 때 연기가 나지 않을 것
④ 가열했을 때 거품이 생기지 않을 것

> [해설]
> 튀김유는 색이 연하고 투명하고 광택이 있는 것, 냄새가 없고, 기름 특유의 원만한 맛을 가지는 것, 가열했을 때 냄새가 없고 거품의 생성이나 연기가 나지 않는 것, 열 안정성이 높은 것이 좋다. 튀김 특유의 향은 기름에 함유되어 있는 리놀레산으로부터 발생한다.

32 한 번에 넣고 튀기는 재료의 양으로 가장 적절한 것은?

❶ **튀김 냄비 기름 표면적의 1/3~1/2 이내**
② 튀김 냄비 기름 표면적의 1/2~2/3 이내
③ 튀김 냄비 기름 표면적의 3/5~3/4 이내
④ 튀김 냄비 기름 표면적의 3/4~4/5 이내

> [해설]
> 한 번에 넣고 튀기는 재료의 양은 일반적으로 튀김 냄비 기름 표면적의 1/3~1/2 이내여야 비열이 낮은 기름의 온도의 변화가 적어 맛있는 튀김이 된다.

33 찹쌀 도넛 튀김 색이 고르지 않은 이유를 잘못 설명한 것은?

① 재료가 고루 섞이지 않았다.
❷ **열선으로부터 나오는 열이 기름 전체에 고루 퍼졌다.**
③ 덧가루가 많이 묻었다.
④ 튀기는 동안 탄 찌꺼기가 기름 속을 떠다녔다.

> [해설]
> 튀김 기름의 온도가 다르며, 열선으로부터 나오는 열이 기름 전체에 퍼지지 않는 경우 찹쌀 도넛 튀김 색이 고르지 않게 된다.

34 개인위생 관리 내용으로 적절한 것은?

① 시간을 확인할 수 있도록 손목시계를 착용한다.
❷ **위생복 착용지침서에 따라 위생복을 착용한다.**
③ 제조과정 중 메모할 수 있도록 작업대에 메모지와 펜을 준비한다.
④ 품질이 좋은 1회용 장갑은 여러 번 써도 된다.

> [해설]
> 작업자는 시계, 반지 등 장신구를 착용하지 말아야 하며, 1회용 장갑은 작업이 바뀔 때마다, 손을 씻을 때마다 교체해야 한다. 작업대 위에는 교차오염을 방지하기 위해서 메모지와 펜을 놓지 않는다.

35 아이싱(Icing)에 대해 잘못 설명한 것은?

① 냉각된 과자류 제품의 표면을 적절한 재료로 씌우는 것을 말한다.
② 코팅(Coating) 또는 커버링(Covering)이라고도 부른다.
❸ 폰당(Fondant)은 설탕시럽을 55~60℃에서 중탕했다가 30℃로 식혀 만든다.
④ 폰당은 에클레어(Eclair) 위 또는 케이크 위에 아이싱으로 사용된다.

> [해설]
> 설탕시럽을 115℃까지 끓였다가 40℃로 식히면서 교반하면 결정이 일어나면서 희고 뿌연 상태로 되면서 폰당(Fondant)이 만들어진다.

36 옥수수 단백질인 제인(Zein)에 거의 들어 있지 않은 필수 아미노산은?

❶ 트립토판(Tryptophan)
② 프롤라민(Prolamin)
③ 류신(Leucine)
④ 트레오닌(Threonine)

> [해설]
> 옥수수 단백질인 제인(Zein)은 리신과 트립토판이 결핍되어 있지만 그중 가장 부족한 필수 아미노산은 트립토판이다.

37 다음에서 설명하는 식품의 보존방법은?

> 자외선이나 방사선을 이용하는 방법으로, 식품 품질에는 영향을 미치지 않으나 식품 내부까지 살균할 수 없다는 단점이 있다.

① 탈수법
② 저온살균법
❸ 조사살균법
④ 냉장·냉동법

> [해설]
> ① 탈수법 : 미생물은 수분 15% 이하에서 번식하지 못하는 원리를 이용하여 식품을 보존하는 방법
> ② 저온살균법 : 61~65℃에서 30분간 가열 후 급랭시키는 방법
> ④ 냉장·냉동법 : 미생물의 번식 조건 중 하나인 온도를 낮춤으로써 번식을 억제하는 방법

38 실온 저장 관리방법에 대해 잘못 설명한 것은?

① 방충·방서시설, 통풍·환기시설을 갖춘다.
② 먼저 입고된 것부터 먼저 꺼내어 사용하도록 한다.
❸ 재료 보관 선반은 바닥과 벽에 붙여 안전하게 설치한다.
④ 재료 겉면에 수령 일자가 잘 보이도록 표시한다.

> [해설]
> 재료 보관 선반의 재질은 목재나 스테인리스를 선택하고, 선반은 4~5단으로 폭 60cm 이내인 것이 좋으며, 바닥에서 15cm 이상 벽에서 5cm의 공간을 띄워 설치하도록 해야 한다.

39 냉동 해동방법 중 급속 해동에 해당하는 것은?

① 상온 해동
② 액체 중 해동
③ 냉장고 내 해동
✅ ④ 전자레인지 해동

해설
• 완만 해동 : 상온 해동, 액체 중 해동, 냉장고 내 해동
• 급속 해동 : 전자레인지 해동, 스팀 해동, 튀김 해동

40 과자류 제품의 1차 포장에 대해 잘못 설명한 것은?

① 과자류 제품과 직접 접촉하는 포장이다.
② 수분, 습기, 광열, 충격 등을 방지한다.
③ 주로 플라스틱 포장재를 사용한다.
✅ ④ 선물용, 진열 등을 목적으로 사용한다.

해설
2차 포장은 선물용이나 진열, 장식을 목적으로 사용되며, 포장재로 종이를 주로 사용한다.

41 생과일을 모양내서 장식할 경우 수분 증발을 막기 위해 발라 주는 것은?

✅ ① 코팅제   ② 발색제
③ 산미료   ④ 팽창제

해설
과일은 가장 많이 쓰이는 장식 중 하나로 생과일 자체를 모양내서 사용하기도 하고, 과일을 말리거나 설탕을 묻혀 말려서 사용하기도 한다. 생과일을 모양내서 장식할 경우 수분 증발을 막기 위해 코팅제를 발라 준다.

42 식품위생법상 조리사 면허취소에 해당하지 않는 것은?

① 식중독 사고 발생에 직무상의 책임이 있는 경우
② 면허를 타인에게 대여하여 사용하게 한 경우
③ 조리사가 마약에 중독이 된 경우
✅ ④ 조리사 면허의 취소처분을 받고 그 취소된 날부터 2년이 지나지 아니한 경우

해설
면허취소 등(식품위생법 제80조제1항)
식품의약품안전처장 또는 특별자치시장·특별자치도지사·시장·군수·구청장은 조리사가 다음의 어느 하나에 해당하면 그 면허를 취소하거나 6개월 이내의 기간을 정하여 업무정지를 명할 수 있다.
• 조리사 결격사유의 어느 하나에 해당하게 되는 경우
• 교육을 받지 아니한 경우
• 식중독이나 그 밖에 위생과 관련한 중대한 사고 발생에 직무상의 책임이 있는 경우
• 면허를 타인에게 대여하여 사용하게 한 경우
• 업무정지기간 중에 조리사의 업무를 하는 경우

43 식품 및 축산물 안전관리인증기준을 제·개정하는 자는?

✓ **식품의약품안전처장**
② 시장·군수·구청장
③ 한국식품안전관리인증원장
④ 보건복지부장관

[해설]
식품 및 축산물 안전관리인증기준은 식품의약품안전처장이 제·개정하여 고시한다.

44 식품위생법상 위생교육에 관한 설명으로 옳지 않은 것은?

① 식품위생 영업자는 매년 위생교육을 받아야 한다.
② 조리사 면허가 있는 자는 식품접객업을 할 때에 위생교육을 받지 않아도 된다.
✓ **위생교육 내용 및 교육비에 관하여 필요한 사항은 대통령령으로 정한다.**
④ 부득이한 사유로 미리 식품위생교육을 받을 수 없는 경우 영업을 시작한 후에 위생교육을 받을 수 있다.

[해설]
위생교육의 내용, 교육비 및 교육 실시기관 등에 관하여 필요한 사항은 총리령으로 정한다(식품위생법 제41조제8항).
① 식품위생법 제41조제1항
② 식품위생법 제41조제4항
④ 식품위생법 제41조제2항

45 케이크 도넛 제조 시 프리믹스 제품을 사용할 때 믹싱법은?

✓ **단단계법**
② 크림법
③ 블렌딩법
④ 복합법

[해설]
프리믹스 제품이란 가정에서 손쉽게 요리할 수 있도록 밀가루 따위에 설탕, 버터 등을 배합한 분말 제품으로 단단계법(1단계법)으로 믹싱한다. 단단계법이란 모든 재료를 한 번에 투입한 후 믹싱하는 방법이다.

46 가공육 제품의 육색을 고정하기 위해 사용하는 식품첨가물은?

✓ **발색제**
② 착색제
③ 보존제
④ 강화제

[해설]
발색제(색소고정제)는 발색제 자체에는 색이 없으나 식품 중의 색소 단백질과 반응하여 식품 자체의 색을 고정(안정화)시키고, 선명하게 하거나 발색시키는 물질이다.

47 설탕에 대한 설명으로 잘못된 것은?

① 폰당은 설탕의 결정성을 이용한 것이다.
② 수분 보유제의 역할을 한다.
❸ **설탕은 과당보다 용해성이 크다.**
④ 제빵 시 설탕량이 과다할 경우 이스트 양을 늘린다.

> 해설
> 설탕은 과당보다 용해성이 작다.

48 발효실 온도의 검·교정 기준에 대해 잘못 설명한 것은?

❶ **기준치 : -1℃**
② 허용치 : ±1℃
③ 방법 : 검·교정된 온도계를 넣어 비교 측정
④ 주기 : 1회/6개월

> 해설
> ① 발효실 온도의 기준치는 35℃이다.

49 세균으로 인한 식중독 원인 물질에 해당하지 않는 것은?

① 살모넬라균
② 장염 비브리오균
❸ **아플라톡신**
④ 병원성 대장균

> 해설
> 아플라톡신은 아스페르길루스 플라버스(*Aspergillus flavus*) 곰팡이가 쌀, 보리 등의 탄수화물이 풍부한 곡류와 땅콩 등의 콩류에 침입하여 아플라톡신 독소를 생성하여 독성을 일으키므로 자연독으로 인한 식중독으로 볼 수 있다.

50 쥐를 매개체로 하는 질병이 아닌 것은?

① 쯔쯔가무시증
② 신증후군출혈열
❸ **돈단독증**
④ 렙토스피라증

> 해설
> 쥐가 매개하는 질병 : 페스트, 살모넬라증, 발진열, 렙토스피라증, 양충병(쯔쯔가무시증), 신증후군출혈열(유행성출혈열) 등

51 스펀지 케이크의 반죽 형태는?

① 크림법 ❷ **공립법**
③ 1단계법 ④ 시폰형

> 해설
> 스펀지 케이크는 거품형 반죽의 대표적인 제품으로 주로 공립법이 사용된다.

52 갓 구워낸 식빵의 냉각 시 적절한 수분 함량은?

① 약 5% ② 약 15%
③ 약 25% ✔ ④ 약 38%

해설
갓 구워낸 빵의 수분 함량은 껍질이 12~15%, 내부가 42~45%이며, 냉각 후 수분 함량은 내부의 수분이 껍질 방향으로 이동하면서 전체 38%로 평행을 이룬다.

53 기생충과 중간숙주의 연결이 틀린 것은?

✔ ① 십이지장충 – 모기
② 유구조충 – 돼지
③ 폐흡충 – 가재, 게
④ 무구조충 – 소

해설
십이지장충은 중간숙주가 없는 기생충이고, 모기는 사상충의 중간숙주이다.

54 생균백신(Live Vaccine)을 사용하는 예방접종으로 면역이 되는 질병은?

① 파상풍 ② 콜레라
✔ ③ 광견병 ④ 백일해

해설
인공능동면역 방법
- 생균백신(Live Vaccine) : 두창, 탄저, 광견병, 결핵, 폴리오(경구), 홍역, 황열, 수두 등
- 사균백신(Killed Vaccine) : 장티푸스, 파라티푸스, 콜레라, 백일해, 일본뇌염, 폴리오(경피) 등
- 순화독소(Toxoid) : 디프테리아, 파상풍 등

55 동물과 사람 간에 서로 전파되는 병원체에 의하여 발생되는 감염병은?

① 기생충감염병
② 생물테러감염병
✔ ③ 인수공통감염병
④ 의료관련감염병

해설
① 기생충감염병 : 기생충에 감염되어 발생하는 감염병(감염병의 예방 및 관리에 관한 법률 제2조제6호)
② 생물테러감염병 : 고의 또는 테러 등을 목적으로 이용된 병원체에 의하여 발생된 감염병(감염병의 예방 및 관리에 관한 법률 제2조제9호)
④ 의료관련감염병 : 환자나 임산부 등이 의료행위를 적용받는 과정에서 발생한 감염병(감염병의 예방 및 관리에 관한 법률 제2조제12호)

56 제과에서 원가 상승의 원인이 아닌 것은?

① 창고에 장기 누적 및 사장 자재 발생
② 수요 창출에 역행하는 신제품 개발
✔ ③ 자재 선입선출 방식 실시
④ 다품종 소량 생산의 세분화 전략

해설
재료의 사용 시 선입선출 기준에 따라 관리하면 재료의 효율적 사용 및 재고 물량 발생을 줄일 수 있다.

57 식품첨가물이 갖추어야 할 조건을 가장 바르게 설명한 것은?

① 다량 사용하였을 때 효과가 나타날 것
② 식품에 유해한 변화가 있을 것
❸ **식품 제조 및 가공에 꼭 필요할 것**
④ 식품의 외관을 화려하게 할 것

[해설]
① 소량으로도 충분한 효과를 발휘할 것
② 식품에 유해한 변화가 없을 것
④ 식품의 외관을 좋게 할 것

58 퍼프 페이스트리의 반죽법은?

① 이스트 반죽
② 스펀지 반죽
❸ **접이형 반죽**
④ 액체발효 반죽

[해설]
퍼프 페이스트리 반죽은 접이형 반죽법(롤인법)이나 반죽형 반죽법을 사용한다. 퍼프 페이스트리는 반죽에 이스트를 넣지 않고, 구울 때 반죽 사이의 유지가 녹아 생긴 공간을 수증기압으로 부풀려서 만든다.

59 가열용 기구인 프로판가스에 대해 잘못 설명한 것은?

① 가스용기는 직사광선을 피하여 둔다.
② 가스는 누출되면 폭발되기 쉽다.
❸ **가스용기는 세워서 밀폐된 공간에 설치한다.**
④ 가스용기 가까운 곳에 화기를 두지 않는다.

[해설]
③ 가스용기는 직사광선을 피하고 환기가 잘되는 곳에 보관한다.

60 사과파이 제조과정으로 바람직하지 않은 방법은?

① 휴지가 끝난 반죽에 덧가루를 뿌리고 밀대로 밀어준다.
❷ **반죽은 아랫부분보다 윗부분을 더 두껍게 한다.**
③ 반죽 아랫부분에 포크로 구멍을 내준다.
④ 뚜껑 성형은 격자형이나 덮개형으로 한다.

[해설]
바닥은 0.3cm 두께로 밀고, 뚜껑은 0.2cm 두께로 밀어 바닥 반죽을 더 두껍게 한다.

제7회 | 기출복원문제

01 굽기를 할 때 일어나는 반죽의 변화가 아닌 것은?

① 오븐 팽창
✓ ❷ 전분의 노화
③ 전분의 호화
④ 단백질 열변성

> **해설**
> 굽기에서의 변화 : 오븐 팽창, 전분의 호화, 글루텐의 응고, 효소작용, 향의 생성, 캐러멜화 반응, 메일라드 반응

02 원가 계산의 목적으로 옳지 않은 것은?

① 예산 편성의 기초 자료로 활용하기 위해
② 원가의 절감 방안을 모색하기 위해
✓ ❸ 경영 손실을 제품가격에서 만회하기 위해
④ 제품의 판매가격을 결정하기 위해

> **해설**
> 원가 계산의 목적
> • 가격결정의 목적 : 생산된 제품의 판매가격을 결정할 목적으로 원가를 계산한다.
> • 원가관리의 목적 : 원가관리의 기초 자료를 제공하여 원가를 절감하기 위해 원가를 계산한다.
> • 예산편성의 목적 : 제품의 제조, 판매 및 유통 등에 대한 예산을 편성하는 데 따른 기초 자료로 이용한다.
> • 재무제표 작성의 목적 : 경영활동의 결과를 재무제표로 작성하여 기업의 외부 이해 관계자에게 보고할 때 기초 자료로 제공한다.

03 유화제에 대한 설명으로 틀린 것은?

① 계면활성제라고도 한다.
✓ ❷ 친유성기와 친수성기를 각 50%씩 갖고 있어 물과 기름의 분리를 막아준다.
③ 레시틴, 모노글리세라이드, 난황 등이 유화제로 쓰인다.
④ 빵에서는 글루텐과 전분 사이로 이동하는 자유수의 분포를 조절하여 노화를 방지한다.

> **해설**
> 유화제(계면활성제)는 친유성기와 친수성기를 동시에 가지고 있으나, 50%씩 가지고 있는 것은 아니다.

04 열량영양소로만 짝지어진 것은?

✓ ❶ 단백질, 탄수화물
② 비타민, 단백질
③ 비타민, 무기질
④ 무기질, 탄수화물

> **해설**
> 열량영양소란 체내에서 산화되어 열량을 내는 것으로, 탄수화물, 지방, 단백질을 말한다.

05 유지의 도움으로 흡수, 운반되는 비타민으로만 구성된 것은?

① 비타민 A, B, C, D
② **비타민 A, D, E, K** ✓
③ 비타민 B, C, E, K
④ 비타민 A, B, C, K

> **해설**
> 유지의 도움으로 흡수, 운반되는 비타민은 지용성 비타민이다. 지용성 비타민에는 비타민 A, 비타민 D, 비타민 E, 비타민 K 등이 있다. 비타민 B, 비타민 C는 수용성 비타민이다.

06 전분의 호화와 점성에 대한 설명 중 틀린 것은?

① 곡류는 서류보다 호화온도가 높다.
② 수분 함량이 많을수록 빨리 호화된다.
③ 높은 온도는 호화를 촉진시킨다.
④ **산을 첨가하면 가수분해를 일으켜 호화를 촉진시킨다.** ✓

> **해설**
> 전분의 호화는 수분 함량이 많을수록, 온도가 높을수록, 알칼리성일수록 촉진된다.

07 효소적 갈변반응에 의해 색을 나타내는 식품은?

① 간 장
② **홍 차** ✓
③ 캐러멜
④ 분말 오렌지

> **해설**
> **효소적 갈변**
> - 정의 : 과실과 채소류 등을 파쇄하거나 껍질을 벗길 때 일어나는 현상이다.
> - 원인 : 과실과 채소류의 상처받은 조직이 공기 중에 노출되면 페놀화합물이 갈색 색소인 멜라닌으로 전환하기 때문이다.
> - 갈변현상이 일어나는 식품 : 사과, 배, 가지, 감자, 고구마, 밤, 바나나, 홍차, 우엉 등

08 밀가루를 강력분, 중력분, 박력분으로 나누는 것은 어느 성분을 기준으로 하는가?

① 글리코겐
② 글리아딘
③ 글루타민
④ **글루텐** ✓

> **해설**
> **밀가루의 분류**
>
> | 분류 | 용도 | 단백질 함량(%) | 밀가루 입자 |
> |---|---|---|---|
> | 강력분 | 제빵, 파스타 | 11~14 | 거칠다. |
> | 중력분 | 제면, 다목적용 | 9~10.5 | 약간 미세하다. |
> | 박력분 | 쿠키, 케이크 | 6~8.5 | 아주 미세하다. |

09 제과에서 설탕의 기능이 아닌 것은?

① 제품의 노화(Retrogradation)를 지연시킨다.
② 제품의 조직, 기공, 속결을 부드럽게 향상시킨다.
③ 제품에 풍미 및 감미를 제공한다.
✔ ④ **껍질의 갈변반응 및 캐러멜화 반응을 지연시킨다.**

해설
④ 갈변반응, 캐러멜화 반응에 의해 껍질 색을 형성한다.

10 유지 보관의 적정 온도는?

✔ ① −5~0℃   ② 5~10℃
③ 15~20℃   ④ 25~30℃

해설
유지의 보관 적정 온도는 −5~0℃이며, 흡습성이 있기 때문에 강한 냄새가 있는 물건 옆에 보관하게 되면 냄새를 흡수하므로 주의해야 한다.

11 신선한 달걀의 감별법이 아닌 것은?

① 햇빛에 비출 때 공기집의 크기가 작다.
✔ ② **흔들 때 내용물이 잘 흔들린다.**
③ 6% 소금물에 넣으면 가라앉는다.
④ 깨뜨려 접시에 놓으면 노른자가 볼록하고 흰자의 점도가 높다.

해설
달걀이 신선할 때는 난백과 난황의 탄력성과 점도가 높고, 농후난백의 중앙에 난황이 위치하는 형태이기 때문에 무게중심이 중앙에 있어서 잘 쏠리지 않는다. 달걀을 흔들었을 때 신선한 달걀은 내부의 흔들림이 거의 없다.

12 식품 향료에 대한 설명 중 틀린 것은?

① 자연향료는 자연에서 채취한 후 추출, 정제, 농축, 분리과정을 거쳐 얻을 수 있다.
② 합성향료는 석유 및 석탄류에 포함된 방향성 유기물질로부터 합성하여 만든다.
③ 조합향료는 천연향료와 합성향료를 조합하여 양자 간의 문제점을 보완한 것이다.
✔ ④ **식품에 사용하는 향료는 첨가물이지만, 품질, 규격 및 사용법을 준수하지 않아도 된다.**

해설
향료는 식품에 착향의 목적으로 사용할 수 있는 물질로서, 식품첨가물의 기준 및 규격에 따라 사용하여야 한다.

13 머랭을 만들 때 흰자의 기포성을 증가하기 위해 넣는 것은?

① 버터   ✔ ② **주석산**
③ 포도당   ④ 베이킹파우더

해설
머랭은 달걀흰자에 설탕을 넣어서 거품을 낸 것으로 다양한 모양을 만들거나 크림용으로 광범위하게 사용되고 있다. 흰자의 기포성을 증가하기 위해 주석산 크림을 첨가한다.

14 퍼프 페이스트리 제조 시 충전용 유지가 갖추어야 할 가장 중요한 요건은?

① 유화성
☑ **가소성**
③ 신장성
④ 산화안정성

해설
충전용 유지는 외부의 힘에 의해 형태가 변한 물체가 외부 힘이 없어져도 원래의 형태로 돌아오지 않는 물질의 성질, 즉 가소성의 범위가 넓은 것이 작업하기에 좋다. 충전용 유지가 많을수록 결 형성이 많아져 부피가 커진다.

17 마지팬을 제조할 때 분당 대신 폰당(폰던트)을 사용했을 때 나타나는 현상은?

☑ **색이 하얗게 된다.**
② 반죽이 거칠게 된다.
③ 갈변현상이 나타난다.
④ 반죽에 기공이 생긴다.

해설
마지팬을 제조할 때 분당 대신 폰당을 사용하면 색이 더 희고 좋은 마지팬이 된다. 단, 폰당은 10%의 수분을 함유하고 있으므로 배합을 재조정해야 한다.

15 가나슈크림을 만들 때 사용하는 재료가 아닌 것은?

① 버터
☑ **소금**
③ 생크림
④ 다크 초콜릿

해설
가나슈크림은 크림과 초콜릿을 섞어 만든 것으로, 맛을 증가시키기 위해서 버터 또는 물엿을 첨가하기도 한다.

16 딸기 토핑물을 제조할 때 알맞은 당도는?

① 10~20brix
② 30~40brix
☑ **50~60brix**
④ 70~80brix

해설
딸기 토핑물을 제조할 때 50~60brix 정도에서 농축을 끝낸다. 브릭스 미터가 없을 때는 찬물에 딸기잼을 한 방울씩 떨어뜨려 보아 퍼지는 정도를 본다. 주변으로 살짝만 퍼지고 굳으면 적당하다.

18 밤과자에 대해 잘못 설명한 것은?

☑ **일본 과자 중 건과자(乾菓子)에 속한다.**
② 반죽은 밀가루, 메밀가루, 쌀가루 등으로 만든다.
③ 반죽에 앙금을 넣고 싸서 찌거나 굽는다.
④ 앙금은 팥, 밤, 호두, 건포도 등 다양하게 만들 수 있다.

해설
① 밤과자(만주)는 일본 과자 중 생과자(生菓子)에 속한다.

19 달걀, 우유, 설탕 등을 재료로 쪄서 만든 것으로, 가장 일반적인 푸딩은?

① 로열 푸딩
② 캐비닛 푸딩
❸ 커스터드 푸딩
④ 콘스타치 푸딩

해설
① 로열 푸딩 : 커스터드 속에 카스텔라 분말을 넣은 푸딩
② 캐비닛 푸딩 : 카스텔라와 건포도를 넣은 푸딩
④ 콘스타치 푸딩 : 옥수수 녹말을 넣은 푸딩

20 500g의 반죽을 넣어 구운 후 제품의 부피가 1,000cm³가 되었다면, 이 제품의 비용적은?

① 1cm³/g   ❷ 2cm³/g
③ 3cm³/g   ④ 4cm³/g

해설
비용적이란 단위 중량당 차지하는 부피를 말한다.

21 제과용 팬 오일(이형유)의 발연점으로 가장 알맞은 것은?

① 155℃ 이상   ② 180℃ 이상
③ 203℃ 이상   ❹ 210℃ 이상

해설
제과용 팬 오일(이형유)은 발연점이 210℃ 이상 높은 기름을 사용한다.

22 초콜릿의 코코아와 카카오 버터 함량으로 옳은 것은?

① 코코아 3/8, 카카오 버터 5/8
② 코코아 2/8, 카카오 버터 6/8
❸ 코코아 5/8, 카카오 버터 3/8
④ 코코아 4/8, 카카오 버터 4/8

해설
초콜릿은 코코아 5/8, 코코아 버터 3/8 비율로 구성되어 있다.

23 버터와 쇼트닝과 같은 유지 함량이 높아 바삭바삭하고 부드러우며, 반죽을 밀어 펴서 정형기(모양틀)로 원하는 모양을 찍어 정형하는 반죽형 쿠키는?

① 드롭 쿠키
② 스냅 쿠키
③ 스펀지 쿠키
❹ 쇼트브레드 쿠키

해설
① 드롭 쿠키 : 달걀과 같은 액체 재료의 함량이 높아 반죽을 짤 주머니에 넣어 짜서 정형하는 소프트 쿠키
② 스냅 쿠키 : 드롭 쿠키에 비해 달걀 함량이 적어 수분 함량이 낮아 반죽을 밀어 펴서 정형기(모양틀)를 이용해 원하는 모양을 찍어 정형하는 쿠키
③ 스펀지 쿠키 : 스펀지 케이크 배합률과 비슷하나, 밀가루 함량을 높여 분할 시 팬에서 모양이 유지되도록 구워 내며 짜는 형태의 쿠키로 수분 함량이 가장 높은 쿠키

24 찍어 내기 쿠키의 반죽을 정형할 때 사용하는 덧가루에 대해 잘못 설명한 것은?

① 반죽이 바닥과 밀대에 붙지 않도록 한다.
❷ 덧가루를 너무 적게 사용하면 제품에서 밀가루 냄새가 날 수 있다.
③ 덧가루를 과다하게 사용하면 제품에 줄무늬가 생길 수 있다.
④ 찍어 낸 반죽에 묻은 덧가루는 붓으로 털어 내고 패닝한다.

해설
반죽이 바닥과 밀대에 붙지 않도록 덧가루는 적당량만 사용하여 밀어 펴기 작업을 한다. 덧가루가 과다하면 제품에서 밀가루 냄새가 나거나 줄무늬가 생길 수 있으므로 붓으로 털어 내고 패닝한다.

25 과자 반죽의 온도 조절에 대한 설명으로 틀린 것은?

① 반죽 온도가 낮으면 기공이 조밀하다.
② 반죽 온도가 낮으면 부피가 작아지고 식감이 나쁘다.
③ 반죽 온도가 높으면 기공이 열리고 큰 구멍이 생긴다.
❹ 반죽 온도가 높은 제품은 노화가 느리다.

해설
과자 반죽의 온도가 낮으면 기공이 조밀해서 부피가 작아져 식감이 나빠지며, 굽기 중 오븐 온도에 의한 증기압을 형성하는 데 많은 시간이 필요하여 껍질이 형성된 후 증기압에 의한 팽창작용으로 표면이 터지고 거칠어질 수 있다. 반대로 반죽 온도가 높으면 기공이 열리고 큰 구멍이 생겨 조직이 거칠게 되어 노화가 빨라진다.

26 케이크 도넛을 성형할 때 너무 오래 휴지하면 나타나는 현상은?

① 반죽이 커진다.
② 자투리 반죽이 많이 생긴다.
❸ 튀길 때 볼륨이 작아진다.
④ 덧가루의 사용량이 줄어든다.

해설
휴지 과정은 수축을 방지하는 과정이므로 꼭 지켜 주어야 한다. 그러나 너무 오래 휴지하면 베이킹소다가 산화되어 튀길 때 볼륨이 작아진다.

27 다음에서 설명하는 오븐의 종류는?

- 선반에서 독립적으로 상하부 온도를 조절하여 제품을 구울 수 있다.
- 각각의 선반 출입구를 통해 제품을 손으로 넣고 꺼내기가 편리하다.
- 온도가 균일하게 형성되지 않는다는 단점이 있다.

❶ 데크 오븐(Deck Oven)
② 터널 오븐(Tunnel Oven)
③ 컨벡션 오븐(Convection Oven)
④ 로터리 랙 오븐(Rotary Rack Oven)

해설
데크 오븐은 일반적으로 가장 많이 사용하는 것으로, 선반에서 독립적으로 상하부 온도를 조절하여 제품을 구울 수 있다. 제품이 구워지는 상태를 눈으로 확인할 수 있어 각각의 팬의 굽는 정도를 조절할 수 있다.

28 도넛에 묻힌 설탕이 수분에 녹아 시럽처럼 변하는 현상을 무엇이라고 하는가?

① **발한현상** ✓
② 메일라드 현상
③ 캐러멜화 현상
④ 단백질 응고현상

해설
도넛에 묻힌 설탕이나 글레이즈가 수분에 녹아 시럽처럼 변하는 현상을 발한현상이라고 한다. 발한현상을 없애기 위하여 도넛을 어느 정도 식힌 뒤 계피 설탕에 골고루 묻혀 글레이징을 한다. 너무 식으면 설탕이 묻지 않으므로 주의한다.

29 향신료에 대한 설명으로 옳지 않은 것은?

① **향신료는 주로 전분질 식품의 맛을 내는 데 사용된다.** ✓
② 향신료는 고대 이집트, 중동 등에서 방부제, 의약품의 목적으로 사용되던 것이 식품으로 이용된 것이다.
③ 스파이스는 주로 열대지방에서 생산되는 향신료로 뿌리, 열매, 꽃, 나무껍질 등 다양한 부위가 이용된다.
④ 허브는 주로 온대지방의 향신료로 식물의 잎이나 줄기가 주로 이용된다.

해설
향신료는 식품의 풍미를 향상시키고 제품의 보존성을 높여 주며, 다양한 식품에 사용되어 식욕을 증진시킨다.

30 퍼프 페이스트리 굽기에 대해 잘못 설명한 것은?

① 오븐은 윗불 170~180℃, 아랫불 170℃ 정도로 예열한다.
② 오븐에서 25~30분간 굽는다.
③ **굽는 온도가 낮으면 부피가 커진다.** ✓
④ 굽는 온도가 높으면 제품이 갈라진다.

해설
굽는 온도가 낮으면 글루텐이 말라 신장성이 줄고 증기압이 발생해 부피가 작고 묵직해지며, 굽는 온도가 높으면 껍질이 먼저 생겨 글루텐의 신장성이 작은 상태에서 팽창이 일어나 제품이 갈라진다.

31 식염이 반죽의 물성 및 발효에 미치는 영향으로 틀린 것은?

① 흡수율이 감소한다.
② 반죽 시간이 길어진다.
③ 껍질 색상을 더 진하게 한다.
④ **프로테이스(Protease)의 활성을 증가시킨다.** ✓

해설
프로테이스(Protease, 프로테아제)는 단백질 분해효소로, 식염과 프로테이스의 활성은 관계가 없다.

32 튀김 기름의 가열에 의한 변화를 잘못 설명한 것은?

① 거품이 생성된다.
② 열로 인해 산화적 산패가 촉진된다.
③ **이물의 증가로 발연점이 점점 높아진다.** ✓
④ 메일라드(마이야르) 반응에 의해 갈색 색소를 형성하여 색이 짙어진다.

[해설]
튀김 기름의 가열에 의한 변화
- 가수분해적 산패와 산화적 산패가 촉진된다.
- 유리지방산과 이물의 증가로 발연점이 점점 낮아진다.
- 지방의 중합현상이 일어나 점도가 증가한다.
- 튀기는 동안 식품에 존재하는 단백질이 열에 의해 분해되어 생긴 아미노산과 당이 메일라드 반응에 의해 갈색 색소를 형성하여 색이 짙어진다.
- 튀김 기름의 경우 처음에는 비교적 큰 거품이 생성되며 쉽게 사라지나, 여러 번 사용할수록 작은 거품이 생성되며 쉽게 사라지지 않는다.

33 젤리 롤 케이크 말기 방법에 대해 잘못 설명한 것은?

① 막대를 이용하여 면 보자기를 살짝 들고 제품과 함께 만다.
② 제품을 너무 단단하게 말면 제품의 부피가 작아진다.
③ 제품을 너무 느슨하게 말면 가운데 구멍이 생긴다.
④ **케이크 시트가 너무 식었을 때 말면 제품의 부피가 작아진다.** ✓

[해설]
젤리 롤 케이크 시트가 너무 식었을 때 말면 윗면이 터지게 되고, 너무 뜨거울 때 말면 제품의 부피가 작아지고 표피가 벗겨지기 쉽다.

34 슈 반죽에 해당하지 않는 것은?

① 에클레어
② 클리지외즈
③ 파리 브레스트
④ **파트 브리제** ✓

[해설]
슈 반죽을 이용하여 만든 제품으로는 슈 크림이 가장 대표적이며, 모양과 충전물에 따라 에클레어, 살랑보, 클리지외즈, 시뉴, 파리 브레스트 등이 있다.

35 한국표준산업분류상 '커피 전문점'의 세분류는?

① 기타 간이 음식점업
② 외국식 음식점업
③ 주점업
④ **비알코올 음료점업** ✓

[해설]
음식점 및 주점업(한국표준산업분류)
- 음식점업 : 한식 음식점업, 외국식 음식점업, 기관구내 식당업, 출장 및 이동 음식점업, 제과점업, 피자·햄버거 및 치킨전문점, 김밥 및 기타 간이 음식점업
- 주점 및 비알코올 음료점업 : 주점업, 비알코올 음료점업(커피 전문점, 기타 비알코올 음료점업)

36 이탈리안 머랭 제조에 대해 잘못 설명한 것은?

① 설탕 4, 물 1의 비율로 118~125℃에서 끓인다.
② **머랭 시럽을 끓일 때 결정화되는 것을 방지하기 위해 저어 주어야 한다.** ✓
③ 머랭을 손가락으로 찍어 보았을 때 새의 부리 모양이 되도록 휘핑한다.
④ 머랭 휘핑 시 처음부터 설탕을 너무 많이 넣으면 기공이 조밀해지고 시간이 오래 걸린다.

[해설]
② 머랭 시럽을 끓일 때 저어 주면 결정화가 되므로 젓지 말고 끓여 주어야 한다.

37 탈기·밀봉의 공정과정을 거치는 제품이 아닌 것은?

① 통조림
② 병조림
③ 레토르트 파우치
④ **CA저장 과일** ✓

[해설]
CA저장은 CO_2 또는 N_2 가스를 주입시켜 효소를 불활성시킨 후 호흡속도를 줄이고 미생물의 생육과 번식을 억제시켜 저장하는 방법이다.

38 다음 중 소비기한에 영향을 미치는 내부적 요인은?

① 제조 공정
② 포장방법
③ **제품의 배합** ✓
④ 소비자 취급

[해설]
소비기한에 영향을 미치는 요인

내부적 요인	외부적 요인
• 원재료 • 제품의 배합 및 조성 • 수분 함량 및 수분활성도 • pH 및 산도 • 산소의 이용성 및 산화 환원 전위	• 제조 공정 • 위생 수준 • 포장 재질 및 포장방법 • 저장, 유통, 진열 조건 (온도, 습도, 빛, 취급 등) • 소비자 취급

39 다음 중 식중독 발생 시 대처사항을 잘못 설명한 것은?

① 식중독이 의심되면 즉시 진단을 받는다.
② 의사는 환자의 식중독이 확인되는 대로 행정기관에 보고한다.
③ **식중독 추정 원인 식품은 발견 즉시 폐기한다.** ✓
④ 역학조사를 실시하여 감염 경로를 파악한다.

[해설]
③ 식중독 추정 원인 식품은 감염 경로 파악을 위한 중요한 자료이므로 폐기하지 않고 검사기관에 보낸다.

40 제품 포장 시 종이류 포장재의 위험 요인이 아닌 것은?

① **순수 펄프 사용**
② 형광 증백제 사용
③ 염화파라핀 사용
④ 환경호르몬 물질 검출

> **해설**
> 식품 포장용 종이 포장재는 매우 다양하나 대부분이 종이에 특수 기능을 부여한 가공지(Converted Paper)를 사용하고 있다. 포장용 가공지로부터 유해·유독물질, 환경호르몬 물질, 형광 표백제 등이 용출되어서는 안 된다.

41 식품위생법령상 조리사를 두어야 하는 영업장은?

① 식품접객영업자 자신이 조리사로서 직접 음식물을 조리하는 경우
② 1회 급식인원 100명 미만의 산업체인 경우
③ 영양사가 조리사의 면허를 받은 경우
④ **복어를 조리·판매하는 영업을 하는 자**

> **해설**
> **조리사를 두어야 하는 식품접객업자(식품위생법 시행령 제36조)**
> 조리사를 두어야 하는 대통령령으로 정하는 식품접객업자란 식품접객업 중 복어독 제거가 필요한 복어를 조리·판매하는 영업을 하는 자를 말한다. 이 경우 해당 식품접객업자는 국가기술자격법에 따른 복어 조리 자격을 취득한 조리사를 두어야 한다.

42 식품위생법령상 소분·판매할 수 있는 식품은?

① **벌꿀제품**
② 어육제품
③ 통조림제품
④ 레토르트식품

> **해설**
> **식품소분업 신고대상(식품위생법 시행규칙 제38조제1항)**
> 식품제조·가공업 및 식품첨가물제조업의 대상이 되는 식품 또는 식품첨가물과 벌꿀(영업자가 자가채취하여 직접 소분·포장하는 경우를 제외)을 말한다. 다만, 다음의 어느 하나에 해당하는 경우에는 소분·판매해서는 안 된다.
> • 어육제품
> • 특수용도식품(체중조절용 조제식품은 제외)
> • 통·병조림제품
> • 레토르트식품
> • 전분
> • 장류 및 식초(제품의 내용물이 외부에 노출되지 않도록 개별 포장되어 있어 위해가 발생할 우려가 없는 경우는 제외)

43 식품 및 축산물 안전관리인증기준상 안전관리인증기준(HACCP) 적용업소는 이 기준에 따라 관리되는 사항에 대한 기록을 몇 년간 보관하여야 하는가?(단, 관계 법령에 특별히 규정된 것은 제외)

① 1년
② **2년**
③ 3년
④ 5년

> **해설**
> **기록관리(식품 및 축산물 안전관리인증기준 제8조제1항)**
> 안전관리인증기준(HACCP) 적용업소는 관계 법령에 특별히 규정된 것을 제외하고는 이 기준에 따라 관리되는 사항에 대한 기록을 2년간 보관하여야 한다.

44 감미 재료와 거리가 먼 것은?

① 사탕무
❷ 정 향
③ 사탕수수
④ 스테비아

해설
② 정향은 꽃봉오리를 쓰는 향신료이다.

45 식품 등의 표시기준에 따른 용어의 정의를 잘못 설명한 것은?

① 원재료 – 식품 또는 식품첨가물의 처리·제조·가공 또는 조리에 사용되는 물질로서 최종 제품 내에 들어 있는 것
② 제조연월일 – 포장을 제외한 더 이상의 제조나 가공이 필요하지 아니한 시점
❸ 소비기한 – 제품의 제조일로부터 소비자에게 판매가 가능한 기간
④ 품질유지기한 – 식품의 특성에 맞는 적절한 보존방법이나 기준에 따라 보관할 경우 해당 식품 고유의 품질이 유지될 수 있는 기한

해설
소비기한이라 함은 식품 등에 표시된 보관방법을 준수할 경우 섭취하여도 안전에 이상이 없는 기한을 말한다 (식품 등의 표시기준).
※ 2023년 1월 1일부터 '소비기한 표시제'가 적용되어 식품에 '유통기한' 대신 '소비기한'이 표기되고 있다. 다만, 우유류의 경우 시행 시점을 2031년으로 한다.

46 식품위생법상 총리령으로 정하는 식품위생검사기관이 아닌 것은?

① 식품의약품안전평가원
② 지방식품의약품안전청
③ 보건환경연구원
❹ 지역 보건소

해설
위생검사 등 요청기관(식품위생법 시행규칙 제9조의2)
총리령으로 정하는 식품위생검사기관이란 식품의약품안전평가원, 지방식품의약품안전청, 보건환경연구원을 말한다.

47 도넛 글레이즈가 끈적이는 원인과 대응 방안으로 틀린 것은?

❶ 유지 성분과 수분의 유화 평형 불안정 – 원재료 중 유화제 함량을 높임
② 온도, 습도가 높은 환경 – 냉장 진열장 사용 또는 통풍이 잘되는 장소 선택
③ 안정제, 농후화제 부족 – 글레이즈 제조 시 첨가된 검류의 함량을 높임
④ 도넛 제조 시 지친 반죽, 2차 발효가 지나친 반죽 사용 – 표준 제조공정 준수

해설
① 도넛 글레이즈에 유화제는 사용되지 않는다.

48 식품의 조리·가공·저장 중에 생성되는 유해물질 중 아민과 반응하여 나이트로소 화합물을 생성하는 성분은?

① 지질
② 아황산
③ **아질산염** ✓
④ 삼염화질소

> **해설**
> 아질산염과 아민이 결합하여 발암물질인 나이트로사민을 생성한다.

49 화학적 식중독의 원인이 아닌 것은?

① **설사성 패류 중독** ✓
② 환경오염에 기인하는 식품 유독성분 중독
③ 중금속에 의한 중독
④ 유해성 식품첨가물에 의한 중독

> **해설**
> ①은 자연독 식중독이다.
> 화학적 식중독은 유독한 화학물질에 의해 오염된 식품을 섭취함으로써 중독증상을 일으키는 것이다. 화학적 식중독의 원인에는 식품에 첨가된 유해 화합물, 잔류농약(DDT, BHC, 유기인제 등), 공장 폐수, 환경오염물질(중금속), 방사선 물질, 항생물질 등이 있다.

50 HACCP에 대한 설명으로 틀린 것은?

① "식품안전관리인증기준"이라고 한다.
② 제품의 생산과정에서 미리 관리함으로써 위해의 원인을 적극적으로 배제한다.
③ **위해를 예측할 수 있으나 제어할 수 없는 항목도 원칙적으로 HACCP의 대상이 된다.** ✓
④ 미국 항공우주국(NASA)에서 우주식의 안전성 확보를 위해 개발되기 시작한 위생관리 기법이다.

> **해설**
> HACCP의 위해요소 분석단계에서는 위해요소의 유입경로와 이들을 제어할 수 있는 수단(예방수단)을 파악하여 기술하며, 이러한 유입경로와 제어수단을 고려하여 위해요소의 발생 가능성과 발생 시 그 결과의 심각성을 감안하여 평가한다.

51 황변미 중독을 일으키는 오염 미생물은?

① **곰팡이** ✓
② 효모
③ 세균
④ 기생충

> **해설**
> 황변미 현상은 쌀에 페니실륨(*Penicillium*) 곰팡이가 번식하여 낟알이 황색, 황갈색으로 변색되는 것이다.

52 과자류 제품의 관능적 평가 기준이 아닌 것은?

① 굽기의 균일함
☑ **전분의 점도 측정**
③ 껍질의 터짐과 찢어짐
④ 굽기 후 향미와 맛

해설
관능검사 : 식품의 품질 특성 가운데 관능적 특성인 외관, 향미 및 조직감 등을 과학적으로 평가하는 것

53 다음 중 이타이이타이병과 관계있는 중금속 물질은?

① 수은(Hg)
☑ **카드뮴(Cd)**
③ 크로뮴(Cr)
④ 납(Pb)

해설
이타이이타이병
일본 도야마현의 진즈(神通)강 하류에서 발생한 카드뮴에 의한 공해병으로 '아프다, 아프다(일본어로 이타이, 이타이)'라고 하는 데에서 유래되었다. 카드뮴에 중독되면 신장에 이상이 발생하고 칼슘이 부족하게 되어 뼈가 물러지며 작은 움직임에도 골절이 일어나며 결국 죽음에 이르게 된다.

54 병원체가 생활, 증식, 생존을 계속하여 인간에게 전파될 수 있는 상태로 저장되는 곳은?

① 숙 주
② 보균자
③ 환 경
☑ **병원소**

해설
감염원(병원소)
• 종국적인 감염원으로 병원체가 생활·증식하면서 다른 숙주에 전파될 수 있는 상태로 저장되는 장소
• 환자, 보균자, 접촉자, 매개동물이나 곤충, 토양, 오염 식품, 오염 식기구, 생활용구 등

55 데블스 푸드 케이크에서 전체 액체량을 구하는 공식은?

☑ **설탕 + 30 + (코코아 × 1.5)**
② 설탕 − 30 − (코코아 × 1.5)
③ 설탕 + 30 − (코코아 × 1.5)
④ 설탕 − 30 + (코코아 × 1.5)

해설
데블스 푸드 케이크에서 전체 액체량은 우유와 달걀의 합을 말한다.
우유 + 달걀 = 설탕 + 30 + (코코아 × 1.5)

56 다당류에 속하는 탄수화물은?

　✅ **① 전 분**
　② 포도당
　③ 과 당
　④ 갈락토스

> [해설]
> 탄수화물의 분류
> • 단당류 : 포도당, 과당, 갈락토스 등
> • 이당류 : 맥아당, 설탕, 유당 등
> • 다당류 : 전분, 글리코겐, 펙틴 등

57 자외선 소독에 대해 잘못 설명한 것은?

　✅ **① 자외선등이 상하에만 부착된 것을 선택하는 것이 좋다.**
　② 자외선 살균기는 1주일에 1회 이상 청소 및 소독을 실시한다.
　③ 2,537Å로 30~60분간 실시한다.
　④ 소도구 또는 용기류를 소독할 때 사용한다.

> [해설]
> 자외선 소독기는 자외선이 닿는 면만 살균되므로 칼의 아랫면, 컵의 겹쳐진 부분과 안쪽은 살균되지 않는다. 따라서 자외선 소독기를 구입할 때에는 자외선등이 상하, 좌우, 뒷면까지 부착되어 기구의 사방에서 자외선을 쪼일 수 있는 모델을 선택한다.

58 쇼케이스 관리 시 적정 온도는?

　✅ **① 10℃ 이하**
　② 15℃ 이하
　③ 20℃ 이하
　④ 25℃ 이하

> [해설]
> 쇼케이스는 온도가 10℃ 이하를 유지하도록 관리하고, 문틈에 쌓인 찌꺼기를 제거하여 청결하게 유지한다.

59 상수처리 과정 중 가장 마지막 단계는?

　✅ **① 급 수**
　② 취 수
　③ 정 수
　④ 도 수

> [해설]
> 상수처리 과정 : 수원 → 취수 → 도수 → 정수 → 송수 → 배수 → 급수

60 다음 중 작업자 준수사항에 대해 잘못 설명한 것은?

　① 규정된 세면대에서 손을 세척한다.
　② 행주로 땀을 닦지 않는다.
　③ 앞치마로 손을 닦지 않는다.
　✅ **④ 화장실 출입 시 위생복을 착용한다.**

> [해설]
> 화장실 출입 시 위생복을 탈의하고, 화장실 전용 신발을 착용하며, 다시 작업장에 들어갈 때는 소독 발판을 이용하여 살균한다.

PART 02

모의고사

제1회~제7회 모의고사
정답 및 해설

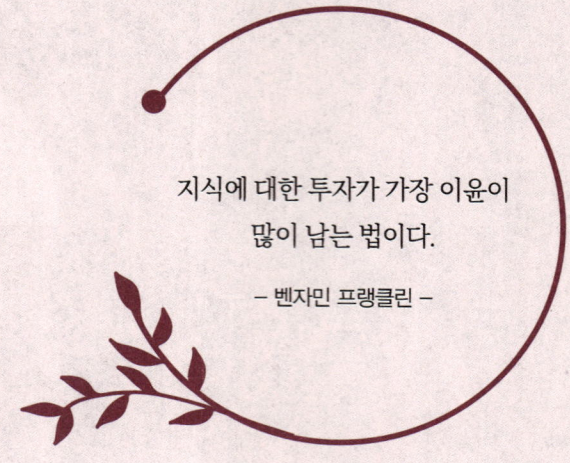

지식에 대한 투자가 가장 이윤이
많이 남는 법이다.
− 벤자민 프랭클린 −

자격증 • 공무원 • 금융/보험 • 면허증 • 언어/외국어 • 검정고시/독학사 • 기업체/취업
이 시대의 모든 합격! 시대에듀에서 합격하세요!
www.youtube.com → 시대에듀 → 구독

제1회 | 모의고사

01 탄수화물의 기능이 아닌 것은?

① 평균 1g당 4kcal를 공급한다.
② 혈당을 유지한다.
③ 단백질 절약작용을 한다.
④ 섭취가 부족해도 체내 대사의 조절에는 큰 영향이 없다.

02 필수지방산이 아닌 것은?

① 리놀레산(Linoleic Acid)
② 스테아르산(Stearic Acid)
③ 리놀렌산(Linolenic Acid)
④ 아라키돈산(Arachidonic Acid)

03 무기질만으로 짝지어진 것은?

① 지방산, 염소, 비타민 B
② 아미노산, 아이오딘, 지방
③ 칼슘, 인, 철
④ 지방, 나트륨, 비타민 A

04 우유 100g 중에 탄수화물 5g, 단백질 3.5g, 지방 3.7g이 들어 있다면, 우유 100g 중에 들어 있는 열량은?

① 67.3kcal
② 95.3kcal
③ 112.3kcal
④ 155.3kcal

05 사과의 갈변반응에 영향을 주는 효소는?

① 아밀레이스(Amylase)
② 라이페이스(Lipase)
③ 아스코비네이스(Ascorbinase)
④ 폴리페놀 옥시데이스(Polyphenol Oxidase)

06 단백질 분해효소가 아닌 것은?

① 피신(Ficin)
② 파파인(Papain)
③ 브로멜린(Bromelin)
④ 라이페이스(Lipase)

07 원가 구성 중 총원가는 제조원가에 무엇을 더한 것인가?

① 제조간접비
② 판매관리비
③ 이 익
④ 판매가격

08 다음의 무게를 참고할 때, 과자 반죽의 비중은?

> - 비중컵의 무게 50g
> - 비중컵에 담긴 물의 무게 250g
> - 비중컵에 담긴 반죽의 무게 150g

① 0.5 ② 0.6
③ 0.7 ④ 0.8

09 밀가루에 대한 다음 설명 중 틀린 것은?

① 단백질 함량에 따라 강력분, 중력분, 박력분으로 나뉜다.
② 강력분은 제과용 반죽을 만드는 데 가장 적합하다.
③ 중력분은 식빵 제조에는 적합하지 않다.
④ 박력분은 단백질 함량이 적고 부드럽다.

10 유지류에 대해 잘못 설명한 것은?

① 지방이 주성분인 식품이다.
② 중량에 비해 칼로리가 높다.
③ 튀김 기름은 발연점이 높은 것이 좋다.
④ 포화지방산은 불포화지방산에 비해 융점이 낮다.

11 다음 중 안정제를 사용하는 목적과 거리가 먼 것은?

① 아이싱 제조 시 끈적거림을 방지한다.
② 젤리나 잼 제조에 사용한다.
③ 크림 토핑물 제조 시 부드러움을 제공한다.
④ 케이크나 빵에서 흡수율을 감소시킨다.

12 반죽형 반죽 시 주의사항을 잘못 설명한 것은?

① 유지에 설탕 첨가 시 유지를 유연하도록 믹싱한 후 설탕을 투입한다.
② 설탕과 밀가루 등은 체로 쳐서 덩어리가 없도록 사용한다.
③ 반죽 시 믹싱 볼 측면과 바닥을 긁어 주어 반죽이 균일하게 혼합되도록 한다.
④ 달걀 첨가 시 소량으로 나누어 투입하면 분리되기 쉬우므로 한꺼번에 많은 양을 투입한다.

13 달걀흰자와 설탕과 아몬드 가루 등을 섞어 만든 머랭(거품) 과자의 하나로, 둥근 형태의 머랭 크러스트 사이에 잼, 가나슈, 버터 크림 등을 넣어 만든 것은?

① 파 이   ② 마카롱
③ 페이스트리   ④ 시폰 케이크

14 커스터드 크림 보관방법으로 적절하지 않은 것은?

① 다 된 크림은 빨리 옮겨 담아야 냄비 잔열로 인한 갈변현상을 막을 수 있다.
② 커스터드 크림을 식힐 때 균의 증식을 막기 위해서 얼음물을 사용한다.
③ 커스터드 크림은 잘 상하므로 식으면 냉장고에 보관한다.
④ 식힌 크림을 냉장고에 보관할 때에는 그릇의 뚜껑을 열고 보관한다.

15 호두파이 충전물 제조에 대해 잘못 설명한 것은?

① 호두는 미리 잘 볶아 놓는다.
② 호두의 양이 적을 때에는 프라이팬에 기름을 넣고 볶아 준비한다.
③ 황설탕, 물엿, 계피, 너트메그(Nutmeg)를 넣고 강한 불에 저으며 끓인다.
④ 달걀에 끓인 설탕 반죽을 넣을 때에는 달걀이 익지 않도록 조금씩 나누어 넣는다.

16 초콜릿 장식물 제조 시 작업실의 적정 온도는?

① 18~20℃　　② 21~23℃
③ 24~26℃　　④ 27~29℃

17 다음에서 설명하는 것은?

> 표면이 갈라지고 부푼 모양이 양배추와 비슷해서 프랑스어로 양배추란 의미의 이름이 붙여졌다. 굽는 동안 달걀과 버터가 익으면서 겉껍질이 생기고, 반죽 안의 수분이 수증기로 변하여 팽창하면서 속이 비는 모양이 형성된다.

① 슈　　② 타르트
③ 밤과자　　④ 푸딩

18 밤과자 반죽을 할 때 덧가루를 지나치게 많이 사용하면 나타나는 현상은?

① 반죽이 질게 느껴진다.
② 굽는 시간이 줄어든다.
③ 구운 후 반죽이 터진다.
④ 반죽의 색이 변하지 않는다.

19 케이크류 정형에 대해 잘못 설명한 것은?

① 과자류 제품의 반죽 정형 공정은 분할과 동시에 패닝이 이루어진다.
② 짤 주머니에 끼우는 깍지의 모양과 상관없이 일정한 형태의 제품만 만들 수 있다.
③ 패닝은 틀(팬)에 반죽을 채워 넣고 구워 내 형태를 만드는 것이다.
④ 틀에 부은 반죽을 냉각시키는 제품에는 무스, 젤리 등이 있다.

20 비용적의 크기를 바르게 비교한 것은?

① 파운드 케이크 > 스펀지 케이크 > 엔젤푸드 케이크
② 파운드 케이크 > 엔젤푸드 케이크 > 스펀지 케이크
③ 스펀지 케이크 > 파운드 케이크 > 엔젤푸드 케이크
④ 스펀지 케이크 > 엔젤푸드 케이크 > 파운드 케이크

21 다음에서 설명하는 도구는?

- 반죽의 분할이나 반죽 후 반죽 제거 용도로 사용된다.
- 플라스틱 재질로 가벼우며, 날이 얇고 유연하다.
- 한쪽 면은 둥글고 그 반대 면은 반듯하다.

① 밀 대
② 앙금 주걱
③ 파이롤러 칼
④ 스크레이퍼

22 소프트롤 케이크의 반죽을 정형할 때, 패닝 완료 후 오븐에 넣기 전 작업대에 살짝 떨어뜨리는 이유는?

① 일정한 무늬를 유지하기 위해서
② 팬과 반죽이 잘 분리되게 하기 위해서
③ 반죽 속의 큰 기포를 제거하기 위해서
④ 위생지가 움직이지 않도록 하기 위해서

23 쿠키 정형 시 유의사항으로 적절하지 않은 것은?

① 철판에 기름칠이 과도하면 퍼짐성이 작아진다.
② 반죽의 온도와 반죽 후 시간에 따라 물성이 변한다.
③ 장식물은 쿠키의 표피가 건조되기 전에 올려놓는다.
④ 같은 철판에 구울 쿠키는 모양과 크기가 일정한 것이 좋다.

24 마카롱 쿠키의 반죽을 정형할 때 패닝 후 충분히 건조시켜야 하는 이유는?

① 밀가루 냄새가 나지 않는다.
② 윗면이 매끄럽고 터지지 않는다.
③ 말랑말랑한 식감을 유지할 수 있다.
④ 구울 때 일정한 색을 얻을 수 있다.

25 파운드 케이크의 패닝은 틀 높이의 몇 %까지 반죽을 채우는 것이 가장 적당한가?

① 50%
② 70%
③ 90%
④ 100%

26 파운드 케이크 정형 시 케이스에 적은 양의 반죽을 넣을 경우 나타나는 현상은?

① 너무 느리게 구워진다.
② 윗면의 발색이 느려진다.
③ 수분이 과도하게 형성된다.
④ 반죽이 넘쳐흘러 형태가 불량해진다.

27 대형 공장에서 사용되고, 온도 조절이 쉽다는 장점이 있는 반면에, 넓은 면적이 필요하고 열손실이 많은 오븐은?

① 회전식 오븐(Rack Oven)
② 데크 오븐(Deck Oven)
③ 터널 오븐(Tunnel Oven)
④ 릴 오븐(Reel Oven)

28 과자류 굽기에서 팬의 재질이 미치는 영향을 잘못 설명한 것은?

① 깊이가 얇은 팬에서 구운 반죽은 깊이가 깊은 팬에서 구운 반죽보다 표면이 더 밝은 색이 된다.
② 깊이가 얇은 팬에서 구운 반죽은 깊이가 깊은 팬에서 구운 반죽보다 표면이 더 납죽하다.
③ 깊이가 깊은 팬에서 구운 반죽은 열이 반죽의 중심까지 매우 빠르게 침투할 수 있어 최적 부피의 케이크가 된다.
④ 깊이가 깊은 팬에서 구운 케이크는 깊이가 얇은 팬에서 구운 케이크보다 중심부에 틈이 생기기 쉽다.

29 당류와 아미노산이 결합하여 갈색 색소를 생성하는 현상은?

① 중화반응
② 캐러멜화 반응
③ 메일라드 반응
④ 단백질 응고반응

30 마카롱(이탈리안 머랭) 굽기에 대해 잘못 설명한 것은?

① 오븐은 윗불 170℃, 아랫불 150℃로 예열한다.
② 오븐에서 15분간 굽는다.
③ 오븐에서 굽기 중 옆면에 날개가 생기면 온도를 높여 세게 굽는다.
④ 오븐의 위치에 따라 온도 차이가 생기므로 일정 시간이 지나면 위치를 바꾸어서 전체적으로 균일한 색이 나도록 한다.

31 슈 굽기를 할 때 찬 공기가 들어가면 나타나는 현상은?

① 슈가 주저앉게 된다.
② 슈 껍질이 터진다.
③ 껍질의 색이 빨리 난다.
④ 충전물이 넘쳐흐른다.

32 일반적인 튀김에 적당한 온도와 시간은?

① 160℃, 3분
② 160℃, 7분
③ 180℃, 3분
④ 180℃, 7분

33 튀김 시 기름에서 일어나는 변화를 잘못 설명한 것은?

① 기름은 비열이 낮기 때문에 온도가 쉽게 상승하고 쉽게 저하된다.
② 튀김재료에 당, 지방 함량이 많거나 표면적이 넓을 때 흡유량이 많아진다.
③ 기름의 열용량에 비하여 재료의 열용량이 클 경우 온도의 회복이 빠르다.
④ 튀김옷으로 사용하는 밀가루는 글루텐의 양이 적은 것이 좋다.

34 달걀의 열응고성의 변화를 이용한 대표적인 음식은?

① 마들렌
② 커스터드
③ 호두파이
④ 찹쌀 도넛

35 생크림 등을 거품 냈을 때 나타나는 양적 팽창 현상을 무엇이라고 하는가?

① 오버 런
② 언더 런
③ 오버 베이킹
④ 언더 베이킹

36 잼 또는 잼에 젤라틴을 섞은 것으로, 케이크 표면에 발라 광택이 나게 하고 식감이 좋아지게 만드는 것은?

① 폰 당
② 생크림
③ 글레이즈
④ 버터크림

37 도넛에서 발한을 제거하는 방법은?

① 튀김 시간을 증가시킨다.
② 기름을 충분히 예열시킨다.
③ 점착력이 없는 기름을 사용한다.
④ 도넛에 묻히는 설탕의 양을 감소시킨다.

38 식품의 가열살균법 중 저온살균의 온도로 가장 적합한 것은?

① 20~30℃   ② 60~65℃
③ 100~110℃   ④ 130~140℃

39 튀김 기름의 질에 영향을 미치는 요인이 아닌 것은?

① 온 도   ② 물
③ 공 기   ④ 비타민 E

40 냉장 저장 보관 시 재료별 주의사항과 보관기간을 잘못 설명한 것은?

① 달걀 – 깨끗이 세척하여 보관, 2주
② 과일, 채소류 – 물기 없이 보관, 3일
③ 육류 – 밀봉 처리하여 보관, 5일
④ 이스트 – 밀봉 처리하여 보관, 4주

41 다음 중 소비기한에 영향을 미치는 외부적 요인은?

① 원재료
② 제품의 배합
③ 수분 함량
④ 진열 조건

42 식품위생법상 "식품을 제조·가공·조리 또는 보존하는 과정에서 감미, 착색, 표백 또는 산화방지 등을 목적으로 식품에 사용되는 물질"로 정의된 것은?

① 의약품
② 항생제
③ 식품첨가물
④ 화학적 합성품

43 식품위생법령상 식품접객업에 해당되지 않는 것은?

① 제과점영업
② 위탁급식영업
③ 일반음식점영업
④ 식품냉동·냉장업

44 식품위생법상 식품 등의 위생적인 취급에 관한 기준이 아닌 것은?

① 식품 등을 취급하는 제조가공실·조리실 등의 내부는 항상 청결하게 관리하여야 한다.
② 식품 등의 포장에 직접 종사하는 사람은 위생모 및 마스크를 착용하여야 한다.
③ 소비기한이 경과된 식품 등을 판매의 목적으로 보관하여서는 아니 된다.
④ 모든 식품 및 원료는 냉장·냉동시설에 보관·관리하여야 한다.

45 다음 중 주방화재에 해당하는 것은?

① B급화재
② D급화재
③ K급화재
④ C급화재

46 유지나 지질을 많이 함유한 식품이 빛, 열, 산소 등과 접촉하여 산패를 일으키는 것을 막기 위하여 사용하는 첨가물은?

① 보존료
② 살균제
③ 산미료
④ 산화방지제

47 다음 식품첨가물 중 표백제가 아닌 것은?

① 무수아황산
② 아황산나트륨
③ 메타중아황산나트륨
④ 소브산

48 주류 발효과정에서 존재하고 포도주, 사과주 등에 메탄올이 생성되어 함유될 수 있으며, 중독증상은 구토, 복통, 설사 등으로 심하면 실명하게 되는 성분은?

① 펙 틴
② 붕 산
③ 지방산
④ 질산염

49 제대로 가열되지 않거나 열처리되지 않은 어패류 및 그 가공품을 통해 많이 발생하고, 환자의 분변을 통한 교차오염에 주의해야 하는 식중독은?

① 살모넬라균 식중독
② 보툴리누스균 식중독
③ 포도상구균 식중독
④ 장염 비브리오균 식중독

50 위생동물의 일반적인 특성이 아닌 것은?

① 식성 범위가 넓다.
② 음식물과 농작물에 피해를 준다.
③ 발육기간이 길다.
④ 병원미생물을 식품에 감염시키는 것도 있다.

51 식품과 독성분이 바르게 연결된 것은?

① 감자 - 무스카린
② 복어 - 삭시톡신
③ 매실 - 아미그달린
④ 모시조개 - 시큐톡신

52 카드뮴이나 수은 등의 중금속 오염 가능성이 가장 큰 식품은?

① 육 류
② 통조림
③ 식용유
④ 어패류

53 회복기 보균자에 대한 설명으로 옳은 것은?

① 병원체에 감염되어 있지만 임상증상이 아직 나타나지 않은 상태의 사람
② 병원체를 몸에 지니고 있으나 겉으로는 증상이 나타나지 않는 건강한 사람
③ 질병의 임상증상이 회복되는 시기에도 여전히 병원체를 지닌 사람
④ 몸에 세균 등 병원체를 오랫동안 보유하고 있으면서 자신은 병의 증상을 나타내지 아니하고 다른 사람에게 옮기는 사람

54 차아염소산나트륨 100ppm은 몇 %인가?

① 0.01%
② 0.001%
③ 0.1%
④ 10%

55 주방 내 주요 교차오염의 원인과 개선 방안에 대한 설명으로 옳지 않은 것은?

① 나무 재질의 도마, 주방 바닥, 트렌치 등에서 교차오염이 발생하고 있다.
② 원재료 상태로 들여와 준비하는 것보다 가공 상태로 들여와 준비하는 과정에서 교차오염 발생 가능성이 더 높아진다.
③ 철저한 복장위생 관리를 통하여 식품과 작업환경으로부터 교차오염이 발생되지 않도록 한다.
④ 식재료의 전처리 과정에서 더욱 세심한 청결상태의 유지와 식재료의 관리가 필요하다.

56 특정 시설에서 전체 급식 인원의 50% 이상의 환자가 발생하는 경우 식중독 사고 위기 대응 단계는?

① 관심(Blue) 단계
② 주의(Yellow) 단계
③ 경계(Orange) 단계
④ 심각(Red) 단계

57 자외선이 인체에 주는 작용이 아닌 것은?

① 살균작용
② 비타민 D 형성
③ 열사병 예방
④ 일시적인 시력장애

58 pH 측정에 의하여 알 수 없는 사항은?

① 재료의 품질 변화
② 반죽의 산도
③ 반죽의 발효 정도
④ 반죽에 존재하는 총산의 함량

59 위생복 착용 지침서에 대해 잘못 설명한 것은?

① 위생모는 머리카락이 외부로 노출되지 않도록 착용한다.
② 위생화는 바닥이 미끄럽지 않은 것으로 착용한다.
③ 위생복은 긴소매로 주머니가 있는 것을 착용한다.
④ 각종 장신구나 시계 착용을 금한다.

60 제과·제빵 공장의 입지 조건으로 고려해야 할 사항으로 적당하지 않은 것은?

① 인원수급 용이
② 폐수처리 시설
③ 주변 밀 경작지 유무
④ 상수도 시설

제2회 | 모의고사

01 체내에서 물의 역할을 설명한 것으로 틀린 것은?

① 변으로 배설될 때는 물의 영향을 받지 않는다.
② 물은 영양소와 대사산물을 운반한다.
③ 땀이나 소변으로 배설되며 체온 조절을 한다.
④ 영양소 흡수로 세포막에 농도차가 생기면 물이 바로 이동한다.

02 전분의 호화에 대한 설명으로 맞는 것은?

① 가열하기 전 수침(물에 담그는) 시간이 짧을수록 호화되기 쉽다.
② 전분의 마이셀(Micelle) 구조가 파괴되는 현상이다.
③ 가열 온도가 낮을수록 호화 시간이 빠르다.
④ 서류는 곡류보다 호화 온도가 높다.

03 채소의 가공 시 가장 손실되기 쉬운 비타민은?

① 비타민 A
② 비타민 D
③ 비타민 C
④ 비타민 E

04 1g당 발생하는 열량이 가장 큰 것은?

① 탄수화물
② 단백질
③ 지 방
④ 알코올

05 효소의 주된 구성성분은?

① 지 방
② 탄수화물
③ 단백질
④ 비타민

06 단백질의 기능으로 옳지 않은 것은?

① 산·염기 균형
② 에너지원
③ 기호성 증진
④ 항원, 항체 합성

07 카로티노이드(Carotinoid)에 대한 설명으로 옳은 것은?

① 클로로필과 공존하는 경우가 많다.
② 산화효소에 의해 쉽게 산화되지 않는다.
③ 자외선을 쉽게 흡수한다.
④ 물에 쉽게 용해된다.

08 비중컵의 무게가 40g, 물을 담은 비중컵의 무게가 240g, 반죽을 담은 비중컵의 무게가 200g일 때 반죽의 비중은?

① 0.7
② 0.75
③ 0.8
④ 0.85

09 유지의 특징을 바르게 설명한 것은?

① 가소성 – 고체에 힘을 가했을 때 모양의 변화와 유지가 가능한 성질
② 쇼트닝성 – 반죽에 분산해 있는 유지가 거품의 형태로 공기를 포집하고 있는 성질
③ 구용성 – 달걀, 설탕, 밀가루 등을 잘 섞이게 하는 성질
④ 유화성 – 입안에서 부드럽게 녹는 성질

10 유지의 종류 중 다음에서 설명하는 것은?

> 제과에 사용하는 가장 기본적인 유지로, 우유에서 원심 분리시킨 유지방을 강하게 치대어 굳힌 천연의 지방 성분

① 버터
② PEF
③ 마가린
④ 쇼트닝

11 바닐라 에센스가 우유에 미치는 영향은?

① 마일드한 감을 감소시킨다.
② 색감을 좋게 하는 착색료 역할을 한다.
③ 단백질의 영양가를 증가시키는 강화제 역할을 한다.
④ 생취를 감소시킨다.

12 생크림의 유지방 함량은?

① 10% 이상
② 18% 이상
③ 30% 이상
④ 41% 이상

13 달걀흰자에 설탕을 넣어서 거품을 낸 것으로, 흰자의 기포성을 증가하기 위해 주석산 크림을 첨가하기도 하는 것은?

① 머랭
② 쇼트닝
③ 마가린
④ 파트 브리제

14 제과용 밀가루 제조에 사용되는 밀로 가장 좋은 것은?

① 경질 동맥
② 경질 춘맥
③ 연질 동맥
④ 연질 춘맥

15 퍼프 페이스트리를 제조할 때 사용하는 유지에 대해 잘못 설명한 것은?

① 유지는 충전용과 반죽용으로 나뉜다.
② 충전용 유지가 많을수록 결 형성이 많아진다.
③ 충전용 유지가 많을수록 부피가 커진다.
④ 충전용 유지는 가소성의 범위가 좁은 것이 작업하기에 좋다.

16 가나슈크림을 만들 때 사용하는 초콜릿의 카카오 함유량은?

① 카카오 성분 13% 이상
② 카카오 성분 25% 이상
③ 카카오 성분 40% 이상
④ 카카오 성분 56% 이상

17 용액 속에 들어 있는 당의 질량비로, 비중과 빛의 굴절률을 이용해 측정하는 것은?

① pH
② Brix
③ Pungency
④ Saltiness

18 초콜릿 플라스틱 반죽을 더운 여름에 제조할 때 반죽이 끈적거리지 않게 하려면 물엿의 양을 몇 % 줄여야 하는가?

① 20%
② 40%
③ 60%
④ 80%

19 타르트 제조과정을 잘못 설명한 것은?

① 유지는 계량 후 냉장고에 넣어서 딱딱하게 굳혀 준비한다.
② 밀가루는 체에 두세 번 내려 준비한다.
③ 반죽에 사용하는 재료는 차갑지 않게 사용하는 것이 좋다.
④ 잘 섞인 반죽은 랩을 싸서 냉장고에서 1~2시간 휴지시킨다.

20 달걀, 설탕, 우유 등을 섞어 중탕으로 구워 낸 것으로, 식감이 부드러운 것이 특징이며, 구워 낸 후 바로 뜨겁게 제공되기도 하고, 이것을 냉각시켜 차갑게 제공되기도 하는 것은?

① 슈
② 푸 딩
③ 타르트
④ 치즈 케이크

21 비용적을 바르게 설명한 것은?

① 단위 무게당 차지하는 부피
② 단위 길이당 차지하는 부피
③ 단위 무게당 차지하는 길이
④ 단위 길이당 차지하는 무게

22 제과용 팬 오일(이형유)에 대한 설명으로 틀린 것은?

① 제품이 팬에 들러붙지 않고 구운 후에 팬에서 잘 이탈되도록 바르는 것이다.
② 바르기 쉽고 골고루 잘 발라지는 것이 좋다.
③ 무색, 무미, 무취로 제품의 맛에 영향이 없어야 한다.
④ 산패에 잘 견디고, 고화가 잘되는 것을 선택해야 한다.

23 과일 케이크의 반죽 정형에 대해 잘못 설명한 것은?

① 원형 팬에 위생지를 깔아 둔다.
② 팬 부피의 80% 정도의 반죽을 균일하게 패닝한다.
③ 부피 팽창이 크므로 일반 케이크에 비해 조금 적은 양을 패닝한다.
④ 윗면을 평평하게 고를 때에는 스크레이퍼를 사용한다.

24 반죽 상태에 따라 쿠키를 분류할 때 거품형 쿠키에 속하는 것은?

① 드롭 쿠키
② 스냅 쿠키
③ 스펀지 쿠키
④ 쇼트브레드 쿠키

25 모양 깍지 사용법을 잘못 설명한 것은?

① 짤 주머니에 끼워 사용하는 도구이다.
② 금속, 플라스틱 등 재질도 다양하고 형태도 다양하다.
③ 같은 크기의 깍지라면 짜내는 압력과 상관없이 일정한 모양이 나온다.
④ 사용 후에는 따뜻한 물과 솔로 내부까지 씻어 내고 건조시켜 보관한다.

26 잎을 건조시켜 만든 향신료는?

① 오레가노
② 계 피
③ 메이스
④ 너트메그

27 찹쌀 도넛 반죽의 휴지방법을 바르게 설명한 것은?

① 비닐로 감싸고 실온에서 1시간 이상 휴지시킨다.
② 비닐로 감싸고 냉장에서 1시간 이상 휴지시킨다.
③ 비닐로 감싸고 실온에서 약 20~30분간 휴지시킨다.
④ 비닐로 감싸고 냉장에서 약 20~30분간 휴지시킨다.

28 뜨거워진 공기를 팬(Fan)으로 강제 대류시켜 균일하게 열이 순환되므로 조리시간이 짧고 대량 조리에 적당하나 식품 표면이 건조해지기 쉬운 조리기기는?

① 틸팅 튀김팬
② 튀김기
③ 증기솥
④ 컨벡션 오븐

29 언더 베이킹(Under Baking)에 대해 바르게 설명한 것은?

① 낮은 온도에서 장시간 굽는 방법이다.
② 낮은 온도에서 단시간 굽는 방법이다.
③ 높은 온도에서 장시간 굽는 방법이다.
④ 높은 온도에서 단시간 굽는 방법이다.

30 버터 쿠키를 구울 때 적절한 오븐의 예열 온도와 굽는 시간은?

① 180~190℃, 10~13분
② 195~200℃, 10~13분
③ 180~190℃, 20~23분
④ 195~200℃, 20~23분

31 마들렌을 낮은 온도에서 구울 때 나타나는 현상은?

① 부피가 커진다.
② 제품이 갈라진다.
③ 퍼석하고 딱딱해진다.
④ 캐러멜화가 빠르게 진행된다.

32 튀김 기름의 조건으로 옳지 않은 것은?

① 색이 투명하고 광택이 있는 것
② 냄새가 없는 것
③ 가열했을 때 거품이 생기지 않는 것
④ 리놀렌산이 많은 것

33 튀김 요리를 할 때 기름은 튀김 재료의 몇 배를 준비하는 것이 좋은가?

① 2배 이상
② 4배 이상
③ 7배 이상
④ 10배 이상

34 기름의 발연점이 낮아지는 경우는?

① 유리지방산 함량이 많을수록
② 기름을 사용한 횟수가 적을수록
③ 기름 속에 이물질의 유입이 적을수록
④ 튀김용기의 표면적이 좁을수록

35 과자류 제품의 냉각 온도는?

① 0~5℃
② 10~15℃
③ 17~23℃
④ 35~40℃

36 휘핑에 사용되는 크림의 유지방 함량은?

① 10% 이상
② 18% 이상
③ 30% 이상
④ 45% 이상

37 머랭에 아몬드 분말을 혼합하여 구운 제품으로, 그 자체로도 제품이 되지만 다양한 색소를 사용하여 케이크 등의 장식물로 사용하기도 하는 것은?

① 마지팬
② 마카롱
③ 초콜릿
④ 페이스트리

38 CA저장에 가장 적합한 식품은?

① 육 류
② 과일류
③ 우 유
④ 생선류

39 냉장 저장 관리 기준에 따른 적정 온도와 습도는?

① 0~10℃, 75~95%
② 0~10℃, 45~65%
③ 10~20℃, 75~95%
④ 10~20℃, 45~65%

40 냉동 저장 관리방법에 대해 잘못 설명한 것은?

① 냉동식품은 검수 후 즉시 냉동고에 저장한다.
② 입고된 재료는 겉포장 상자를 제거한 후 보관한다.
③ 해동했다가 다시 냉동시킬 때에는 뚜껑을 덮어둔다.
④ 정기적으로 성에를 제거하고 청소한다.

41 포장의 목적이 아닌 것은?

① 제품 보호
② 위생 안전
③ 품질 변화를 도움
④ 제품의 수명 연장

42 식품위생법의 제정 목적이 아닌 것은?

① 건전한 유통·판매를 도모
② 식품으로 인한 위생상의 위해를 방지
③ 식품영양의 질적 향상을 도모
④ 국민 건강의 보호·증진에 이바지

43 식품위생법상 HACCP을 식품별로 정하여 고시하는 자는?

① 보건복지부장관
② 식품의약품안전처장
③ 시장·군수·구청장
④ 특별시장·광역시장·도지사

44 식품 등의 표시기준상 영양성분별 세부표시방법에서 다음 ( ) 안에 들어갈 알맞은 것은?

> 열량의 단위는 킬로칼로리(kcal)로 표시하되, 그 값을 그대로 표시하거나 그 값에 가장 가까운 ( ) 단위로 표시하여야 한다. 이 경우 ( ) 미만은 "0"으로 표시할 수 있다.

① 5kcal
② 10kcal
③ 15kcal
④ 20kcal

45 다음에서 설명하는 것은?

> 식품・축산물의 원료 관리, 제조・가공・조리・선별・처리・포장・소분・보관・유통・판매의 모든 과정에서 위해한 물질이 식품 또는 축산물에 섞이거나 식품 또는 축산물이 오염되는 것을 방지하기 위하여 각 과정의 위해요소를 확인・평가하여 중점적으로 관리하는 기준

① 식품 및 축산물 안전관리인증기준 (HACCP)
② 식품이력추적관리제도
③ 식품 CODEX 기준
④ ISO 인증제도

46 식품첨가물의 사용 목적이 아닌 것은?

① 변질・부패 방지
② 관능 개선
③ 질병 예방
④ 품질 개량・유지

47 해조류에서 추출한 성분으로 식품에 점성을 주고 안정제, 유화제로 널리 이용되는 것은?

① 섬유소(Cellulose)
② 펙틴(Pectin)
③ 글리코겐(Glycogen)
④ 알긴산(Alginic Acid)

48 제빵에서 반죽 중의 설탕량은 반죽의 흡수율과 믹싱 시간에 중대한 영향을 준다. 설탕량을 5%씩 증가시킴에 따라 수분 흡수량은 얼마나 감소되는가?

① 1% ② 2%
③ 3% ④ 5%

49 웰치균(*Clostridium perfringens*)에 대한 설명으로 옳은 것은?

① 운동성이 강하다.
② 혐기성 균주이다.
③ 냉장 온도에서 잘 발육한다.
④ 당질 식품에서 주로 발생한다.

50 세균성 식중독과 경구감염병을 잘못 비교한 것은?

	세균성 식중독	경구감염병
①	많은 균량으로 발병	균량이 적어도 발병
②	2차 감염이 빈번함	2차 감염이 없음
③	면역이 안 됨	면역이 됨
④	비교적 짧은 잠복기	비교적 긴 잠복기

51 호밀의 구성 물질이 아닌 것은?

① 단백질
② 펜토산
③ 지 방
④ 전 분

52 식품과 독성분이 잘못 연결된 것은?

① 감자 – 솔라닌(Solanine)
② 독버섯 – 무스카린(Muscarine)
③ 독미나리 – 베네루핀(Venerupin)
④ 복어 – 테트로도톡신(Tetrodotoxin)

53 간디스토마와 폐디스토마의 제1중간숙주를 순서대로 짝지어 놓은 것은?

① 가재 – 붕어
② 다슬기 – 가재
③ 우렁이 – 다슬기
④ 붕어 – 우렁이

54 감염병의 예방 및 관리에 관한 법률상 제1급 감염병에 해당하는 것은?

① 결 핵
② 수 두
③ 탄 저
④ 콜레라

55 음식이 생산되는 과정 중 미생물에 오염된 사람이나 식품으로 인해 다른 식품이 오염되는 것을 의미하는 용어는?

① 환경오염   ② 교차오염
③ 대기오염   ④ 수질오염

56 식중독 사고 위기 대응 단계를 바르게 설명한 것은?

① Orange 단계 – 소규모 식중독이 다수 발생하거나 식중독 확산 우려가 있는 경우
② Yellow 단계 – 특정 시설에서 전체 급식인원의 50% 이상 환자가 발생한 경우
③ Blue 단계 – 전국에서 동시에 원인 불명의 식중독이 확산되는 경우
④ Red 단계 – 식품 테러, 천재지변 등으로 대규모 환자 또는 사망자가 발생하는 경우

57 소독의 지표가 되는 소독제는?

① 석탄산
② 크레졸
③ 포르말린
④ 과산화수소

58 전자저울 관리방법으로 잘못된 것은?

① 사용 후 제품을 올려 두는 판을 제거하여 수건으로 닦은 뒤 부착하여 보관한다.
② 이동 시 윗부분을 잡고 운반한다.
③ 검·교정 기준에서 1kg 이하는 ±0.5% 정도 허용된다.
④ 1년에 1회 정도 국가공인기관에서 검·교정을 받는다.

59 다음 중 작업환경 위생 안전관리 지침서의 내용에 해당되지 않는 것은?

① 쓰레기장 관리
② 작업장 주변 관리
③ 전기·가스·조명 관리
④ 작업장 및 매장의 온·습도 관리

60 식품의 위생적 취급에 대한 설명으로 옳지 않은 것은?

① 식재료 적재 시에는 벽과 바닥으로부터 일정 간격 이상을 유지한다.
② 원료, 자재, 완제품 및 시험시료는 구분하여 보관하며, 제시된 조건(장소, 온도, 식별 표시)에 따라 관리한다.
③ 냉장식품은 비냉장 상태인지, 냉동식품은 해동 흔적이 있는지, 통조림은 찌그러짐·팽창이 있는지 등을 확인한다.
④ 보존한 식품은 선입선출 방식으로 사용하고, 신선도가 떨어지지만 판매유효기간 내에 있는 상품은 곧바로 폐기하지 않는다.

제3회 | 모의고사

> 정답 및 해설 p.182

01 다음 단백질 종류 중 카세인(Casein)이 속하는 것은?

① 단순단백질
② 지단백질
③ 유도단백질
④ 인단백질

02 교반하면 달걀흰자의 단백질 성분에 의해 거품이 일어나는 것과 관련된 성질은?

① 유화성
② 응고성
③ 기포성
④ 기화성

03 5대 영양소의 기능에 대한 설명으로 틀린 것은?

① 노폐물을 배출하고 체온을 조절한다.
② 새로운 조직이나 효소, 호르몬 등을 구성한다.
③ 신체대사에 필요한 열량을 공급한다.
④ 소화·흡수 등의 대사를 조절한다.

04 다음 중 동식물체에 자외선을 쬐면 활성화되는 비타민은?

① 비타민 C
② 비타민 D
③ 비타민 E
④ 비타민 K

05 안토시아닌 색소의 특징을 가장 올바르게 설명한 것은?

① 산성에서 적색으로 변색된다.
② 연속된 아이소프렌(Isoprene) 구조에 의해 색을 낸다.
③ 황색과 오렌지색을 많이 낸다.
④ 알칼리에서 보라색을 낸다.

06 다음 중 필수지방산이 아닌 것은?

① 아이코사펜타에노산(Eicosapentaenoic Acid)
② 리놀레산(Linoleic Acid)
③ 리놀렌산(Linolenic Acid)
④ 아라키돈산(Arachidonic Acid)

07 딸기 속에 많이 들어 있는 유기산은?

① 아이오딘
② 구연산
③ 호박산
④ 주석산

08 과자 100g에 탄수화물 60g, 지방 10g, 단백질 8g, 무기질 4g이 함유되어 있다고 한다. 이 과자 5개를 먹으면 얼마의 열량을 낼 수 있는가?(단, 과자 1개의 무게는 100g이다)

① 1,320kcal
② 1,500kcal
③ 1,810kcal
④ 2,100kcal

09 밀가루 반죽에 사용되는 물의 기능이 아닌 것은?

① 글루텐을 형성한다.
② 반죽의 되기를 조절한다.
③ 전분의 호화를 도와준다.
④ 탄산가스 형성을 방지한다.

10 팬 오일(이형유)의 조건으로 적절하지 않은 것은?

① 바르기 쉽고 골고루 잘 발라져야 한다.
② 무색, 무미, 무취로 제품의 맛에 영향이 없어야 한다.
③ 고온이나 장시간의 산패에 잘 견디는 안정성이 높은 기름이어야 한다.
④ 발연점이 낮은 기름이어야 한다.

11 제과에서 설탕의 기능이 아닌 것은?

① 수분 보유력을 증가시켜 제품의 노화를 지연시킨다.
② 글루텐 형성을 증가시켜 제품의 부드러움을 향상시킨다.
③ 제품에 풍미 및 감미를 제공한다.
④ 갈변반응과 캐러멜화 반응에 의해 껍질색을 형성한다.

12 설탕이 캐러멜화하는 일반적인 온도는?

① 50~60℃
② 70~80℃
③ 100~110℃
④ 160~180℃

13 달걀에서 시간이 지남에 따라 나타나는 변화가 아닌 것은?

① 껍질이 반질반질해진다.
② 흰자의 점성이 커져 끈적끈적해진다.
③ 흰자에서는 황화수소가 검출된다.
④ 주위의 냄새를 흡수한다.

14 달걀의 열응고성에 대한 설명으로 적절하지 않은 것은?

① 소량의 산(식초, 레몬즙, 주석산)의 첨가는 응고를 촉진한다.
② 소금은 응고 온도를 낮추어 준다.
③ 설탕은 응고 온도를 내려 주어 응고물을 연하게 한다.
④ 달걀을 높은 온도로 가열하면 단단하게 응고하고, 낮은 온도에서 응고시키면 부드럽고 연한 응고물이 된다.

15 버터의 수분 함량은 약 얼마인가?

① 15%
② 20%
③ 30%
④ 40%

16 다음 중 함께 계량할 때 가장 문제가 되는 재료는?

① 소금, 설탕
② 밀가루, 반죽개량제
③ 밀가루, 호밀가루
④ 이스트, 소금

17 튀김유의 보관방법으로 옳은 것은?

① 직경이 넓은 팬에 담아 서늘한 곳에 보관한다.
② 이물질을 거르고 갈색 병에 담아 서늘한 곳에 보관한다.
③ 튀김유를 식힌 다음 햇빛이 잘 드는 곳에 보관한다.
④ 철제 팬에 튀긴 기름은 그대로 보관하여도 무방하다.

18 밀가루를 반죽할 때 연화(쇼트닝)작용과 팽화작용의 효과를 얻기 위해 넣는 것은?

① 설탕
② 지방
③ 달걀
④ 이스트

19 다음과 같은 조건일 때 마찰계수는?

> • 실내 온도 + 밀가루 온도 + 설탕 온도 + 유지 온도 + 달걀 온도 : 100℃
> • 수돗물 온도 : 20℃
> • 완료한 반죽의 온도 : 25℃

① 36 ② 34
③ 32 ④ 30

20 윗면의 지름 24cm, 아랫면의 지름 32cm, 높이 6cm인 경사진 옆면을 가진 원형 팬의 용적은 얼마인가?

① 약 2,800cm^3
② 약 3,692cm^3
③ 약 3,800cm^3
④ 약 4,000cm^3

21 다음과 같은 조건이 주어졌을 때 사용해야 할 얼음의 양은 얼마인가?

> • 수돗물 온도 : 20℃
> • 물(우유) 사용량 : 2kg
> • 사용할 물 온도 : 15℃

① 250g ② 200g
③ 150g ④ 100g

22 다음과 같은 조건이 주어지고, 마찰계수가 32일 때 반죽에 사용할 사용수의 온도는 얼마인가?

> • 실내 온도 : 23℃
> • 밀가루 온도 : 22℃
> • 설탕 온도 : 20℃
> • 유지 온도 : 18℃
> • 달걀 온도 : 18℃
> • 수돗물 온도 : 18℃
> • 반죽 희망 온도 : 25℃

① 12℃ ② 15℃
③ 17℃ ④ 19℃

23 다음 중 거품형 반죽을 이용하여 만드는 것은 무엇인가?

① 스펀지 케이크
② 파운드 케이크
③ 레이어 케이크
④ 머 핀

24 가나슈크림의 분리가 쉽게 일어나는 원인이 아닌 것은?

① 카카오 버터의 함량이 지나치게 많다.
② 카카오 매스가 포함되지 않은 화이트 초콜릿을 사용했다.
③ 생크림을 사용했다.
④ 퓌레를 사용했다.

25 도넛의 튀김색이 고르지 않았을 때 그 원인이 아닌 것은?

① 튀김 기름 온도가 달랐다.
② 반죽에 수분이 많았다.
③ 재료가 고루 섞이지 않았다.
④ 탄 찌꺼기가 도넛 표면에 달라붙었다.

26 다음은 어떤 반죽법에 대한 설명인가?

> 달걀흰자와 달걀노른자를 분리하여 달걀 노른자는 유지와 함께 크림화하고, 흰자는 머랭을 올려 제조한다.

① 크림법
② 복합법
③ 블렌딩법
④ 설탕/물법

27 반죽 형태가 나머지 셋과 다른 것은?

① 시폰 케이크
② 마카롱
③ 스펀지 케이크
④ 머핀

28 파운드 케이크를 파운드 팬에 패닝할 때 반죽의 부피로 가장 알맞은 것은?

① 팬 부피의 50~55%
② 팬 부피의 60~65%
③ 팬 부피의 70~75%
④ 팬 부피의 80~85%

29 다음은 어떤 쿠키에 대한 설명인가?

> • 스냅 쿠키와 유사하나 버터나 쇼트닝 같은 유지 함량이 높다.
> • 반죽을 밀어 펴서 정형기(모양틀)로 원하는 모양을 찍어 정형한다.
> • 바삭바삭하고 부드러운 것이 특징이다.

① 드롭 쿠키
② 스냅 쿠키
③ 스펀지 쿠키
④ 쇼트브레드 쿠키

30 짤 주머니 사용법으로 옳지 않은 것은?

① 짤 주머니에는 내용물을 50% 정도 채워 넣는다.
② 딱딱한 반죽이나 큰 모양을 짤 때는 천 소재의 짤 주머니가 좋다.
③ 가는 선이나 사인 같은 섬세한 작업을 할 때는 비닐이나 종이 재질로 만들어 사용한다.
④ 둥근 모양은 똑바로 세워서 짠다.

31 다음 중 달걀 전란을 사용하지 않는 것은?

① 슈
② 아몬드 크림
③ 밤과자
④ 프렌치 머랭

32 제과 재료로 주로 사용하는 초콜릿은?

① 커버추어 초콜릿
② 화이트 초콜릿
③ 밀크 초콜릿
④ 패밀리 초콜릿

33 겨울철 굳어버린 버터크림의 농도를 조절하기 위한 첨가물은?

① 초콜릿
② 식용유
③ 분 당
④ 캐러멜 색소

34 휘핑크림이 매달려 있는 상태로 쇼트 케이크의 아이싱 및 샌드에 적합한 크림의 오버 런(증량률)은 얼마인가?

① 오버 런 40~50%
② 오버 런 50~60%
③ 오버 런 60~70%
④ 오버 런 70~90%

35 제품의 반죽 중 비중이 가장 낮은 것은?

① 롤 케이크
② 레이어 케이크
③ 파운드 케이크
④ 스펀지 케이크

36 쇼트브레드 쿠키의 성형 시 주의할 점이 아닌 것은?

① 글루텐 형성 방지를 위해 가볍게 뭉쳐서 밀어 편다.
② 반죽의 휴지를 위해 성형 전에 냉동고에 동결시킨다.
③ 반죽을 일정한 두께로 밀어 펴서 원형 또는 주름커터로 찍어낸다.
④ 달걀노른자를 바르고 조금 지난 뒤 포크로 무늬를 그려낸다.

37 슈 제조 공정에 대한 설명으로 적절하지 않은 것은?

① 밀가루는 버터가 다 녹지 않은 상태에서 넣고 호화시킨다.
② 달걀은 밀가루를 볶은 후 작업대에서 조금씩 혼합한다.
③ 평철판에 충분한 간격을 유지하며 일정 크기로 짜야 한다.
④ 굽기 중 팽창하는 동안은 오븐 문을 열어보지 않는다.

38 식품의 동결 건조에 이용되는 현상은?

① 응 고
② 기 화
③ 승 화
④ 액 화

39 쿠키 포장지의 특성이 아닌 것은?

① 방습성이 있어야 한다.
② 독성 물질이 생성되지 않아야 한다.
③ 내용물의 색, 향이 변하지 않아야 한다.
④ 통기성이 있어야 한다.

40 일반 세균이 발육하기에 좋은 수소이온농도(pH)는?

① pH 2.0~4.0
② pH 6.5~7.5
③ pH 2.0 이하
④ pH 8.0 이상

41 자외선이나 방사선을 이용하는 조사살균법의 단점은 무엇인가?

① 식품 내부까지 살균할 수 없다.
② 영양소가 파괴될 수 있다.
③ 식품의 맛이 변할 수 있다.
④ 품질을 심하게 변형시킬 수 있다.

42 조리 작업장의 위치 선정 조건으로 가장 거리가 먼 것은?

① 변질의 우려로 햇빛이 들지 않는 곳
② 통풍이 잘되고 밝고 청결한 곳
③ 음식의 운반과 배선이 편리한 곳
④ 재료의 반입과 오물의 반출이 쉬운 곳

43 수질의 분변오염 지표균은?

① 웰치균   ② 대장균
③ 살모넬라균   ④ 포도상구균

44 중금속 오염과 관계된 공해 질병은?

① 백내장
② 잠함병
③ 이타이이타이병
④ 세균성 식중독

45 자외선에 대한 설명으로 옳지 않은 것은?

① 감각온도를 표시한 도표이다.
② 일광 중 파장이 가장 짧다.
③ 성장과 신진대사에 관여한다.
④ 2,600~2,800Å에서 살균작용이 가장 강하다.

46 공중보건사업의 최소 단위가 되는 것은?

① 개 인
② 가 족
③ 지역사회
④ 국 가

47 식품위생법상 식품위생의 대상은?

① 식품, 약품, 기구, 용기, 포장
② 조리법, 조리시설, 기구, 용기, 포장
③ 조리법, 단체급식, 기구, 용기, 포장
④ 식품, 식품첨가물, 기구, 용기, 포장

48 식품운반업을 하고자 하는 경우 몇 시간의 위생교육을 받아야 하는가?

① 2시간　② 4시간
③ 6시간　④ 8시간

49 식품위생법상 영업신고 대상 업종이 아닌 것은?

① 식품운반업
② 식품냉동·냉장업
③ 즉석판매제조·가공업
④ 양곡가공업 중 도정업

50 다음 중 아플라톡신(Aflatoxin)에 대한 설명으로 틀린 것은?

① 곰팡이 독으로서 간암을 유발한다.
② 탄수화물이 풍부한 곡물에서 많이 발생한다.
③ 열에 비교적 약하여 100℃에서 쉽게 불활성화된다.
④ 강산이나 강알칼리에서 쉽게 분해되어 불활성화된다.

51 식인성 병해 생성요인 중 유기성 원인 물질에 해당되는 것은?

① 감염형 식중독균
② 방사선 물질
③ 나이트로소(Nitroso) 화합물
④ 복어독

52 주기적으로 열이 반복되어 나타나므로 파상열이라고 불리는 인수공통감염병은?

① 큐 열
② 결 핵
③ 브루셀라병
④ 돈단독

53 다음 중 초콜릿의 맛을 크게 좌우하는 가장 중요한 요인은?

① 코팅 기술
② 코코아 껍질
③ 카카오 단백질
④ 카카오 버터

54 천연 산화방지제가 아닌 것은?

① 고시폴(Gossypol)
② 티아민(Thiamin)
③ 토코페롤(Tocopherol)
④ 비타민 C(아스코브산)

55 다음 식품첨가물 중 영양강화제는?

① 비타민류, 아미노산류
② 검류, 락톤류
③ 에터(Eter)류, 에스터(Ester)류
④ 지방산류, 페놀류

56 급식산업에 있어 HACCP에 의한 중요관리점에 해당하지 않는 것은?

① 교차오염 방지
② 권장된 온도에서의 냉각
③ 권장된 온도에서의 조리와 재가열
④ 생물학적 위해요소 분석

57 유해 감미료에 속하지 않는 것은?

① 둘 신
② 붕 산
③ 사이클라메이트
④ 에틸렌글라이콜

58 식품첨가물에 대한 설명으로 틀린 것은?

① 조미료는 식품의 미생물에 의한 부패를 방지할 목적으로 사용된다.
② 소포제는 식품의 제조과정에서 생기는 거품을 소멸하고 억제할 목적으로 사용한다.
③ 유화제, 이형제 등은 식품의 품질 개량 및 유지에 사용된다.
④ 감미료, 착색료 등은 식품의 기호성을 높이고 관능을 만족시키는 첨가물이다.

59 위생모 착용에 관한 설명으로 적절하지 않은 것은?

① 식품 취급자는 작업 시에 위생모 착용을 의무화한다.
② 식품 취급장을 벗어나서도 위생모를 벗어서는 안 된다.
③ 일회용 종이 재질의 머리 망은 사용 후 폐기한다.
④ 보석류나 금붙이가 달린 것은 절대로 사용해서는 안 된다.

60 다음은 소독액 희석방법에 대한 내용이다. ㉠, ㉡에 들어갈 말로 알맞은 것은?

> 염소계 살균 소독제와 4급 암모늄계 살균 소독제의 경우는 (㉠), 아이오딘계 살균 소독제의 경우는 (㉡)으로 희석하여 사용한다.

① ㉠ 200ppm, ㉡ 20ppm
② ㉠ 150ppm, ㉡ 25ppm
③ ㉠ 200ppm, ㉡ 25ppm
④ ㉠ 250ppm, ㉡ 20ppm

제4회 | 모의고사

01 다음 중 단백질 성분이 가장 낮은 것은?

① 박력분
② 듀럼분
③ 중력분
④ 강력분

02 다음 각 영양소와 그 소화효소의 연결이 옳지 않은 것은?

① 녹말 – 아밀레이스
② 지방 – 라이페이스
③ 단백질 – 펩신
④ 젖당 – 프티알린

03 비타민과 생체에서의 주요 기능이 잘못된 것은?

① 비타민 B_1 – 당질대사의 보조 효소
② 비타민 A – 항빈혈 인자
③ 비타민 K – 항혈액응고 인자
④ 나이아신 – 항펠라그라(Pellagra) 인자

04 아밀로펙틴의 특징으로 옳지 않은 것은?

① 분자량이 적다.
② 호화 및 노화가 느리게 진행된다.
③ 아이오딘 용액 반응은 적자색을 띤다.
④ 포도당 결합 형태가 $\alpha-1,4$(직쇄상 구조)와 $\alpha-1,6$(측쇄상 구조) 결합으로 되어 있다.

05 쓴맛 물질과 식품 소재의 연결이 잘못된 것은?

① 테오브로민(Theobromine) – 초콜릿
② 나린진(Naringin) – 감귤류의 과피
③ 휴물론(Humulone) – 맥주
④ 쿠쿠르비타신(Cucurbitacin) – 도토리

06 밀가루의 단백질 중 글루텐을 형성하는 단백질로만 묶은 것은?

① 글루테닌, 알부민
② 글루테닌, 글로불린
③ 글리아딘, 글로불린
④ 글리아딘, 글루테닌

07 동물의 가죽이나 뼈 등에서 추출하며 안정제나 제과 원료로 사용되는 것은?

① 젤라틴 ② 펙 틴
③ 한 천 ④ 레시틴

08 우유에 첨가하면 응고현상을 나타낼 수 있는 것으로만 짝지어진 것은?

① 소금, 레닌(Lennin)
② 레닌(Lennin), 설탕
③ 식초, 레닌(Lennin)
④ 설탕, 카세인(Casein)

09 유지를 가열할 때 유지 표면에서 엷은 푸른 연기가 나기 시작할 때의 온도는?

① 응고점 ② 연화점
③ 용해점 ④ 발연점

10 반죽의 조직에 층상으로 분포하여 윤활작용을 하는 유지의 성질은 무엇인가?

① 가소성
② 크림성
③ 쇼트닝성
④ 유화성

11 쇼트닝에 대한 설명으로 옳지 않은 것은?

① 동·식물성 유지를 정제 가공한 유제품이다.
② 지방 함량이 100%이다.
③ 쇼트닝성과 크림성이 우수하다.
④ 동·식물성 유지에 물을 혼합해 만든다.

12 다음과 같은 조건이 주어지고, 마찰계수가 33일 때 반죽에 사용할 사용수의 온도는 얼마인가?

- 실내 온도 : 22℃
- 실외 온도 : 28℃
- 밀가루 온도 : 21℃
- 설탕 온도 : 21℃
- 유지 온도 : 20℃
- 달걀 온도 : 18℃
- 반죽 희망 온도 : 25℃

① 21℃ ② 19℃
③ 17℃ ④ 15℃

13 엔젤푸드 케이크를 용적이 1,640cm³인 팬에 구우려고 한다. 알맞은 반죽 양은 약 얼마인가?

① 190g ② 286g
③ 348g ④ 432g

14 다음 과자 반죽의 비중은 얼마인가?

- 물 1L의 무게 : 200g
- 반죽 2L의 무게 : 100g

① 0.1 ② 0.25
③ 0.5 ④ 0.75

15 반지름이 10cm이고 높이가 6cm 원형 팬의 용적은 얼마인가?

① 1,682cm³ ② 1,884cm³
③ 1,944cm³ ④ 2,022cm³

16 다음 중 반죽형 반죽하기에 해당하는 방법은 무엇인가?

① 공립법 ② 블렌딩법
③ 별립법 ④ 머랭

17 크림법에서 먼저 배합하는 재료를 옳게 묶은 것은?

① 유지, 달걀
② 달걀, 설탕
③ 유지, 설탕
④ 밀가루, 설탕

18 머랭을 만들 때 흰자의 기포성을 증가하기 위해 첨가하는 것은 무엇인가?

① 소금
② 우유
③ 설탕
④ 주석산 크림(Cream of Tartar)

19 충전물로 쓸 커스터드 크림을 만들 때 주의해야 할 사항으로 옳지 않은 것은?

① 우유는 멸균을 위해 펄펄 끓여야 한다.
② 커스터드 크림은 끓여서 빨리 식혀야 한다.
③ 식힐 때 균의 증식을 막으려면 얼음물로 식히는 것이 좋다.
④ 냉장고에 보관할 때에는 표면에 랩을 밀착시켜 보관한다.

20 다음 중 휴지가 필요하지 않은 것은 무엇인가?

① 밤과자 반죽
② 파운드 케이크 반죽
③ 퍼프 페이스트리 반죽
④ 케이크 도넛 반죽

21 초콜릿 템퍼링 시 중탕과 냉각에 적당한 온도로 알맞게 짝지어진 것은?

① 중탕 40~45℃, 냉각 10~15℃
② 중탕 45~50℃, 냉각 20~25℃
③ 중탕 50~55℃, 냉각 26~27℃
④ 중탕 55~60℃, 냉각 30~35℃

22 제품과 팬에 패닝할 반죽 양을 연결한 것 중 옳지 않은 것은?

① 옐로 레이어 케이크 – 팬 부피의 50~60%
② 파운드 케이크 – 팬 부피의 70~75%
③ 과일 케이크 – 팬 부피의 80%
④ 초코 머핀 – 팬 부피의 50%

23 다음은 어떤 쿠키의 정형인가?

> 달걀흰자와 설탕으로 만든 머랭 쿠키로, 밀가루는 거의 사용하지 않는다.

① 마카롱 쿠키
② 프랑스식 쿠키
③ 밀어 펴는 쿠키
④ 냉장 쿠키

24 쿠키류 정형에 관한 설명으로 적절하지 않은 것은?

① 쿠키류 정형 시 제품의 특성을 고려하여 적정한 크기와 두께를 균일하게 유지해야 한다.
② 쇼트브레드 쿠키에 사용할 달걀노른자는 체에 걸러서 사용한다.
③ 밀대에 사용하는 덧가루가 너무 적으면 제품에서 밀가루 냄새가 나거나 줄무늬가 생길 수 있다.
④ 마카롱은 패닝 후 충분히 건조시켜야 윗면이 매끄럽고 터지지 않는다.

25 쿠키 중에서 상대적으로 수분이 많아서 짜서 만드는 제품은?

① 드롭 쿠키
② 스냅 쿠키
③ 쇼트브레드 쿠키
④ 머랭 쿠키

26 쿠키를 구울 때 퍼짐을 좋게 하는 방법에 해당되지 않는 것은?

① 알칼리성 반죽
② 팽창제 사용
③ 높은 오븐 온도
④ 입자가 큰 설탕 사용

27 패닝 후 슈 반죽 표면에 물을 충분히 분사해 주는 것과 관련된 내용은?

① 균일한 중량과 부피가 되도록 한다.
② 겉표면이 갈색으로 구워지도록 한다.
③ 겉표면이 터지지 않도록 한다.
④ 오븐에서 껍질이 형성되는 것을 지연시켜 충분히 부풀어 오를 수 있도록 한다.

28 제과에서 설탕류의 기능이 아닌 것은?

① 물의 경도 조절
② 수분 보유제
③ 감미제
④ 껍질 색 제공

29 퍼프 페이스트리를 적절하게 휴지하지 못했을 때의 결과로 옳은 것은?

① 휴지 과정을 거치지 않음 – 유지가 딱딱해 반죽을 밀어 펼 때 반죽층이 찢어진다.
② 휴지 과정을 거치지 않음 – 반죽 사이로 유지가 새어 나와 결을 만들지 못한다.
③ 휴지가 지나쳤을 때 – 유지가 너무 물러 반죽층이 찢어질 수 있다.
④ 휴지가 지나쳤을 때 – 반죽 사이로 유지가 새어 나와 결을 만들지 못한다.

30 다음 중 달걀을 사용하지 않는 것은?

① 커스터드 크림
② 이탈리안 버터크림
③ 프렌치 버터크림
④ 가나슈크림

31 파운드 케이크를 구운 직후 달걀노른자에 설탕을 넣어 칠할 때 설탕의 역할이 아닌 것은?

① 맛의 개선
② 보존기간 개선
③ 광택제 효과
④ 탈색효과

32 다음과 같은 배합표에 따라 필요한 재료의 무게를 계량했다. 무게가 잘못된 재료는?

재료명	Baker's Percent(%)	1개 무게(g)
박력분	100	150
달 걀	250	
설 탕	120	
코코아파우더	20	
베이킹소다	2	

① 달걀 – 375g
② 설탕 – 180g
③ 코코아파우더 – 45g
④ 베이킹소다 – 3g

33 튀김의 단계가 순서대로 연결된 것은?

① 식품 내부의 수분이 표면으로 이동 → 식품 내부 익음 → 메일라드 반응
② 식품 내부 익음 → 식품 내부의 수분이 표면으로 이동 → 메일라드 반응
③ 메일라드 반응 → 식품 내부 익음 → 식품 내부의 수분이 표면으로 이동
④ 식품 내부의 수분이 표면으로 이동 → 메일라드 반응 → 식품 내부 익음

34 튀김 기름에 스테아린(Stearin)을 첨가하는 이유에 대한 설명으로 틀린 것은?

① 융점을 높인다.
② 도넛에 설탕 붙는 점착성을 높인다.
③ 기름의 침출을 막아 도넛 설탕이 젖는 것을 방지한다.
④ 경화제(Hardener)로 튀김 기름의 3~6%를 사용한다.

35 아몬드 분말과 분당을 이용하여 만들고, 오래전부터 케이크 아이싱으로 많이 사용된 아이싱 재료는 무엇인가?

① 버터크림
② 초콜릿
③ 마지팬
④ 폰 당

36 달걀흰자와 분당을 섞어 만드는 것으로, 케이크에 선을 그리는 데 사용할 수 있는 것은?

① 마지팬
② 모델링 반죽
③ 슈
④ 로열 아이싱

37 밀가루 반죽을 끊어질 때까지 늘려서 반죽의 신장성을 알아보는 것은?

① 아밀로그래프
② 패리노그래프
③ 익스텐소그래프
④ 믹소그래프

38 재료를 실온에서 보관할 경우 쇼트닝의 보관 기간으로 옳은 것은?

① 6~24개월
② 2~3년
③ 1년
④ 2~4개월

39 생크림 보존 온도로 가장 적합한 것은?

① -18℃ 이하
② -1~-5℃
③ 15~18℃
④ 0~10℃

40 다음 중 바이러스성 식중독의 원인균은?

① 노로바이러스
② 바실루스 세레우스
③ 보툴리누스균
④ 병원성 대장균

41 주방위생을 위협하는 위해요소 관리에 대한 설명으로 옳지 않은 것은?

① 장비, 용기 및 도구는 내부를 들여다보기 어려운 복잡한 디자인일수록 위해요소로부터 안전하다.
② 조리기구의 식품 접촉 표면은 염소계 소독제 200ppm을 사용하여 살균한다.
③ 의류용 세제에는 형광염료가 포함되어 있으므로 식품에 행주 사용을 금지한다.
④ 허가된 지정약품만 사용하고 일정 기간이 지나면 약품을 교체한다.

42 세계보건기구(WHO)가 정의한 건강의 내용이 아닌 것은?

① 육체적으로 완전한 상태
② 정신적으로 완전한 상태
③ 영양적으로 완전한 상태
④ 사회적 안녕의 완전한 상태

43 방사능 강하물 중에서 식품의 오염과 관련하여 위생상 문제가 되는 것은?

① Ca-45
② Sr-90
③ Na-24
④ Zn-65

44 공기의 자정작용에 속하지 않는 것은?

① 살균작용
② 희석작용
③ 세정작용
④ 여과작용

45 작업장의 부적당한 조명으로 인해 발생하는 질병과 가장 관계가 적은 것은?

① 가성근시
② 열사병
③ 안정피로
④ 안구진탕증

46 다음 중 곰팡이 독소가 아닌 것은?

① 파툴린(Patulin)
② 시트리닌(Citrinin)
③ 삭시톡신(Saxitoxin)
④ 스테리그마토시스틴(Sterigmatocystin)

47 화학물질에 의한 식중독을 일으키는 물질로, 일반 중독증상과 시신경의 염증으로 실명의 원인이 되는 것은?

① 수 은
② 청 산
③ 카드뮴
④ 메틸알코올

48 식품에서 흔히 볼 수 있는 푸른곰팡이는?

① 털곰팡이(Mucor)속
② 푸사륨(Fusarium)속
③ 페니실륨(Penicillium)속
④ 거미줄곰팡이(Rhizopus)속

49 식품첨가물에 관한 기준 및 규격을 고시하는 자로 옳은 것은?

① 식품의약품안전처장
② 시·도지사
③ 시장·군수·구청장
④ 시·군·구 보건소장

50 다음 중 식품위생행정의 목적과 가장 거리가 먼 것은?

① 국민보건의 증진
② 식품영양의 질적 향상 도모
③ 식품위생상의 위해 방지
④ 식품의 판매 촉진

51 다음 중 조리사 면허를 발급받을 수 있는 자는?

① 파산선고자
② 마약중독자
③ 조리사 면허 취소처분을 받고 6개월이 지난 자
④ 정신질환자(전문의가 적합하다고 인정하는 자 제외)

52 HACCP의 7가지 원칙을 설명한 것으로 잘못된 것은?

① 1단계 – 위해요소 분석
② 2단계 – 중요관리점 결정
③ 3단계 – 한계기준의 설정
④ 4단계 – 개선조치의 설정

53 미생물 종류 중 크기가 가장 큰 것은?

① 세균(Bacteria)
② 바이러스(Virus)
③ 곰팡이(Mold)
④ 효모(Yeast)

54 다음 중 제1 및 제2중간숙주가 있는 것은?

① 요충, 십이지장충
② 사상충, 회충
③ 간흡충, 유구조충
④ 폐흡충, 광절열두조충

55 집단감염이 잘되며, 항문 주위나 회음부에 소양증이 생기는 기생충은?

① 흡 충
② 편 충
③ 요 충
④ 십이지장충

56 다음 중 자외선을 이용하여 살균할 때 가장 유효한 파장은?

① 260~280nm
② 350~360nm
③ 450~460nm
④ 550~560nm

57 소독제의 살균력을 비교하기 위해서 이용되는 소독약은?

① 알코올
② 석탄산
③ 과산화수소
④ 차아염소산나트륨

58 식품의 보존료가 아닌 것은?

① 데하이드로초산(Dehydroacetic Acid)
② 소브산(Sorbic Acid)
③ 안식향산(Benzoic Acid)
④ 아스파탐(Aspartame)

59 손 세척에 대한 설명으로 옳지 않은 것은?

① 식품 취급자의 손은 중성세제나 양성비누로 깨끗이 씻는다.
② 손에 화농성 상처가 있는 사람은 식품을 제조하거나 제과·제빵 작업에 참여하지 않도록 해야 한다.
③ 손을 세척하고 소독한 뒤 앞치마로 닦아 물기를 제거해야 한다.
④ 손톱을 짧게 자른다.

60 바닥 마감재의 요건 중 작업자에 대한 안전성 확보와 관련이 없는 것은?

① 보행이 쉬울 것
② 작업이 쉬울 것
③ 넘어지거나 다치지 않을 것
④ 살균, 세정을 할 수 있을 것

제5회 | 모의고사

01 필수지방산이 가장 많이 들어 있는 것은?

① 보리
② 풋콩
③ 땅콩
④ 녹두

02 돼지의 지방조직을 가공하여 만든 것은?

① 라드
② 쇼트닝
③ 젤라틴
④ 헤드치즈

03 당류 중에 가장 단맛이 약한 것은?

① 포도당
② 유당
③ 설탕
④ 맥아당

04 다음 중 점탄성을 가진 것은?

① 찹쌀가루
② 빵가루
③ 옥수숫가루
④ 밀가루

05 달걀흰자의 기포성에 대한 설명으로 적절하지 않은 것은?

① 달걀흰자에 식용유를 소량 첨가하면 거품이 잘 생기고 윤기도 난다.
② 신선한 달걀보다는 어느 정도 묵은 달걀이 수양난백이 많아 거품이 쉽게 형성된다.
③ 달걀흰자의 거품이 형성된 후 설탕을 소량씩 첨가하면 안정성 있는 거품이 형성된다.
④ 달걀흰자는 냉장온도보다 실내온도에 저장했을 때 점도가 낮고 표면장력이 작아져 거품이 잘 생긴다.

06 에너지원으로 사용되는 영양소는?

① 물, 비타민, 무기질
② 탄수화물, 지방, 단백질
③ 무기질, 탄수화물, 물
④ 비타민, 지방, 단백질

07 다음 중 어떤 무기질이 결핍되면 크레틴병이 발생될 수 있는가?

① 인(P)
② 칼슘(Ca)
③ 아이오딘(I)
④ 마그네슘(Mg)

08 다음 중 수용성 비타민은?

① 레티놀(Retinol)
② 티아민(Thiamine)
③ 토코페롤(Tocopherol)
④ 칼시페롤(Calciferol)

09 리놀렌산(Linolenic Acid)의 급원식품으로 가장 적합한 것은?

① 라드
② 면실유
③ 들기름
④ 해바라기씨유

10 코코아(Cocoa)에 대한 설명으로 적절한 것은?

① 초콜릿 리큐어(Chocolate Liquor)를 압착·건조한 것이다.
② 카카오 닙스(Cacao Nibs)를 건조한 것이다.
③ 코코아 버터(Cocoa Butter)를 만들고 남은 박(Press Cake)을 분쇄한 것이다.
④ 비터 초콜릿(Bitter Chocolate)을 건조·분쇄한 것이다.

11 우유의 가공에 관한 설명으로 틀린 것은?

① 크림의 주성분은 우유의 지방성분이다.
② 분유는 전유, 탈지유, 반탈지유 등을 건조시켜 분말화한 것이다.
③ 무당연유는 살균과정을 거치지 않고, 유당연유만 살균과정을 거친다.
④ 초고온 순간 살균법은 130~150℃에서 2초간 살균하는 것이다.

12 스펀지 케이크를 용적이 410cm^{3}인 팬에 구우려고 한다. 알맞은 반죽 양은 약 얼마인가?

① 120g
② 100g
③ 90g
④ 80g

13 가나슈크림에 대한 설명 중 맞는 것은?

① 생크림은 절대 끓여서 사용하지 않는다.
② 초콜릿과 생크림의 배합비율은 10 : 1이 원칙이다.
③ 초콜릿 종류는 달라도 카카오 성분은 같다.
④ 끓인 생크림에 초콜릿을 더한 크림이다.

14 다음 과자 반죽의 비중은 얼마인가?

- 물 1L의 무게 : 400g
- 반죽 1L의 무게 : 300g

① 0.75
② 0.5
③ 1.5
④ 2

15 다음 중 거품형 반죽하기에 해당하는 방법은 무엇인가?

① 공립법
② 블렌딩법
③ 복합법
④ 설탕/물법

16 크림법에서 재료를 믹싱하는 순서로 옳은 것은?

① 달걀 → 유지, 설탕 → 밀가루, 베이킹파우더
② 유지, 설탕 → 달걀 → 밀가루, 베이킹파우더
③ 달걀 → 밀가루, 베이킹파우더 → 유지, 설탕
④ 밀가루, 베이킹파우더 → 유지, 설탕 → 달걀

17 다음은 거품형 반죽하기의 시폰형 반죽에 대한 설명이다. ㉠, ㉡, ㉢에 들어갈 말로 옳은 것은?

달걀의 흰자와 노른자를 분리하여 (㉠)는 반죽형과 같은 방법으로 제조하고, (㉡)는 (㉢)을 만들어 두 가지 반죽을 혼합하여 제조하는 방법이다.

	㉠	㉡	㉢
①	흰 자	노른자	머 랭
②	노른자	흰 자	크 림
③	노른자	흰 자	머 랭
④	흰 자	노른자	크 림

18 달걀흰자와 설탕을 혼합하고 43~49℃로 중탕하여 거품을 내서 만드는 머랭은?

① 이탈리안 머랭　② 프렌치 머랭
③ 냉제 머랭　　　④ 스위스 머랭

19 충전물로 쓸 버터크림 중 프렌치 버터크림의 재료로 옳게 짝지어진 것은?

① 달걀노른자, 버터, 설탕, 물엿, 물
② 달걀흰자, 버터, 설탕, 물
③ 전란, 버터, 설탕
④ 달걀흰자, 물엿, 버터

20 가나슈크림의 맛을 증가시키기 위해서 첨가할 수 있는 것은?

① 달 걀　　② 버 터
③ 주석산　　④ 전 분

21 딸기 토핑물을 제조할 때 농축을 끝내야 할 당도로 가장 적당한 것은?

① 20~30brix
② 30~40brix
③ 50~60brix
④ 70~80brix

22 장식물로 쓸 이탈리안 머랭 제조 시 달걀흰자와 설탕을 휘핑하기에 적당한 온도는 몇 도인가?

① 시럽 온도가 80℃일 때
② 시럽 온도가 90℃일 때
③ 시럽 온도가 100℃일 때
④ 시럽 온도가 110℃일 때

23 다음 중 반죽의 종류가 다른 하나는?

① 드롭 쿠키
② 머랭 쿠키
③ 스냅 쿠키
④ 쇼트브레드 쿠키

24 쿠키류 정형에 관한 설명으로 적절하지 않은 것은?

① 다쿠아즈를 오븐에 넣기 전에 분당을 다시 한 번 고르게 뿌려 주는 것이 좋다.
② 덧가루가 과다하면 제품에서 밀가루 냄새나 줄무늬가 생길 수 있으므로 붓으로 털어 내고 패닝한다.
③ 크기와 두께를 균일하게 유지하고 정형, 패닝해야 구울 때 일정한 색을 얻을 수 있다.
④ 다쿠아즈 정형 시 패닝 후 평탄 작업을 너무 짧게 하면 반죽 속의 머랭이 모두 가라앉아 버린다.

25 타르트 반죽에 피케 롤러나 포크를 이용하여 구멍을 내는 가장 주된 이유는?

① 구울 때 타르트 바닥의 열기가 나갈 수 있도록 하기 위해서이다.
② 제품을 부드럽게 하기 위해서이다.
③ 제품이 많이 부풀도록 하기 위해서이다.
④ 제품의 바삭함을 더하기 위해서이다.

26 케이크 도넛을 만드는 과정에 대한 다음 설명의 ( )에 들어갈 말로 알맞은 것은?

> 너무 오래 휴지하면 베이킹소다가 산화되어 튀길 때 ( )

① 색이 고르지 않게 튀겨진다.
② 볼륨이 작아진다.
③ 딱딱해진다.
④ 표면이 터진다.

27 도넛을 튀길 때 사용하는 기름에 대한 설명으로 옳지 않은 것은?

① 발연점이 높은 기름이 좋다.
② 기름이 적으면 뒤집기가 쉽다.
③ 튀김 기름의 평균 깊이는 12~15cm 정도가 좋다.
④ 기름이 너무 많으면 온도를 올리는 시간이 길어진다.

28 퍼프 페이스트리 밀어 펴기 작업 시 방향을 바꾸는 각도로 옳은 것은?

① 30°
② 45°
③ 60°
④ 90°

29 퍼프 페이스트리를 만들 때 유지를 배합한 반죽은 냉장고(0~4℃)에서 몇 분 이상 휴지시켜야 하는가?

① 10분 이상
② 15분 이상
③ 20분 이상
④ 30분 이상

30 반죽이 들어가는 입구와 제품이 나오는 출구가 서로 다른 오븐으로, 다양한 제품을 대량 생산할 수 있는 오븐은?

① 로터리 랙 오븐
② 데크 오븐
③ 컨벡션 오븐
④ 터널 오븐

31 구운 파운드 케이크 윗면에 바르는 달걀물의 배합으로 옳은 것은?

① 노른자 100% + 설탕 20~40%
② 노른자 90% + 설탕 10~20%
③ 노른자 80% + 설탕 5~10%
④ 노른자 70% + 설탕 20~40%

32 어떤 제품을 다음과 같은 조건으로 구웠을 때 제품에 남는 수분이 가장 많은 것은?

① 165℃에서 45분간
② 190℃에서 35분간
③ 205℃에서 30분간
④ 220℃에서 20분간

33 다음 중 박력분으로 제조하기에 가장 적합한 제품은?

① 파스타
② 소 면
③ 쿠 키
④ 식 빵

34 다음 중 거품형 반죽을 제조할 때 주로 사용하는 도구는?

① 분할기
② 훅
③ 휘 퍼
④ 비 터

35 쿠키를 굽는 과정에 대한 설명으로 옳지 않은 것은?

① 쿠키는 크기가 작고 납작한 모양이므로 굽는 시간이 짧다.
② 오버 베이킹을 하면 쿠키를 말 때 금이 가거나 부서지기 쉽다.
③ 낮은 온도에서 쿠키를 구우면 터지기 쉬우므로 높은 온도에서 빨리 구워야 한다.
④ 설탕 함량이 낮은 쿠키는 설탕량이 많은 쿠키보다 낮은 온도에서 굽는다.

36 과자류 제품의 표면을 적절한 재료로 씌우는 작업은 무엇인가?

① 필 링
② 템퍼링
③ 아이싱
④ 모델링

37 생크림을 이용한 아이싱을 할 때 작업장의 실내 온도로 알맞은 것은?

① 0~5℃
② 5~10℃
③ 15~20℃
④ 20~30℃

38 과자류 포장방법 중 포장지가 가장 적게 드는 포장법은?

① 원형 포장
② 부직포 사용 포장
③ 캐러멜 포장
④ 보자기식 포장

39 다음 중 성질이 다른 보존법은?

① 가열살균법
② 건조법
③ 염장법
④ 조사살균법

40 다음은 어떤 냉동법에 대한 설명인가?

> 두꺼운 알루미늄판 속에 암모니아 가스를 넣어 −50℃ 정도로 냉각시키는 방법이다.

① 에어 블라스트 냉동법
② 컨덕트 냉동법
③ 나이트로겐 냉동법
④ 순간 냉동법

41 식품 등에 표시된 보관방법을 준수할 경우 섭취하여도 안전에 이상이 없는 기한을 가리키는 말은?

① 저장기한
② 유통기한
③ 소비기한
④ 섭취기한

42 식중독 위기 대응의 4단계 중 다음은 어떤 단계에 대한 설명인가?

> • 전국에서 동시에 원인 불명의 식중독 확산
> • 특정 시설에서 전체 급식 인원의 50% 이상 환자 발생

① 관심(Blue) 단계
② 주의(Yellow) 단계
③ 경계(Orange) 단계
④ 심각(Red) 단계

43 튀김 기름을 여러 번 사용하였을 때 일어나는 현상이 아닌 것은?

① 산화가 많이 일어난다.
② 흡유량이 작아진다.
③ 점도가 증가한다.
④ 튀김 시 거품이 생긴다.

44 노화를 억제하기 위한 방법이 아닌 것은?

① 유화제를 첨가한다.
② 설탕을 첨가한다.
③ 급속 냉동한다.
④ 온도를 0℃로 조절한다.

45 발효가 부패와 다른 점은?

① 가스가 발생한다.
② 미생물이 작용한다.
③ 성분의 변화가 일어난다.
④ 생산물을 식용으로 할 수 있다.

46 식품취급자가 손을 씻는 방법으로 적합하지 않은 것은?

① 손톱 밑을 문지르면서 손가락 사이를 씻는다.
② 왼 손바닥으로 오른쪽 손등을 닦고 오른 손바닥으로 왼쪽 손등을 씻어 준다.
③ 살균효과를 증대시키기 위해 역성비누액에 일반비누액을 섞어 사용한다.
④ 역성비누 원액 몇 방울을 손에 30초 이상 문지르고 흐르는 물로 씻는다.

47 식품첨가물의 사용 목적과 이에 따른 첨가물의 종류가 바르게 연결된 것은?

① 식품의 영양 강화를 위한 것 – 강화제
② 식품의 관능을 만족시키기 위한 것 – 보존료
③ 식품의 변질이나 변패를 방지하기 위한 것 – 감미료
④ 식품의 품질을 개량하거나 유지하기 위한 것 – 산미료

48 식품의 본래의 색을 없애거나 퇴색을 방지하기 위하여 사용하는 첨가물은?

① 소포제
② 발색제
③ 살균제
④ 표백제

49 환경오염물질 등 비의도적으로 혼입하는 물질에 대해 평생 동안 섭취해도 건강상 유해한 영향이 나타나지 않는다고 판단되는 양을 의미하는 것은?

① LD_{50}(반수치사량)
② LC_{50}(반수치사농도)
③ ADI(일일섭취허용량)
④ TDI(내용일일섭취량)

50 식품과 독성분의 연결이 틀린 것은?

① 굴 - 베네루핀(Venerupin)
② 섭조개 - 삭시톡신(Saxitoxin)
③ 독버섯 - 아미그달린(Amygdaline)
④ 독보리 - 테물린(Temuline)

51 식중독에 관한 설명으로 틀린 것은?

① 세균, 곰팡이, 화학물질 등이 원인 물질이다.
② 발열, 구역질, 구토, 설사, 복통 등의 증세가 나타난다.
③ 자연독이나 유해물질이 함유된 음식물을 섭취함으로써 생긴다.
④ 대표적인 식중독에는 콜레라, 세균성 이질, 장티푸스 등이 있다.

52 식품취급자의 화농성 질환에 의해 감염되는 식중독은?

① 웰치균 식중독
② 황색포도상구균 식중독
③ 장염 비브리오 식중독
④ 병원성 대장균 식중독

53 다수인이 밀집한 실내 공기가 물리·화학적 조성의 변화로 불쾌감, 두통, 권태, 현기증 등을 일으키는 것은?

① 빈 혈
② 진균독
③ 군집독
④ 산소중독

54 식중독 발생 시 즉시 취해야 할 행정적 조치는?

① 식중독 발생신고
② 원인 식품의 폐기처분
③ 연막소독
④ 역학조사

55 식품 등을 판매하거나 판매할 목적으로 취급할 수 있는 것은?

① 포장에 표시된 내용량에 비하여 중량이 부족한 식품
② 썩거나 상하거나 설익어서 인체의 건강을 해칠 우려가 있는 식품
③ 영업의 신고를 하여야 하는 경우에 신고하지 아니한 자가 제조한 식품
④ 병을 일으키는 미생물에 오염되었거나 그 염려가 있어 인체의 건강을 해칠 우려가 있는 식품

56 식품 등을 제조·가공하는 영업자가 식품 등이 기준과 규격에 맞는지 자체적으로 검사하는 것을 일컫는 식품위생법상 용어는?

① 제품검사
② 정밀검사
③ 수거검사
④ 자가품질검사

57 화학적 산소요구량을 나타내는 것은?

① SS
② DO
③ BOD
④ COD

58 카드뮴 만성중독의 주요 3대 증상이 아닌 것은?

① 녹내장　　② 폐기종
③ 신장기능 장애　　④ 단백뇨

59 교차오염 방지를 위해 하는 행동으로 옳지 않은 것은?

① 식자재와 음식물이 직접 닿는 랙(Rack)이나 내부 표면, 용기는 매일 세척·살균한다.
② 주방공간에 설치된 장비나 기물은 정기적인 세척을 해 주어야 한다.
③ 상온창고의 바닥은 일정한 습도를 유지해야 한다.
④ 만일에 대비해 주방설비의 작동 매뉴얼과 세척을 위한 설명서를 확보해 두는 것이 좋다.

60 위생장갑 착용에 대한 설명으로 옳지 않은 것은?

① 손을 세척할 때마다 새로운 장갑을 착용한다.
② 위생장갑을 착용한 후 냉장고 문이나 전화 등을 만질 때에는 키친타월을 이용한다.
③ 위생장갑은 유색보다 흰색을 사용한다.
④ 손에 상처가 있을 경우 알코올이나 과산화수소로 소독한다.

제6회 모의고사

정답 및 해설 p.198

01 버터의 수분 함량이 23%라면, 버터 20g은 몇 칼로리(kcal)의 열량을 내는가?

① 61.6kcal
② 138.6kcal
③ 153.6kcal
④ 180.0kcal

02 다음 유지류 중 필수지방산이 가장 많이 함유되어 있는 것은?

① 버터
② 소기름
③ 콩기름
④ 쇼트닝

03 경단백질로서 가열에 의해 젤라틴으로 변하는 것은?

① 케라틴(Keratin)
② 콜라겐(Collagen)
③ 엘라스틴(Elastin)
④ 히스톤(Histone)

04 다음 중 황 함유 아미노산은?

① 메티오닌
② 프롤린
③ 글리신
④ 트레오닌

05 영양소와 급원식품의 연결이 옳은 것은?

① 칼슘 – 우유, 뱅어포
② 비타민 A – 당근, 미역
③ 필수지방산 – 대두유, 버터
④ 동물성 단백질 – 두부, 소고기

06 아이오딘값(Iodine Value)이 높은 지방은 어느 지방산의 함량이 높겠는가?

① 라우르산(Lauric Acid)
② 팔미트산(Palmitic Acid)
③ 리놀렌산(Linolenic Acid)
④ 스테아르산(Stearic Acid)

07 카세인(Casein)이 효소에 의하여 응고되는 성질을 이용한 식품은?

① 아이스크림
② 치 즈
③ 버 터
④ 크림수프

08 식품의 산성 및 알칼리성을 결정하는 기준 성분은?

① 필수지방산 존재 여부
② 필수 아미노산 존재 여부
③ 구성 탄수화물
④ 구성 무기질

09 우유를 가열할 때 용기 바닥이나 옆에 눌어붙은 것은 주로 어떤 성분인가?

① 카세인
② 유 청
③ 레시틴
④ 유 당

10 감귤류의 과피나 사과에서 분리·정제하여 얻으며, 제품의 품질 향상을 위하여 겔화제로 이용하는 안정제는?

① 펙 틴   ② 한 천
③ 알 긴   ④ 젤라틴

11 달걀흰자의 거품 형성과 관련된 내용으로 옳지 않은 것은?

① 교반시간이 짧을수록 거품의 용적과 안정성이 유지된다.
② 거품 형성에는 전동교반기가 수동교반기보다 효과가 더 크다.
③ 달걀흰자는 실온보다 냉장온도에서 보관한 것이 더 교반하기 쉽다.
④ 지나치게 오래 교반하면 거품은 작아지지만 가만히 두면 굵은 거품을 형성하게 된다.

12 제과에서 설탕의 기능이 아닌 것은?

① 제품에 풍미 및 감미를 제공한다.
② 갈변반응과 캐러멜화 반응에 의해 껍질 색을 형성한다.
③ 수분 보유력을 증가시켜 제품의 노화를 지연시킨다.
④ 글루텐을 형성하여 제품의 조직, 가공, 속결을 단단하게 한다.

13 제과에서 달걀의 기능이 아닌 것은?

① 구조를 형성한다.
② 수분을 공급한다.
③ 수축작용을 한다.
④ 유화작용을 한다.

14 우유 200mL 한 컵에 단백질 6g이 들어 있다면 단백질로부터 얻을 수 있는 열량은 얼마인가?

① 6kcal　　② 24kcal
③ 54kcal　　④ 120kcal

15 전분의 호화에 필요한 요소만으로 나열된 것은?

① 물, 열
② 물, 기름
③ 기름, 설탕
④ 열, 설탕

16 팻 블룸이 일어나지 않고 매끈한 광택의 초콜릿을 만드는 방법은?

① 콘 칭
② 아이싱
③ 템퍼링
④ 슈거 블룸

17 유지의 특징으로 달걀, 설탕, 밀가루 등을 잘 섞이게 하는 성질을 말하는 것은?

① 가소성　　② 유화성
③ 크림성　　④ 쇼트닝성

18 환원당과 아미노 화합물의 축합이 이루어질 때 생기는 갈색 반응은?

① 캐러멜화 반응(Caramelization)
② 메일라드 반응(Maillard Reaction)
③ 효소적 갈변(Enzymatic Browning Reaction)
④ 아스코브산(Ascorbic Acid)의 산화에 의한 갈변

19 일반적인 케이크 제조 시 사용하는 밀가루의 pH는?

① pH 2.5　　② pH 4.0
③ pH 5.2　　④ pH 7.8

20 반죽형 케이크 제조 시 중심부가 가라앉는 경우는?

① 반죽이 너무 될 때
② 설탕량이 많을 때
③ 유지의 양이 적을 때
④ 오븐 윗불의 온도가 높을 때

21 비중에 대한 설명으로 옳지 않은 것은?

① 비중이 높으면 큰 기포가 형성되어 거친 조직이 된다.
② 비중의 수치가 낮으면 반죽에 공기가 많이 들어 있다는 뜻이다.
③ 같은 부피의 제품을 구울 때 비중이 높으면 부피가 작고 단단해진다.
④ 비중이 낮으면 포장의 어려움이나 굽기 후 식히는 과정에서 부피가 줄어들 수 있어 제품을 균일하게 유지하는 데 문제가 될 수 있다.

22 퍼프 페이스트리의 적당한 반죽 온도는?

① 18℃ ② 20℃
③ 25℃ ④ 30℃

23 퍼프 페이스트리에 대한 설명으로 옳지 않은 것은?

① 반죽에 이스트를 넣지 않는다.
② 구울 때 반죽 사이의 유지가 녹아 생긴 공간을 수증기압으로 부풀린다.
③ 반죽이 늘어지는 성질이 좋기 때문에 결을 많이 만들 수 있다.
④ 반죽 제조법에 따라 혼합법과 단계법으로 구분할 수 있다.

24 프랑스어로 껍질을 의미하며 마카롱에서 크림을 뺀 쿠키 부분을 말하는 것은?

① 피 에 ② 코 크
③ 필 링 ④ 몽타주

25 케이크의 반죽과 머랭 제조법을 연결한 것으로 옳지 않은 것은?

① 버터스펀지 케이크 - 공립법, 별립법
② 시폰 케이크 - 시폰형
③ 마카롱 - 이탈리안 머랭
④ 다쿠아즈 - 프랑스 머랭

26 반죽의 비용적의 단위로 맞는 것은?

① cm^2/g ② cm^3/mL
③ cm^2/mL ④ cm^3/g

27 다음 중 반죽 1g당 팬 용적(cm^3)이 가장 큰 것은?

① 파운드 케이크
② 레이어 케이크
③ 엔젤푸드 케이크
④ 스펀지 케이크

28 파운드 팬 종이 재단에 대한 설명으로 옳지 않은 것은?

① 거품형 반죽은 반죽 혼합 과정이 끝나기 전 종이 재단을 완료해야 한다.
② 위생지를 반으로 접은 후 재단한다.
③ 위생지는 팬 높이보다 높게 한다.
④ 팬 높이보다 낮으면 반죽이 팬에 붙어 잘 떨어지지 않는다.

29 다음 중 퍼프 페이스트리 정형 시, 휴지의 목적이 아닌 것은?

① 글루텐 팽창
② 재료의 수화
③ 밀어 펴기 용이
④ 반죽과 유지의 되기 조절

30 쿠키의 정형 시 유의사항이 아닌 것은?

① 반죽의 온도와 반죽 후 시간에 따라 물성이 변한다.
② 같은 철판에 구울 쿠키는 일정한 모양과 크기를 가져야 하고 간격도 균일해야 한다.
③ 철판에 기름칠이 과도하면 퍼짐성이 크게 된다.
④ 장식물은 쿠키의 표피가 건조된 후에 올려놓는다.

31 퍼프 페이스트리 정형 시 접는 방법으로 옳지 않은 것은?

① 반죽을 정사각형으로 만들고 충전용 유지를 넣어 밀어 편 후 접는다.
② 밀어 펴기 후 최초 크기로 반을 접는다.
③ 휴지 - 밀어 펴기 - 접기를 반복한다.
④ 반죽의 가장자리는 항상 직각이 되도록 한다.

32 튀김 조리 시 흡유량에 대한 설명으로 틀린 것은?

① 흡유량이 많으면 소화속도가 느려진다.
② 튀김시간이 길어질수록 흡유량이 많아진다.
③ 튀기는 기름의 온도가 낮을수록 흡유량이 많아진다.
④ 튀기는 식품의 표면적이 클수록 흡유량이 감소한다.

33 다음 중 과자류 제품의 굽기에 영향을 주는 요인이 아닌 것은?

① 오븐 온도
② 팬의 재질
③ 짤 주머니 종류
④ 가열에 의한 팽창

34 기름 흡수가 증가되는 재료와 성분이 아닌 것은?

① 달 걀
② 수 분
③ 레시틴
④ 글루텐

35 다음 중 유지의 발연점이 낮아지는 원인이 아닌 것은?

① 유리지방산의 함량이 높은 경우
② 튀김하는 그릇의 표면적이 좁은 경우
③ 기름에 이물질이 많이 들어 있는 경우
④ 오래 사용하여 기름이 지나치게 산패된 경우

36 −195℃의 액체 질소를 이용하여 순간적으로 냉동시키는 방법은?

① 에어 블라스트 냉동법
② 컨덕트 냉동법
③ 나이트로겐 냉동법
④ 워크인 냉동법

37 머랭, 슈 반죽, 생크림, 아이싱 등을 채워 넣고 짜내는 용구를 말하는 것은?

① 분무기
② 짤 주머니
③ 모양 깍지
④ 스크레이퍼

38 장식물의 재료가 아닌 것은?

① 쿠 키
② 머 랭
③ 오 일
④ 초콜릿

39 케이크에 크림을 바를 때나 데커레이션에 사용하는 도구는?

① 파이롤러
② 스패출러
③ 스크레이퍼
④ 키친에이드

40 파운드 케이크의 알맞은 포장방법은?

① 진공포장
② 함기포장
③ 밀봉포장
④ 탈기포장

41 식품에 식염을 직접 뿌리는 염장법은?

① 물간법
② 마른간법
③ 압착염장법
④ 염수주사법

42 냉장했던 딸기의 색깔을 선명하게 보존할 수 있는 조리법은?

① 서서히 가열한다.
② 짧은 시간에 가열한다.
③ 높은 온도로 가열한다.
④ 전자레인지에서 가열한다.

43 당장법으로 식품을 보존할 때 사용되는 설탕 농도는?

① 30%
② 40%
③ 50%
④ 60%

44 신선한 달걀에 대한 설명으로 옳은 것은?

① 깨뜨려 보았을 때 난황계수가 작은 것
② 흔들어 보았을 때 진동소리가 나는 것
③ 표면이 까칠까칠하고 광택이 없는 것
④ 수양난백의 비율이 높은 것

45 반죽 날개가 수직으로 설치되어 있고, 소규모 제과점에서 케이크 반죽에 주로 사용하는 믹서는?

① 수직형 믹서
② 수평형 믹서
③ 스파이럴 믹서
④ 에어 믹서

46 식품 등의 위생적 취급에 관한 기준으로 틀린 것은?

① 어류·육류·채소류를 취급하는 칼과 도마는 구분하여 사용하여야 한다.
② 소비기한이 경과된 식품 등을 판매하거나 판매의 목적으로 진열·보관하여서는 안 된다.
③ 부패·변질되기 쉬운 원료는 냉동·냉장시설에 보관·관리하여야 한다.
④ 식품의 조리에 직접 사용되는 기구는 사용 전에만 세척·살균하는 등 항상 청결하게 유지·관리하여야 한다.

47 식품첨가물이 갖추어야 할 조건으로 옳지 않은 것은?

① 식품에 나쁜 영향을 주지 않을 것
② 다량 사용하였을 때 효과가 나타날 것
③ 상품의 가치를 향상시킬 것
④ 식품성분 등에 의해서 그 첨가물을 확인할 수 있을 것

48 식품위생법상 출입·검사·수거 등에 관한 사항 중 틀린 것은?

① 식품의약품안전처장은 검사에 필요한 최소량의 식품 등을 무상으로 수거하게 할 수 있다.
② 출입·검사·수거 또는 장부 열람을 하고자 하는 공무원은 그 권한을 표시하는 증표를 지녀야 하며 관계인에게 이를 내보여야 한다.
③ 시장·군수·구청장은 필요에 따라 영업을 하는 자에 대하여 필요한 서류나 그 밖의 자료의 제출 요구를 할 수 있다.
④ 행정응원의 절차, 비용부담 방법 그 밖에 필요한 사항은 검사를 실시하는 담당 공무원이 임의로 정한다.

49 다음 중 2가지 식품을 섞어서 음식을 만들 때 단백질의 상호보조 효력이 가장 큰 것은?

① 밀가루와 현미가루
② 쌀과 보리
③ 시리얼과 우유
④ 밀가루와 건포도

50 껌 기초제로 사용되며, 피막제로도 사용되는 식품첨가물은?

① 초산비닐수지
② 에스터검(에스테르검)
③ 폴리아이소부틸렌
④ 폴리소베이트

51 군집독의 가장 큰 원인은?

① 실내 공기의 이화학적 조성의 변화 때문이다.
② 실내의 생물학적 변화 때문이다.
③ 실내 공기 중 산소의 부족 때문이다.
④ 실내 기온이 상승하여 너무 덥기 때문이다.

52 경구감염병과 비교하여 세균성 식중독이 가지는 일반적인 특성은?

① 잠복기가 짧다.
② 2차 발병률이 매우 높다.
③ 소량의 균으로도 발병한다.
④ 면역성이 있다.

53 중금속에 의한 중독과 증상을 바르게 연결한 것은?

① 납 중독 – 빈혈, 소화기장애 등의 조혈장애
② 수은 중독 – 골연화증
③ 카드뮴 중독 – 흑피증, 각화증
④ 비소 중독 – 사지마비, 보행장애

54 다음 중 감염병을 관리하는 데 있어 가장 어려운 대상은?

① 건강보균자
② 식중독 환자
③ 급성감염병환자
④ 만성감염병환자

55 제1급 감염병이 아닌 것은?

① 백일해
② 라싸열
③ 페스트
④ 마버그열

56 일반적으로 미생물이 관계하여 일어나는 현상은?

① 육류의 경직해제
② 생선의 부패(Putrefaction)
③ 과일의 호흡작용(후숙)
④ 유지의 자동산화(Autoxidation)

57 일반적인 염소계 살균 소독제의 농도는?

① 50ppm
② 100ppm
③ 150ppm
④ 200ppm

58 역성비누와 일반비누를 사용할 때 사용방법으로 옳은 것은?

① 일반비누로 먼저 씻어낸 후 역성비누를 사용한다.
② 일반비누와 역성비누를 섞어서 거품을 내며 사용한다.
③ 역성비누를 먼저 사용한 후 일반비누를 사용한다.
④ 일반비누와 역성비누의 사용 순서는 살균력과 무관하다.

59 생물학적 위해요소가 아닌 것은?

① 살모넬라
② 잔류농약
③ 병원성대장균
④ 황색포도상구균

60 위생복 관리 및 착용으로 옳지 않은 것은?

① 위생복의 상의와 하의는 더러움을 쉽게 확인할 수 있도록 흰색이나 옅은 색상이 좋다.
② 도난을 방지하기 위하여 몸에 부착된 시계, 반지, 팔찌 등의 장신구는 착용하도록 한다.
③ 작업장 입구에 설치된 에어 샤워 룸에서 위생복에 묻어 있는 이물질이나 미생물을 최종적으로 제거한다.
④ 작업이 끝나면 위생복과 외출복은 구분된 옷장에 보관하여 교차오염을 방지하도록 한다.

제7회 | 모의고사

01 알류, 콩류에 함유된 주된 영양소는?

① 단백질
② 탄수화물
③ 지방
④ 비타민

02 다음 중 물에 녹는 비타민은?

① 레티놀(Retinol)
② 토코페롤(Tocopherol)
③ 티아민(Thiamine)
④ 칼시페롤(Calciferol)

03 필수 아미노산이 아닌 것은?

① 라이신
② 트립토판
③ 리놀렌산
④ 페닐알라닌

04 제과용 밀가루로 가장 적절한 것은?

① 강력분
② 중력분
③ 박력분
④ 듀럼분

05 제과에서 소금이 발효에 미치는 영향을 바르게 설명한 것은?

① 이스트의 발효를 활발하게 한다.
② 이스트의 발효를 지연시킨다.
③ 1% 이상의 농도에서 발효가 빨라진다.
④ 소금은 발효에 영향을 미치지 않는다.

06 우유에서 지방을 제거한 우유는?

① 발효유
② 농축우유
③ 탈지유
④ 전지분유

07 우유에 산을 넣으면 응고물이 생기는데 이 응고물의 주체는?

① 유 당
② 레 닌
③ 카세인
④ 유지방

08 다음 당류 중 단맛이 가장 약한 것은?

① 포도당
② 과 당
③ 맥아당
④ 설 탕

09 비스킷은 상온에서 비교적 장시간 저장해 두어도 노화가 잘 일어나지 않는데, 주된 이유는?

① 낮은 수분 함량
② 낮은 pH
③ 높은 수분 함량
④ 높은 pH

10 밀가루 제품의 가공 특성에 가장 큰 영향을 미치는 것은?

① 라이신
② 글로불린
③ 트립토판
④ 글루텐

11 식음료 업장에서 낙상을 예방하기 위한 조치로 가장 적절하지 않은 것은?

① 기름을 이용한 조리 후에는 바닥을 깨끗하게 닦는다.
② 작업 중 배수가 잘 되도록 하여 바닥을 건조하게 한다.
③ 반드시 방수 안전장화를 착용한다.
④ 식품 재료를 바닥에 떨어뜨리지 않는다.

12 카카오 버터의 결정이 거칠어지고 설탕의 결정이 석출되어 초콜릿의 조직이 노화되는 현상은?

① 콘칭(Conching)
② 블룸(Bloom)
③ 페이스트(Paste)
④ 템퍼링(Tempering)

13 당과 산에 의해서 젤을 형성하며 젤화제, 증점제, 안정제 등으로 사용되는 것은?

① 한 천
② 펙 틴
③ 씨엠씨(CMC)
④ 젤라틴

14 우유 가공품이 아닌 것은?

① 버 터
② 마요네즈
③ 치 즈
④ 아이스크림

15 유화(Emulsion)와 관련이 적은 식품은?

① 버 터
② 생크림
③ 묵
④ 우 유

16 식품의 갈변현상을 억제하기 위한 방법과 거리가 먼 것은?

① 효소의 활성화
② 염류 또는 당 첨가
③ 아황산 첨가
④ 열처리

17 달걀을 서서히 가열하면 반투명하게 되면서 굳게 되는 성질을 무엇이라고 하는가?

① 기포성
② 유화성
③ 분리성
④ 열응고성

18 다음 중 케이크의 반죽 제조방법이 옳게 짝지어진 것은?

① 버터 쿠키 - 블렌딩법
② 과일 케이크 - 설탕/물법
③ 파운드 케이크 - 크림법
④ 마들렌 - 복합법

19 다음 중 거품형 반죽에 대한 설명으로 옳지 않은 것은?

① 거품형 케이크는 원칙적으로 유지를 함유하지 않아 기공이 크고 가볍다.
② 전란을 사용하는 스펀지 케이크와 흰자만을 사용하는 머랭이 있다.
③ 믹싱법에 따라 복합법과 단계법이 있다.
④ 달걀의 단백질을 휘핑하면 물리화학적 특성이 변하여 신장성이 생긴다.

20 다음 중 반죽 온도가 낮을 경우 발생하는 현상이 아닌 것은?

① 기공이 조밀해서 부피가 작아져 식감이 나빠진다.
② 굽기 중 오븐 온도에 의한 증기압을 형성하는 데 많은 시간이 필요하다.
③ 껍질이 형성된 후 증기압에 의한 팽창으로 표면이 터지고 거칠어질 수 있다.
④ 기공이 열리고 큰 구멍이 생겨 조직이 거칠게 되어 노화가 빨라진다.

21 수돗물 온도 25℃, 사용할 물의 온도 20℃, 사용할 물의 양이 6.3kg일 때, 얼음 사용량은?

① 100g   ② 200g
③ 300g   ④ 400g

22 다음 중 반죽 온도가 가장 낮은 것은?

① 버터스펀지 케이크
② 파운드 케이크
③ 퍼프 페이스트리
④ 버터 쿠키

23 도넛 글레이즈의 적당한 사용 온도는?

① 15℃
② 30℃
③ 35℃
④ 50℃

24 엔젤푸드 케이크에 주석산 크림을 사용하는 이유가 아닌 것은?

① 색을 희게 한다.
② 흡수율을 높인다.
③ 흰자를 강하게 한다.
④ pH 수치를 낮춘다.

25 팬의 가로가 8cm, 세로가 12cm, 높이가 6cm일 때, 비용적 4cm³/g의 케이크를 구우려면 몇 g의 케이크를 분할 패닝하여야 하는가?

① 120g
② 144g
③ 168g
④ 192g

26 다음 중 팬 오일(이형유)의 종류가 아닌 것은?

① 왁 스
② 쇼트닝
③ 대두유
④ 땅콩기름

27 시폰 팬의 정형에 대한 설명으로 옳지 않은 것은?

① 시폰 팬과 분무기, 고무 주걱 등의 기구가 필요하다.
② 시폰 팬에 가능한 한 물을 많이 뿌려 놓는다.
③ 반죽은 미리 물을 뿌려 준비해 둔 시폰 팬 부피의 60% 정도를 패닝한다.
④ 반죽을 채운 팬을 작업대 위에 가볍게 부딪혀 큰 기포를 제거한다.

28 머핀 팬의 정형에 대한 설명으로 옳지 않은 것은?

① 초코 머핀, 마데라 컵 케이크 등의 정형에 쓰인다.
② 짤 주머니를 이용한 분할 패닝 작업 시 바닥에 빈 공간이 생기지 않도록 유의한다.
③ 머핀 컵 위쪽에 반죽이 묻어나지 않도록 주의하여 짜 준다.
④ 초코 머핀의 경우 머핀 팬에 팬 부피의 50% 정도의 부피가 되도록 짜 넣는다.

29 퍼프 페이스트리를 제조할 때 주의할 점으로 틀린 것은?

① 반죽을 단기간 보관할 때 −20℃ 이하의 냉동고에서 보관한다.
② 굽기 전에 적정한 휴지를 시킨다.
③ 파치(Scrap Pieces)가 최소로 되도록 성형한다.
④ 충전물을 넣고 굽는 반죽은 껍질에 작은 구멍을 낸다.

30 튀김 기름의 적정 온도 유지를 위한 방법으로 옳지 않은 것은?

① 튀김 재료의 10배 이상의 충분한 양의 기름을 준비한다.
② 한 번에 넣고 튀기는 재료와 양은 일반적으로 튀김 냄비 기름 표면적의 1/3~1/2 이내여야 한다.
③ 수분 함량이 많은 식품은 기름 온도를 저하시키므로 미리 어느 정도 수분을 제거시킨다.
④ 튀김할 때 두꺼운 금속 용기로 직경이 넓은 팬을 사용하는 것이 바람직하다.

31 튀김 시 기름 흡유량이 증가하는 경우가 아닌 것은?

① 재료에 달걀을 넣는다.
② 튀김 시간을 길게 한다.
③ 튀기는 식품의 표면적을 크게 한다.
④ 박력분 대신 강력분을 사용한다.

32 쿠키 굽기에 대한 설명으로 적절하지 않은 것은?

① 쿠키는 크기가 작고 납작한 모양이므로 굽는 시간이 짧다.
② 쿠키 굽기가 완료되면 식힘 망에서 냉각한다.
③ 설탕 함량이 낮은 쿠키(밀가루 35% 이하)는 설탕량이 많고 유지량이 적은 쿠키보다 낮은 온도에서 굽는다.
④ 위치에 따라 오븐의 온도 차이가 생기면 제때 철판 위치를 바꿔야 한다.

33 반죽을 구울 때 나타나는 물리적·생화학적 반응에 대해 잘못 설명한 것은?

① 오븐 열에 의하여 반죽 표면에 얇은 막을 형성한다.
② 반죽 속 수분에 녹아 있던 이산화탄소가 증발하기 시작한다.
③ 글루텐의 응고는 75℃ 전후로 시작하여 빵의 골격을 이룬다.
④ 이스트가 사멸됨과 동시에 반죽의 팽창은 완성된다.

34 초콜릿 장식물 제조 시 유의사항으로 옳지 않은 것은?

① 초콜릿 작업 시 작업실의 온도는 20~24℃가 되도록 한다.
② 수랭법을 할 때는 열전도율이 높은 스테인리스 용기를 사용한다.
③ 초콜릿을 중탕하기 쉽도록 작게 자른다.
④ 템퍼링이 잘되었는지 종이에 찍어서 확인한다.

35 크림을 거품 낸 것으로, 가장 많이 쓰이는 아이싱의 종류는?

① 폰당(폰던트)
② 초콜릿
③ 생크림
④ 버터크림

36 제과류 제품의 냉각 환경으로 적절하지 않은 것은?

① 온도는 15~20℃ 사이를 유지하는 것이 좋다.
② 냉각실은 습도가 낮은 것이 더 좋으나, 일반적으로 80% 정도면 적당하다.
③ 냉각 시간은 제품의 크기와 개수에 따라 조절할 수 있으나, 15분에서 1시간이면 대부분의 제과류의 냉각이 이루어진다.
④ 다른 냄새가 혼입되지 않도록 통풍이 되지 않는 곳이어야 한다.

37 냉장 유통 제품의 적정 온도는?

① −18℃ 이하
② 0~10℃
③ 1~35℃
④ 15~25℃

38 저장 관리의 목적이 아닌 것은?

① 원재료의 재고율을 높인다.
② 재료 낭비로 인한 원가 상승을 막는 데 있다.
③ 정확한 출고량을 파악·관리한다.
④ 도난, 폐기, 발효에 의한 손실을 최소화하여 생산에 차질이 발생하지 않도록 한다.

39 실온 저장 건조 창고의 적정한 온도와 상대습도는?

① 0~10℃, 30~40%
② 0~10℃, 50~60%
③ 10~20℃, 30~40%
④ 10~20℃, 50~60%

40 식품의 물리적 처리에 의한 보존방법이 아닌 것은?

① 건조법
② 냉장·냉동법
③ 가열살균법
④ 당장법

41 쿠키 등 과자 포장 시 주로 사용하는 포장재가 아닌 것은?

① 통조림용 금속
② 폴리스티렌
③ 폴리에틸렌
④ OPP 골판지

42 제품을 뒤집지 않아도 포장할 수 있으며, 포장지가 가장 적게 드는 포장법은?

① 캐러멜 포장
② 보자기식 포장
③ 부직포 이용 포장
④ 밀봉 포장

43 식품위생법령상 영업신고를 하지 않아도 되는 업종은?

① 즉석판매제조·가공업
② 양곡관리법에 따른 양곡가공업 중 도정업
③ 식품운반업
④ 식품소분·판매업

44 총리령으로 정하는 위생등급 기준에 따라 위생관리상태 등이 우수한 집단급식소를 모범업소로 지정할 수 없는 자는?

① 특별자치도지사
② 보건환경연구원장
③ 시 장
④ 군 수

45 HACCP의 의무적용 대상 식품에 해당하지 않는 것은?

① 빙 과
② 초콜릿류
③ 껌 류
④ 레토르트식품

46 식품첨가물이 갖추어야 할 조건으로 옳지 않은 것은?

① 식품의 외관을 좋게 할 것
② 식품에 유해한 변화가 없을 것
③ 첨가물을 확인할 수 없어야 할 것
④ 식품을 소비자에게 이롭게 할 것

47 식품첨가물 중 보존료의 목적을 가장 잘 표현한 것은?

① 산도 조절
② 미생물에 의한 부패 방지
③ 산화에 의한 변패 방지
④ 가공과정에서 파괴되는 영양소 보충

48 부패가 진행됨에 따라 식품은 특유의 부패취를 내는데 그 성분이 아닌 것은?

① 아민류
② 아세톤
③ 황화수소
④ 인 돌

49 황색포도상구균에 의한 식중독 예방대책으로 적합한 것은?

① 토양의 오염을 방지하고 특히 통조림의 살균을 철저히 해야 한다.
② 쥐나 곤충 및 조류의 접근을 막아야 한다.
③ 어패류를 저온에서 보존하며 생식하지 않는다.
④ 화농성 질환자의 식품 취급을 금지한다.

50 기생충에 오염된 흙에서 감염될 수 있는 가능성이 가장 높은 것은?

① 간흡충
② 폐흡충
③ 구 충
④ 광절열두조충

51 예방접종이 감염병 관리상 갖는 의미는?

① 병원소의 제거
② 감염원의 제거
③ 환경의 관리
④ 감수성 숙주의 관리

52 기생충과 인체감염원인 식품의 연결로 적절하지 않은 것은?

① 유구조충 – 돼지고기
② 무구조충 – 소고기
③ 동양모양선충 – 민물고기
④ 아니사키스 – 바다생선

53 소독에 대해 잘못 설명한 것은?

① 열탕 소독은 100℃에서 5분 이상 가열한다.
② 건열 소독은 생과일, 채소 등을 소독할 때 사용한다.
③ 증기 소독은 100~120℃에서 10분 이상 처리하는 것이 좋다.
④ 화학 소독제를 사용할 경우 세제가 잔류하지 않도록 깨끗이 씻어 낸다.

54 물 5L에 락스를 넣어 400ppm의 소독액을 만들려면 락스가 얼마나 필요한가?(단, 락스의 유효 잔류 염소 농도는 4%이고, 1%＝10,000ppm이다)

① 30mL
② 40mL
③ 50mL
④ 60mL

55 식품의 살균 목적으로 사용되는 것은?

① 초산비닐수지(Polyvinyl Acetate)
② 이산화염소(Chlorine Dioxide)
③ 규소수지(Silicone Resin)
④ 차아염소산나트륨(Sodium Hypochlorite)

56 양성비누(역성비누)에 대한 설명으로 옳지 않은 것은?

① 양이온성 계면활성제이다.
② 살균력이 강하고 물에 잘 녹는다.
③ 냄새가 없고 자극성과 부식성이 없어 손이나 식기류 소독에 사용한다.
④ 음이온 계면활성제와 함께 사용할 때 세척력이 증가한다.

57 조리기구에 사용하는 세척제의 종류는?

① 1종 세척제
② 2종 세척제
③ 3종 세척제
④ 4종 세척제

58 위생복장 착용에 대한 설명으로 옳지 않은 것은?

① 위생모는 머리카락이 외부로 노출되지 않도록 착용한다.
② 위생복은 이물질이 잘 보이지 않도록 어두운색으로 착용한다.
③ 위생화는 바닥이 미끄럽지 않은 것으로 착용한다.
④ 마스크는 코와 입이 가려지도록 착용하여 구강 분비물이나 수염이 제품에 혼입되지 않도록 한다.

59 작업장 바닥에 대한 설명으로 옳지 않은 것은?

① 바닥에 미끄러지거나 넘어지지 않도록 액체가 스며들도록 한다.
② 바닥의 배수로나 배수구는 쉽게 배출되도록 한다.
③ 쉽게 균열이 가지 않고 미끄럽지 않은 재질로 선택한다.
④ 물 세척이나 소독이 가능한 방수성과 방습성, 내약품성 및 내열성이 좋은 것으로 한다.

60 식품 조리 및 취급과정 중 교차오염이 발생하는 경우와 가장 거리가 먼 것은?

① 반죽 후 손을 씻지 않고 샌드위치 만들기
② 반죽 위에 생고구마를 얹고 쿠키 굽기
③ 생새우를 손질한 도마에 샐러드 채소를 손질하기
④ 반죽을 자른 칼로 구운 식빵 자르기

제1회 | 모의고사 정답 및 해설

> 모의고사 p.101

01	④	02	②	03	③	04	①	05	④	06	④	07	②	08	①	09	②	10	④
11	④	12	④	13	②	14	④	15	②	16	①	17	①	18	③	19	②	20	④
21	④	22	③	23	①	24	④	25	②	26	②	27	③	28	③	29	③	30	③
31	①	32	③	33	③	34	②	35	①	36	③	37	①	38	②	39	④	40	①
41	④	42	③	43	④	44	④	45	③	46	④	47	③	48	①	49	④	50	③
51	③	52	④	53	③	54	①	55	②	56	③	57	③	58	③	59	③	60	③

01 탄수화물의 섭취가 부족하게 되면 저혈당으로 뇌에 포도당 공급이 적어지며, 심하면 의식장애를 일으키게 된다. 또한 온몸이 에너지 부족에 빠지고 피로감이 생긴다. 탄수화물이 부족해 혈당이 떨어지면 혈액 속의 포도당 농도를 유지하기 위해 세포 내의 단백질로부터 포도당을 합성한다. 이로 인하여 단백질 본래의 효과가 저하된다.

02 필수지방산은 불포화지방산 중 체내에서 합성되지 못하여 식품으로 섭취해야 하는 지방산으로 리놀레산, 리놀렌산, 아라키돈산 등이 있다.

03 무기질
- 칼슘, 인, 철, 칼륨, 황, 나트륨, 염소, 구리, 마그네슘, 망간, 아이오딘 등이 있다.
- 체액의 pH 및 삼투압 조절, 산·알칼리의 평형 및 수분 균형을 유지하는 체내 생리기능의 조절, 효소작용의 촉매작용 등을 한다.
- 신체의 구성요소(뼈와 치아의 중요한 성분으로 골격 조직을 형성)이다.
- 신경자극의 전달과 근육의 탄력을 유지한다.

04 우유 100g 중에 들어 있는 열량
= (5g × 4kcal/g) + (3.5g × 4kcal/g) + (3.7g × 9kcal/g)
= 67.3kcal

05 ④ 폴리페놀 옥시데이스는 효소적 갈변작용을 일으키며 사과 외에 배, 가지 등의 갈변반응에도 영향을 준다.
① 아밀레이스 : 다당류를 가수분해하는 효소
② 라이페이스 : 지방을 분해하는 효소
③ 아스코비네이스 : 비타민 C를 파괴하는 효소

06 ④ 라이페이스는 지방 분해효소이다.

07 총원가 = 제조원가 + 판매관리비

08 비중 = $\dfrac{\text{동일한 부피의 반죽 무게}}{\text{동일한 부피의 물 무게}}$

$= \dfrac{150 - 50}{250 - 50}$

$= 0.5$

09 강력분은 단백질 함량이 높고 점탄성이 있는 빵 반죽을 만드는 데 적합한 제빵용 밀가루이고, 박력분은 단백질 함량이 적고 부드러워 제과용 반죽을 만드는 데 적합한 제과용 밀가루이다.

10 ④ 포화지방산은 불포화지방산에 비해 융점이 높다.

11 안정제의 기능
- 아이싱의 끈적거림 방지
- 아이싱의 부서짐 방지
- 머랭의 수분 배출 억제
- 크림 토핑의 거품 안정
- 흡수제로 노화 지연

12 달걀 첨가 시 한 번에 너무 많은 양을 투입하면 달걀에 함유된 수분에 의해 분리되기 쉬우므로 소량으로 조금씩 나누어 투입해야 한다.

13 마카롱은 달걀흰자, 백설탕, 아몬드 가루 등으로 만든 과자류이며, 모양은 동그랗고 손에 들어갈 수 있을 만큼 조그맣다. 둥근 형태의 머랭 크러스트 사이에 잼, 가나슈, 버터크림 등의 필링(Filling)을 넣어 만든다.

14 식힌 커스터드 크림을 냉장고에 보관할 때에는 건조해지는 것을 막고 균의 침입을 방지하기 위해 표면에 랩을 밀착시켜 보관하는 것이 좋다.

15 호두의 양이 많을 때는 오븐을 이용하여 굽고, 양이 적을 때는 프라이팬을 이용해 기름을 사용하지 않고 볶아 사용한다.

16 초콜릿 제조 시 작업실의 온도는 18~20℃가 되도록 하는 것이 좋다.

17 ② 타르트 : 타르트(Tart)는 얇은 원형 팬에 타르트 반죽을 깔고 과일이나 크림 같은 충전물을 넣어 구운 과자를 말한다.
③ 밤과자 : 밤과자(만주)는 일본 과자 중 생과자에 속하며 밀가루, 메밀가루, 쌀가루 등으로 만든 반죽에 앙금을 넣고 싸서 찌거나 구운 과자이다.
④ 푸딩 : 푸딩(Pudding)은 달걀, 설탕, 우유 등을 섞어 중탕으로 구워 낸 것으로, 부드러운 식감을 지닌 것이 특징이다.

18 밤과자 반죽을 할 때 덧가루를 지나치게 많이 사용하면 구운 후 반죽이 터지므로 주의한다.

19 짤 주머니에 끼우는 깍지의 모양에 따라 다양한 형태의 제품을 만들 수 있다.

20 제품별 비용적
- 파운드 케이크 : $2.40 \text{cm}^3/\text{g}$
- 엔젤푸드 케이크 : $4.71 \text{cm}^3/\text{g}$
- 스펀지 케이크 : $5.08 \text{cm}^3/\text{g}$

21 ① 밀대 : 밀가루 반죽을 넓게 펼 때 사용
② 앙금 주걱 : 앙금을 반죽 속에 넣는 주걱
③ 파이롤러 칼 : 파이나 피자를 정확히 분할할 때 사용

22 소프트롤 케이크의 반죽을 정형할 때, 패닝 완료 후 오븐에 넣기 전 작업대에 살짝 떨어뜨려서 반죽 속의 큰 기포를 제거한다.

23 철판에 기름칠이 과도하면 퍼짐성이 작아지는 것이 아니라 크게 된다.

24 패닝 후 실온에서 30~40분간 건조시키는데, 패닝 후 충분히 건조시켜 주어야 윗면이 매끄럽고 터지지 않는다.

25 파운드 케이크의 패닝은 틀 높이의 60~70% 정도 반죽을 채우는 것이 가장 적합하다.

26 파운드 케이크를 정형할 때 케이스에 너무 적은 양의 반죽을 넣으면 윗면의 발색이 느려지고 전체의 부피가 작아진다. 또한 너무 많은 양의 반죽을 넣으면 넘쳐흘러서 형태가 불량하고 내상이 불균일하며 오븐이 오염된다.

27 ③ 터널 오븐(Tunnel Oven) : 반죽이 들어가는 입구와 제품이 나오는 출구가 서로 다른 오븐으로, 다양한 제품을 대량 생산할 수 있다. 다른 기계들과 연속 작업을 통해 제과의 전 과정을 자동화할 수 있어 대규모 공장에서 주로 사용한다.
① 회전식 오븐(Rack Oven) : 오븐 안에 여러 개의 선반이 있어 팬을 선반에 올려놓으면 선반이 회전하면서 빵을 굽는다.
② 데크 오븐(Deck Oven) : 일반적으로 가장 많이 사용하며 선반에서 독립적으로 상하부 온도를 조절하여 제품을 구울 수 있다. 온도가 균일하게 형성되지 않는다는 단점이 있으나 각각의 선반 출입구를 통해 제품을 손으로 넣고 꺼내기가 편리하다. 또한 제품이 구워지는 상태를 눈으로 확인할 수 있어 각각의 팬의 굽는 정도를 조절할 수 있다.
④ 릴 오븐(Reel Oven) : 회전식 오븐과 비슷하지만 릴 오븐은 상하로 회전·낙차한다.

28 열이 반죽의 중심까지 매우 빠르게 침투할 수 있어 최적 부피의 케이크를 만들 수 있는 팬은 깊이가 얕은 팬이다.

29 아미노산의 아미노기와 탄수화물의 환원당이 반응하여 갈색 색소를 생성하는 현상을 '메일라드 반응'이라고 한다.

30 오븐에서 굽기 중 옆면에 날개가 생기면 불을 줄여 말리듯이 굽는다.

31 슈 굽기를 할 때 찬 공기가 들어가면 슈가 주저앉게 되므로 팽창 과정 중에 오븐 문을 자주 여닫지 않도록 한다.

32 튀김에 적당한 온도와 시간은 일반적으로 180℃ 정도에서 2~3분이지만, 식품의 종류와 크기, 튀김옷의 수분 함량 및 두께에 따라 달라진다. 기름의 온도가 너무 낮거나 시간이 길수록 당과 레시틴 같은 유화제가 함유된 식품의 경우 수분 증발이 일어나지 않아 기름이 재료로 많이 흡수되어 튀긴 음식이 질척해지고 기름의 흡유량도 많아진다. 반대로 기름의 온도가 너무 높으면 속이 익기 전에 겉이 타게 된다.

33 기름의 열용량에 비하여 재료의 열용량이 작을 경우 온도의 회복이 빠르다.

34 커스터드는 달걀, 우유, 설탕 등을 섞어서 굽거나 쪄서 만든 과자로, 달걀의 열응고성을 이용한 대표적인 음식이다.

35 오버 런은 어떤 물질에 공기를 포함시켰을 때 나타나는 양적 팽창으로, 생크림 등을 거품냈을 때 나타나는 현상을 말한다.

36 광택제(Glaze)는 잼 또는 잼에 젤라틴을 섞은 것으로, 케이크 표면에 바르면 광택이 나고 식감이 좋아진다.

37 도넛의 발한을 제거하기 위한 방법
- 도넛에 묻히는 설탕의 사용을 증가한다.
- 충분히 식힌 후 설탕을 묻힌다.
- 튀김 시간을 늘려 수분 함량을 줄이고, 최소한의 액체를 사용하여 반죽한다.
- 설탕 점착력이 높은 튀김 기름을 사용한다.
- 한천 등 안정제나 전분 같은 흡수제를 사용한다.
- 포장용 도넛의 수분 함량은 21~25%가 좋다.

38 저온살균법은 60~65℃에서 30분간 가열 후 급랭시키는 방법이다.

39 튀김 기름에 영향을 미치는 요인으로 온도(열), 물(수분), 공기(산소), 이물질 등이 있다.

40 달걀은 씻지 않고 냉장 상태로 보관하며, 보관기간은 2주, 저장 온도는 5℃이다.

41 ①, ②, ③은 소비기한에 영향을 미치는 내부적 요인이다.
소비기한에 영향을 미치는 외부적 요인
- 제조 공정
- 위생 수준
- 포장 재질 및 포장방법
- 저장·유통·진열 조건(온도, 습도, 빛, 취급 등)
- 소비자 취급

42 '식품첨가물'이란 식품을 제조·가공·조리 또는 보존하는 과정에서 감미(甘味), 착색(着色), 표백(漂白) 또는 산화방지 등을 목적으로 식품에 사용되는 물질을 말한다. 이 경우 기구(器具)·용기·포장을 살균·소독하는 데에 사용되어 간접적으로 식품으로 옮아갈 수 있는 물질을 포함한다(식품위생법 제2조제2호).

43 ④ 식품냉동·냉장업은 식품보존업에 해당된다.
영업의 종류(식품위생법 시행령 제21조제8호)
식품접객업 : 휴게음식점영업, 일반음식점영업, 단란주점영업, 유흥주점영업, 위탁급식영업, 제과점영업

44 식품 등의 위생적인 취급에 관한 기준(식품위생법 시행규칙 별표 1)
식품 등의 원료 및 제품 중 부패·변질이 되기 쉬운 것은 냉동·냉장시설에 보관·관리하여야 한다.

45 K급화재 : 주로 주방에서 발생하는 화재라 하여 Kitchen(주방)의 앞글자를 따 K급화재, 주방화재라고 한다.

46 ① 보존료 : 식품 저장 중 미생물의 증식에 의해 일어나는 부패나 변질을 방지하기 위해 사용되는 방부제
② 살균제 : 식품 표면의 미생물을 단시간 내에 사멸시키는 작용을 하는 식품첨가물
③ 산미료 : 신맛과 청량감을 부여하기 위해 사용하는 첨가물

47 ④ 소브산은 보존료이다.
표백제로 무수아황산, 아황산나트륨, 메타중아황산나트륨 등이 있다.

48 알코올 발효 시에 펙틴으로부터 메탄올이 생성된다. 개인차가 있으나 중독량은 5~10mL이고 치사량은 30~100mL이다. 구토, 복통, 실명 외에 호흡장애, 심장마비도 유발할 수 있다.

49 ① 살모넬라균 식중독의 원인 식품 : 달걀, 식육 및 그 가공품, 가금류, 닭고기, 생채소 등
② 보툴리누스균 식중독의 원인 식품 : pH 4.6 이상의 산도가 낮은 식품을 부적절한 가열 과정을 거쳐 진공포장한 제품(통조림, 진공포장 팩)
③ 포도상구균 식중독의 원인 식품 : 김밥, 초밥, 도시락, 떡, 우유 및 유제품, 가공육(햄, 소시지 등), 어육제품 및 만두 등

50 쥐, 진드기, 파리, 바퀴벌레 등의 위생동물은 대체로 발육기간이 짧고 번식이 왕성하다.

51 ① 감자 – 솔라닌
② 복어 – 테트로도톡신
④ 모시조개 – 베네루핀

52 공장폐수나 생활하수, 농약이 비에 씻겨 내린 물 등에 섞인 중금속이 하천에 모여 수질오염을 일으킬 경우, 특히 하천 바닥에 서식하고 있는 어패류에 중금속이 침투되고 이러한 어패류를 먹는 포식자의 체내에 중금속이 축적되어 화학물질에 의한 식중독 증상을 일으킬 수 있다.

53 회복기 보균자란 질병에서는 회복되었지만 몸 안에 병원체를 가지고 있는 사람을 의미한다.

54 차아염소산나트륨 100ppm은 0.01%를 나타낸다.
ppm과 %의 변환
%는 백분율, ppm은 백만분율로, %에 10,000을 곱하면 ppm을 구할 수 있다.
예 1% = 1 × 10,000 = 10,000ppm

55 교차오염 발생 가능성은 많은 양의 식품을 원재료 상태로 들여와 준비하는 과정에서 높아진다.

56 전국에서 동시에 원인 불명의 식중독이 확산되거나, 특정 시설에서 전체 급식 인원의 50% 이상의 환자가 발생하는 단계는 경계(Orange) 단계이다.

57 자외선이 인체에 주는 작용
• 강한 살균작용을 한다.
• 비타민 D를 형성한다.
• 피부의 모세혈관을 확장시켜 홍반을 일으킨다.
• 표피의 기저 세포층에 존재하는 멜라닌 색소를 증대시켜 색소침착을 가져온다.
• 피부암, 일시적인 시력장애 등을 유발한다.

58 pH는 발효된 산도를 측정하는 것으로 산도, 발효 정도, 품질 등을 알 수 있다. 총산의 함량은 총산도(TTA)를 측정하여야 한다.

59 위생복은 밝은색, 긴소매, 주머니가 없는 것을 착용한다.

60 제과 · 제빵 공장의 입지 조건
• 환경 및 주위가 깨끗한 곳이어야 한다.
• 양질의 물을 충분히 얻을 수 있어야 한다.
• 폐수 및 폐기물 처리에 편리한 곳이어야 한다.

제2회 | 모의고사 정답 및 해설

모의고사 p.111

01	①	02	②	03	③	04	③	05	③	06	③	07	①	08	③	09	①	10	①
11	④	12	②	13	③	14	③	15	④	16	④	17	②	18	③	19	③	20	②
21	③	22	④	23	③	24	③	25	③	26	①	27	③	28	④	29	④	30	①
31	③	32	③	33	④	34	③	35	④	36	③	37	③	38	③	39	①	40	③
41	③	42	①	43	②	44	①	45	①	46	③	47	④	48	①	49	②	50	②
51	③	52	③	53	③	54	③	55	②	56	④	57	①	58	②	59	①	60	④

01 ① 수분은 대변으로도 배설된다.
   체내에서 물의 역할
   - 영양소의 운반, 노폐물 제거·배설
   - 체온 유지 및 열과 운동 전달
   - 건조 상태의 것을 원상태로 회복

02 호화란 전분에 물을 넣고 가열 시 전분의 마이셀 구조가 파괴되어 점성이 있는 물질로 변화되는 현상을 말한다. 전분의 가열 온도가 높을수록, 가열하기 전 수침 시간이 길수록 호화되기 쉽다. 그리고 곡류는 서류보다 호화온도가 높다.

03 비타민 C는 수용성이므로 쉽게 산화되어, 식품의 판매·가공·저장 중에 쉽게 손실된다.

04 1g당 발생하는 열량은 탄수화물 4kcal, 지방 9kcal, 단백질 4kcal, 알코올 7kcal이다.

05 효소는 세포 내에 존재하며 고분자의 단백질로 이루어져 있다.

06 단백질의 기능으로 호르몬, 효소와 항체 형성, 체액의 균형, 산·염기의 균형, 영양소 운반, 에너지 급원 등이 있다.

07 카로티노이드(Carotinoid)는 공기 중의 산소나 산화효소에 의해 쉽게 산화되고, 자외선을 차단하는 항산화 물질이며, 물에 쉽게 녹지 않는다.

08 비중 = $\dfrac{\text{동일한 부피의 반죽 무게}}{\text{동일한 부피의 물 무게}}$

   $= \dfrac{200-40}{240-40} = 0.8$

09 유지의 특징
   - 가소성 : 반고체인 유지의 특징으로 고체에 힘을 가했을 때 모양의 변화와 유지가 가능한 성질로, 가소성 범위가 넓은 것이 좋다.
   - 크림성 : 반죽에 분산해 있는 유지가 거품의 형태로 공기를 포집하고 있는 성질로, 휘핑할 때 공기를 혼입하여 부피를 증대시키고 볼륨을 유지시킨다.
   - 쇼트닝성 : 반죽의 조직에 층상으로 분포하여 윤활작용을 하는 유지의 특징이다. 조직층 간의 결합을 저해함으로써 반죽을 바삭바삭하고 부서지기 쉽게 하는 특징을 갖고 있다.
   - 유화성 : 달걀, 설탕, 밀가루 등을 잘 섞이게 하는 성질이다.
   - 구용성 : 입안에서 부드럽게 녹는 성질이다.

10 ② PEF : 버터와 소량의 식물성 유지가 혼합된 수입 유지로, 버터 함량이 높아 식감이나 풍미가 천연 버터에 가까운 것이 특징이다.
③ 마가린 : 식용 유지에 물을 가한 후 기타 첨가물을 혼합해 만드는 천연 버터의 대용품이다.
④ 쇼트닝 : 마가린과 달리 수분을 함유하고 있지 않으며, 주로 반죽에 첨가하는 등의 가공에 사용하는 목적으로 사용된다.

11 바닐라 에센스는 우유의 생취, 달걀의 비린내를 감소시킨다.

12 생크림은 우유에서 비중이 적은 지방만을 분리한 식품으로, 유지방 함량이 18% 이상인 크림이다.

13 머랭은 달걀흰자에 설탕을 넣어서 거품을 낸 것으로 다양한 모양을 만들거나 크림용으로 광범위하게 사용되고 있다. 흰자의 기포성을 증가하기 위해 주석산 크림을 첨가한다.

14 제과용 밀가루는 연질 동맥이다. 연질 춘맥은 봄에 재배한 밀이고, 연질 동맥은 겨울에 재배한 밀이다. 봄에 재배한 밀보다는 겨울에 재배한 밀이 단백질 함량이 낮아 제과용으로 더 적합하다.

15 가소성은 외부적 요인에 의해 형태가 변한 물체가 외부적 요인이 사라져도 원래의 형태로 돌아가지 않는 성질을 말한다. 충전용 유지는 가소성의 범위가 넓은 것이 작업하기에 좋다.

16 가나슈크림을 만들 때에는 카카오 성분 56% 이상의 초콜릿과 유지방 38% 이상의 생크림을 사용한다.

17 ② Brix : 당도
① pH : 수소이온농도
③ Pungency : 매운맛
④ Saltiness : 짠맛

18 초콜릿 플라스틱 반죽은 여름에는 물엿의 양을 40%로 줄여야 반죽이 끈적거리지 않는다.

19 타르트 반죽을 할 때 유지가 녹기 쉬우므로 반죽에 사용하는 재료는 차게 사용하는 것이 좋다. 양손으로 반죽을 비빌 때에도 손이 반드시 차갑게 유지되도록 한다.

20 푸딩은 달걀, 설탕, 우유 등을 섞어 중탕으로 구워 낸 것으로, 부드러운 식감을 지닌 것이 특징이다. 푸딩은 달걀을 응고시켜 만드는 커스터드 푸딩이 가장 일반적이며, 구워 낸 후 바로 뜨겁게 제공되기도 하고, 이것을 냉각시켜 차갑게 제공되기도 한다. 재료에 따라 초콜릿 푸딩, 쌀을 이용한 푸딩, 빵을 이용한 푸딩 등이 있다.

21 비용적이란 단위 중량당 차지하는 부피를 말하며, 단위는 cm^3/g이다.

22 **팬 오일(이형유)의 조건**
- 발연점이 높은 기름(210℃ 이상)
- 고온이나 장시간의 산패에 잘 견디는 안정성이 높은 기름
- 무색, 무미, 무취로 제품에 영향이 없는 기름
- 바르기 쉽고 골고루 잘 발라지는 기름
- 고화되지 않는 기름

23 과일 케이크는 과일 충전물로 인해 부피 팽창이 작으므로 일반 케이크에 비해 조금 많은 양을 패닝한다.

24
- 반죽형(Batter Type) 쿠키 : 드롭 쿠키, 스냅 쿠키, 쇼트브레드 쿠키
- 거품형(Foam Type) 쿠키 : 머랭 쿠키, 스펀지 쿠키

25 같은 크기의 깍지라도 짜내는 압력과 시간에 따라 짜낸 반죽의 양과 모양이 다를 수 있다.

26 오레가노는 꽃이 피는 시기에 수확하여 건조시켜 보존하고 말린 잎을 향신료로 쓴다. 보통 피자 파이용 소스에 피자파이의 독특한 향이 나도록 사용한다.

27 제조한 찹쌀 도넛 반죽은 표피가 마르지 않도록 비닐로 감싸고, 실온에서 약 20~30분간 휴지시킨다.

28 컨벡션 오븐은 대류열을 이용하므로 열전달 방식의 오븐에 비해 음식이 골고루 잘 익지만 식품이 건조해지는 현상이 발생할 수 있다.

29 언더 베이킹(Under Baking)은 높은 온도에서 단시간 굽는 방법이고, 오버 베이킹(Over Baking)은 낮은 온도에서 장시간 굽는 방법이다.

30 버터 쿠키 굽기 시 오븐을 180~190℃로 예열하고, 오븐에서 10~13분간 굽는다.

31 마들렌을 낮은 온도에서 구우면 과자가 퍼석하고 딱딱해지므로 고온에서 단시간에 굽는다.

32 튀김유 중의 리놀렌산은 산패취를 일으키기 쉬우므로 적은 것이 좋으며, 항산화 효과가 있는 토코페롤을 다량 함유하는 기름이 좋다.

33 튀김 요리를 할 때 기름은 튀김 재료의 10배 이상의 충분한 양을 준비한다.

34 유지가 발연되는 최저온도를 유지의 발연점이라고 한다. 유리지방산의 함량이 많을수록, 노출된 유지의 표면적이 클수록, 불순물이 많이 존재할수록 유지의 발연점은 낮아진다.

35 오븐에서 바로 꺼낸 과자류 제품의 온도는 100℃ 근처이다. 이것을 상온에 방치하면 온도가 점점 내려가게 되는데, 35~40℃ 정도의 온도가 된 것을 냉각이라고 한다.

36 휘핑에 사용되는 크림은 30% 이상의 유지방이 함유되어 있어 거품이 잘 생긴다.

37 마카롱은 프랑스의 대표적인 디저트 과자로, 아몬드 분말, 달걀흰자, 설탕 등을 이용하여 만든다. 마카롱은 그 자체로도 제품이 되지만, 다양한 색소를 사용하여 색감이 좋은 마카롱을 만들어 케이크 등에 장식물로 사용하기도 한다.

38 **CA(Controlled Atmosphere)저장**
냉장실의 온도와 공기조성을 함께 제어하여 냉장하는 방법으로, 주로 청과물(특히, 사과)의 저장에 많이 사용된다. 온도는 적당히 낮추고, 냉장실 내 공기 중의 CO_2 분압을 높이고 O_2 분압은 낮춤으로써 호흡을 억제하는 방법이 사용된다.

39 냉장 저장 온도는 0~10℃로 보통 5℃ 이하로 유지하는 것이 좋으며, 습도 75~95%에서 저장·관리한다.

40 냉동식품을 해동했다가 다시 냉동시키는 것은 매우 위험하므로, 재료를 소포장하여 보관하는 것이 좋다.

41 ③ 품질 변화를 방지한다.

42 식품위생법은 식품으로 인하여 생기는 위생상의 위해를 방지하고 식품영양의 질적 향상을 도모하며 식품에 관한 올바른 정보를 제공함으로써 국민 건강의 보호·증진에 이바지함을 목적으로 한다(식품위생법 제1조).

43 식품의약품안전처장은 식품의 원료관리 및 제조·가공·조리·소분·유통의 모든 과정에서 위해한 물질이 식품에 섞이거나 식품이 오염되는 것을 방지하기 위하여 각 과정의 위해요소를 확인·평가하여 중점적으로 관리하는 기준(식품안전관리인증기준)을 식품별로 정하여 고시할 수 있다(식품위생법 제48조제1항).

44 열량의 단위는 킬로칼로리(kcal)로 표시하되, 그 값을 그대로 표시하거나 그 값에 가장 가까운 5kcal 단위로 표시하여야 한다. 이 경우 5kcal 미만은 "0"으로 표시할 수 있다(식품 등의 표시기준 별지 1).

45 식품 및 축산물 안전관리인증기준이란 식품·축산물의 원료 관리, 제조·가공·조리·선별·처리·포장·소분·보관·유통·판매의 모든 과정에서 위해한 물질이 식품 또는 축산물에 섞이거나 식품 또는 축산물이 오염되는 것을 방지하기 위하여 각 과정의 위해요소를 확인·평가하여 중점적으로 관리하는 기준을 말한다(식품 및 축산물 안전관리인증기준 제2조제1호).

46 식품첨가물의 기능
- 식품의 변질·부패 방지
- 식품의 영양가와 신선도 보존
- 식품의 맛, 향과 색깔 증진
- 식품의 조직감 향상

47 식품을 유화시키기 위하여 사용하는 식품첨가물인 알긴산은 유화를 안정화시키는 효과가 있어 유화안정제라고 부른다.

48 설탕량 5% 증가 시 흡수율은 1% 감소된다.

49 ① 운동성이 없다.
③ 발육 최적온도는 37~45℃이다.
④ 주로 단백질 식품에서 발생한다.

50 세균성 식중독과 경구감염병

구 분	세균성 식중독	경구감염병
발병 원인	대량 증식된 균	미량의 병원체
발병 경로	식중독균에 오염된 식품 섭취	감염병균에 오염된 물·식품의 섭취
2차 감염	거의 없다.	많다.
잠복기	짧다.	비교적 길다.
면 역	안 된다.	된다.

51 호밀은 단백질 14%, 펜토산 8%, 나머지는 전분으로 구성되어 있다.

52 식물성 자연독
- 솔라닌 : 감자의 발아 부위와 녹색 부위
- 시큐톡신 : 독미나리
- 고시폴 : 목화씨
- 리신 : 피마자
- 아미그달린 : 청매
- 에르고톡신 : 맥각

53
- 간디스토마
  - 제1중간숙주 : 쇠우렁이
  - 제2중간숙주 : 붕어, 잉어 등의 민물고기
- 폐디스토마
  - 제1중간숙주 : 다슬기
  - 제2중간숙주 : 가재, 게 등

54 ①, ②, ④는 제2급 감염병에 속한다.
제1급 감염병(감염병의 예방 및 관리에 관한 법률 제2조제2호)
에볼라바이러스병, 마버그열, 라싸열, 크리미안콩고출혈열, 남아메리카출혈열, 리프트밸리열, 두창, 페스트, 탄저, 보툴리눔독소증, 야토병, 신종감염병증후군, 중증급성호흡기증후군(SARS), 중동호흡기증후군(MERS), 동물인플루엔자 인체감염증, 신종인플루엔자, 디프테리아

55 교차오염은 오염된 물질과의 접촉으로 인하여 비오염 물질이 오염되는 것으로, 개인위생의 미비로 발생하는 식중독은 대부분 사람에게 존재하는 세균 및 미생물, 주위 환경, 식품에 존재하는 미생물에 의한 교차오염에 의해 유발될 가능성이 크다.

56
• 관심(Blue) 단계 : 소규모 식중독이 다수 발생하거나 식중독 확산 우려가 있는 경우
• 주의(Yellow) 단계 : 여러 시설에서 동시다발적으로 환자가 발생할 우려가 높거나 발생하는 경우
• 경계(Orange) 단계 : 전국에서 동시에 원인 불명의 식중독이 확산되는 경우

57 석탄산은 기구, 용기, 의류 및 오물을 소독하는 데 3%의 수용액을 사용하며, 각종 소독약의 소독력을 나타내는 기준이 된다.

58 전자저울은 사용이나 이동 시 충격을 주지 말고, 아랫부분을 들고 운반해야 한다.

59 **작업환경 위생 안전관리 지침서 내용**
• 작업장 주변 관리 : 작업장, 바닥·벽·천장, 환기시설, 용수, 화장실
• 작업장 및 매장의 온·습도 관리
• 화장실 및 탈의실 관리
• 방충·방서 안전 관리
• 전기·가스·조명 관리
• 폐기물 및 폐수처리 시설 관리
• 시설·설비 위생 관리

60 보존한 식품은 선입선출 방식으로 사용하고, 판매 유효기간이 지난 상품은 반드시 버리며, 판매 유효기간 내에 있더라도 신선도가 떨어지는 것은 세균 증식이 진행될 우려가 있으므로 폐기한다.

제3회 | 모의고사 정답 및 해설

> 모의고사 p.121

01	④	02	③	03	①	04	②	05	①	06	①	07	②	08	③	09	④	10	④
11	②	12	④	13	①	14	③	15	①	16	④	17	②	18	②	19	④	20	①
21	④	22	③	23	①	24	②	25	①	26	②	27	④	28	②	29	④	30	①
31	④	32	①	33	②	34	④	35	①	36	②	37	①	38	②	39	④	40	②
41	①	42	①	43	②	44	④	45	②	46	③	47	②	48	④	49	③	50	③
51	③	52	③	53	④	54	②	55	①	56	④	57	②	58	①	59	②	60	③

01 인단백질
단순단백질에 인산이 공유결합을 한 복합단백질을 통틀어 일컫는 말로, 달걀노른자에 있는 비텔린, 우유에 함유된 카세인 등이 대표적이다.

02 달걀을 교반하면 흰자의 단백질 성분에 의해 거품이 일어나게 된다. 달걀의 기포성을 이용한 제품에는 스펀지 케이크, 무스 등이 있다.

03 노폐물을 체외로 배출하고 체온을 조절하는 것은 물이다.
※ 5대 영양소 : 탄수화물, 단백질, 지방, 비타민, 무기질

04 비타민 D는 자외선을 쬐면 사람의 몸에서도 생성된다. 사람은 음식물에서 비타민 D를 섭취할 뿐만 아니라 체내에서 프로비타민 D가 자외선에 의해 비타민 D로 전환되기도 한다.

05 안토시아닌 색소
꽃, 채소(가지), 과일(사과, 딸기, 포도) 등의 색소로 산성에서는 선명한 적색, 중성에서는 보라색(자색), 알칼리에서는 청색으로 변색된다.

06 필수지방산의 종류 : 리놀레산, 리놀렌산, 아라키돈산

07 딸기에 있는 유기산은 구연산이다.

08 열량을 내는 영양소는 탄수화물, 단백질, 지방이고, 각각 4kcal, 4kcal, 9kcal의 열량을 낸다. 따라서 과자 100g의 총열량은 $(60 \times 4) + (10 \times 9) + (8 \times 4) = 362$kcal이고, 과자 1개의 무게가 100g이므로, 1개가 낼 수 있는 열량도 362kcal이다.
따라서 과자 5개를 먹으면 낼 수 있는 열량은 $362 \times 5 = 1,810$kcal이다.

09 밀가루의 단백질과 혼합되어 글루텐을 형성하는 물은 굽기 과정 중 전분의 호화를 도와주며, 반죽의 되기를 조절하고 온도 조절의 역할도 한다.

10 팬 오일(이형유)은 발연점이 높은 기름(210℃ 이상)이어야 한다.

11 설탕은 글루텐 형성을 감소시켜 제품의 조직, 가공, 속결을 부드럽게 향상시킨다.

12 당류를 고온(160~180℃)으로 가열하면 설탕은 캐러멜화하여 갈색으로 변한다.

13 신선도가 떨어지면 흰자의 점성이 감소한다.

14 열응고성
단백질이 열에 의해 굳는 성질로 가열 속도, 온도, 재료 배합에 따라 응고 상태가 바뀐다. 설탕은 응고 온도를 높여 준다.

15 버터에는 우유지방 80~85%, 수분 14~17%, 소금 1~3%, 카세인, 단백질, 유당 1% 정도가 들어 있다.

16 소금은 이스트와 직접 닿으면 활성화를 억제하기 때문에 서로 닿지 않게 배합한다.

17 ① 열을 가하여 튀김을 한 기름은 산패가 진행된다. 우선적으로 산소 차단이 중요하기 때문에 넓은 팬보다는 밀폐된 곳에 보관한다.
③ 이물질을 거른 후 광선의 접촉을 피해 보관한다.
④ 철제 팬에 튀긴 기름은 다른 그릇에 옮겨서 보관한다.

18 밀가루 반죽에 지방을 넣으면 글루텐 표면을 둘러싸서 음식이 부드럽고 연해지는데, 이를 연화(쇼트닝화)라고 한다.

19 마찰계수는 다음 공식에 따라 구한다.

> 마찰계수 = (반죽 결과 온도 × 6) − (실내 온도 + 밀가루 온도 + 설탕 온도 + 유지 온도 + 달걀 온도 + 수돗물 온도)

이때 (실내 온도 + 밀가루 온도 + 설탕 온도 + 유지 온도 + 달걀 온도) = 100℃라고 했으므로,

마찰계수 = (25 × 6) − (100 + 20) = 30
∴ 마찰계수 = 30

20 경사진 옆면을 가진 원형 팬
팬 용적 = 평균 반지름 × 평균 반지름 × π(3.14) × 높이

평균 반지름 = $\frac{\text{아랫면 반지름} + \text{윗면 반지름}}{2}$

$= \frac{16 + 12}{2} = 14$ 이므로,

팬 용적 = 14 × 14 × π(3.14) × 6
= 3,692.64cm³

21 얼음 사용량
$= \frac{\text{물 사용량} \times (\text{수돗물 온도} - \text{사용할 물 온도})}{80 + \text{수돗물 온도}}$

$= \frac{2,000 \times (20 - 15)}{80 + 20} = 100(g)$

22 이 문제에서는 수돗물 온도는 사용되지 않는다는 점에 유의해야 한다.
사용수 온도는 다음 공식에 따라 구한다.

> 사용수 온도 = (반죽 희망 온도 × 6) − (실내 온도 + 밀가루 온도 + 설탕 온도 + 유지 온도 + 달걀 온도 + 마찰계수)

따라서 사용수 온도 = (25 × 6) − (23 + 22 + 20 + 18 + 18 + 32)
= 17℃

23 ①은 거품형 반죽으로 만들고, ②, ③, ④는 반죽형 반죽으로 만든다.
- 거품형 반죽 : 스펀지 케이크, 시폰 케이크, 마카롱, 다쿠아즈, 머랭
- 반죽형 반죽 : 파운드 케이크, 쿠키, 머핀, 과일 케이크, 레이어 케이크

24 가나슈크림은 카카오 버터와 생크림의 수분이 합쳐져 유화가 일어나는데, 카카오 버터의 함량이 지나치게 많거나 카카오 매스가 포함되지 않은 화이트 초콜릿을 사용하면 유지의 비율이 높아 가나슈크림이 분리되기 쉽다. 생크림 대신 퓌레를 사용할 때도 수분 함량이 높아 분리가 쉽게 일어날 수 있다.

25 도넛을 튀기는 기름의 온도가 높을 경우 겉은 타고 속은 익지 않게 되고, 온도가 낮을 경우 도넛에 기름이 많아진다.

26 복합법은 유지를 크림화하여 밀가루를 혼합한 후 달걀 전란과 설탕을 휘핑하여 유지에 균일하게 혼합하는 방법과 달걀흰자와 달걀노른자를 분리하여 달걀노른자는 유지와 함께 크림화하고 흰자는 머랭을 올려 제조하는 방법이 있다. 달걀을 분리하여 제조하는 방법은 크림화한 유지에 머랭의 3분의 1을 혼합한 후 체로 친 밀가루 등 건조 재료를 섞고 나머지 머랭을 넣어 균일하게 반죽하는 방법으로 부피와 식감이 부드럽다.

27
- 거품형 반죽 : 스펀지 케이크, 시폰 케이크, 마카롱, 다쿠아즈, 머랭
- 반죽형 반죽 : 파운드 케이크, 쿠키, 머핀, 과일 케이크, 레이어 케이크

28 파운드 케이크를 만들 때에는 기름종이를 깔아 둔 직육면체의 사각 파운드 팬에 팬 부피의 70~75% 정도의 반죽을 패닝한다.

29 쇼트브레드 쿠키는 유지가 많이 들어간 쿠키로, 반죽을 밀어 펴서 정형기(모양틀)로 원하는 모양을 찍어 정형하며, 유지 사용량이 많아 바삭바삭하고 부드러운 것이 특징이다.

30 짤 주머니에 공기가 들어가지 않도록 주의하면서 내용물을 80% 정도 채워 넣는다.

31 프렌치 머랭은 달걀흰자만 사용한다.

32 제과 재료로 주로 사용하는 초콜릿을 커버추어라 하고 프랑스어로는 '쇼콜라 드 쿠베르튀르(chocolat de couverture)'라고 한다. 코코아 분말 35%, 카카오 버터 31% 이상이어야 한다. 커버추어는 사용 전에 템퍼링을 해야 하고, 코팅용으로 사용하기 알맞은 온도는 29~31℃이다.

33 단단한 버터크림의 농도를 부드럽게 하기 위하여 식용유를 첨가하여 믹싱한다.

34 오버 런(Over Run)은 어떤 물질에 공기를 포함시켰을 때 나타나는 양적 팽창으로, 생크림 등을 거품 냈을 때 나타나는 현상이다.
- 오버 런 100% : 처음 생크림 부피의 2배 정도의 부피이다.
- 오버 런 90% 이상 : 휘핑크림의 끝부분이 위로 향하는 정도의 상태이며, 모양 깍지를 사용하여 무늬를 낼 수 있는 상태이다.
- 오버 런 70~90% : 휘핑크림이 매달려 있는 상태이며 쇼트 케이크의 아이싱 및 샌드하기에 적합한 상태이다.
- 오버 런 60~70% : 거품기로 휘핑크림을 찍어 올렸을 때 묵직하게 흘러 떨어지는 상태이다.

35 **제품별 비중**
- 롤 케이크 : 0.4~0.45
- 레이어 케이크 : 0.8~0.9
- 파운드 케이크 : 0.7~0.8
- 스펀지 케이크 : 0.5~0.6

36 반죽을 납작한 사각형으로 만든 후 비닐로 감싸고, 냉장고에 20~30분 정도 휴지시킨다.

37 물과 버터를 완전히 끓인 후 밀가루를 체에 걸러서 섞고 나무주걱으로 저으면서 밀가루가 호화되도록 볶아 준다.

38 동결 건조는 식품을 동결시킨 다음 승화(고체 → 기체)에 의해 수분을 제거하는 방법이다.

39 쿠키 포장지는 쿠키 향의 증발과 노화를 방지하기 위해 또 누그러짐을 막기 위하여 통기성이 없어야 한다.

40 일반 세균은 중성 내지 약알칼리성인 pH 6.5~7.5에서 잘 발육한다.

41 조사살균법은 자외선이나 방사선을 이용하는 방법으로, 식품 품질에 영향을 미치지 않으나 식품 내부까지 살균할 수 없다는 단점이 있다.
조사살균법
- 자외선 살균법 : 2,570Å 부근의 자외선으로 살균하는 방법
- 방사선 살균법 : Co_{60}(코발트) 방사선으로 살균하는 방법

42 조리장은 통풍, 채광 및 급배수가 용이하고 소음, 악취, 가스, 분진, 공해가 없는 곳에 위치해야 한다.

43 대장균의 존재 여부는 분변에 의한 오염 유무의 지표가 되며, 수질검사 등에 종종 응용되는 수단으로 위생학상 중요하다.

44 ③ 이타이이타이병 : 일본에서 발생한 이타이이타이병은 카드뮴 오염에 의한 것으로, 뼈의 주성분인 칼슘대사에 장애를 가져와 뼈를 연화시킨다.
② 잠함병 : 이상 고압 환경에서의 작업으로 질소 성분이 체외로 배출되지 않고 체내에 용해되어 있다가 감압 시 질소기포를 형성, 신체 각 부위에 공기 전색증을 일으킨다.

45 자외선은 일광(자외선, 가시광선, 적외선) 중 파장이 가장 짧으며 2,600~2,800Å의 파장에서 강한 살균작용을 한다. 적당한 자외선은 성장과 신진대사, 적혈구 생성을 촉진시키고 비타민 D를 형성한다.

46 공중보건학이란 조직화된 지역사회의 공동노력을 통하여 질병 예방과 생명 연장 그리고 신체적·정신적 효율을 증진시키는 기술이며 과학이다. 공중보건의 대상은 개인이 아닌 지역사회의 인간집단이며, 최소 단위는 지역사회이다.

47 식품위생이란 식품, 식품첨가물, 기구 또는 용기·포장을 대상으로 하는 음식에 관한 위생을 말한다(식품위생법 제2조제11호).

48 **교육시간(식품위생법 시행규칙 제52조제2항)**
- 식품제조·가공업, 식품첨가물제조업 및 공유주방 운영업을 하려는 자 : 8시간
- 식품운반업, 식품소분·판매업, 식품보존업, 용기·포장류 제조업을 하려는 자 : 4시간
- 즉석판매제조·가공업 및 식품접객업을 하려는 자 : 6시간
- 집단급식소를 설치·운영하려는 자 : 6시간

49 영업신고 대상 업종(식품위생법 시행령 제25조제1항)
- 즉석판매제조 · 가공업
- 식품운반업
- 식품소분 · 판매업
- 식품냉동 · 냉장업
- 용기 · 포장류제조업(자신의 제품을 포장하기 위하여 용기 · 포장류를 제조하는 경우는 제외)
- 휴게음식점영업, 일반음식점영업, 위탁급식영업 및 제과점영업

50 아플라톡신은 열에 안정하기 때문에 가열조리를 한 후에도 그대로 남아 있을 수 있다. 수분 16% 이상, 상대습도 80~85% 이상, 온도 25~30℃인 환경에서 잘 생성된다.

51 나이트로사민은 발색제인 아질산염과 아민류가 반응하여 생성되는 물질로 발암성을 갖는다.

52 브루셀라증(파상열)
- 브루셀라균이 사람에게는 열성 질환을 일으키며, 소, 돼지, 양, 염소 등에는 감염성 유산을 일으킨다.
- 14~30일 정도의 잠복기를 거쳐 불규칙한 발열이 계속되며(파상열), 발한, 근육통, 불면, 관절통, 두통 등이 따른다.
- 사람에는 불현성 감염이 많고 간이나 비장이 붓고 패혈증을 일으키기도 한다.

53 초콜릿의 지방 성분인 카카오 버터는 상온에서는 굳어진 결정을 하고 있지만 체온 가까이에서는 급히 녹는 성질이 있기 때문에, 먹을 때에 독특한 맛이 금방 퍼진다. 또한 카카오 버터는 일반 유지에 비해 산화되기 어려워 맛이 오래 보존된다.

54 천연 산화방지제(항산화제)
비타민 E(토코페롤), 세사몰, 비타민 C(아스코브산), 케르세틴, 고시폴 등

55 영양강화제
식품의 영양을 강화하기 위한 식품첨가물로, 비타민류와 아미노산류, 무기염류(칼슘 · 철분)가 첨가되며, 그 종류로는 구연산철, 구연산칼슘 등이 있다.

56 ④ 위해요소 분석에 해당한다.
중요관리점(CCP)은 위해요소 중점관리 기준을 적용하여 식품의 위해요소를 예방 · 제거하거나 허용 수준 이하로 감소시켜 해당 식품의 안전성을 확보할 수 있는 중요한 단계 · 과정 또는 공정을 말한다.

57 ② 붕산은 유해보존료이다.

58 조미료는 식품의 기호성과 관능 만족에 사용되는 첨가물이다.

59 식품 취급장에서는 항상 위생모를 착용하고 있어야 하나, 식품 취급장을 벗어나서는 위생모를 벗어도 상관없다.

60 소독액 희석방법은 일반적으로 매뉴얼에 나와 있는 희석방법에 따르고, 염소계 살균 소독제와 4급 암모늄계 살균 소독제의 경우는 200ppm, 아이오딘계 살균 소독제의 경우는 25ppm으로 희석하여 사용한다.

제4회 모의고사 정답 및 해설

모의고사 p.131

01	①	02	④	03	②	04	①	05	④	06	④	07	①	08	③	09	④	10	③
11	④	12	④	13	③	14	②	15	②	16	②	17	③	18	④	19	①	20	②
21	③	22	④	23	①	24	③	25	①	26	③	27	④	28	①	29	②	30	④
31	④	32	③	33	④	34	③	35	④	36	③	37	③	38	④	39	④	40	①
41	①	42	③	43	②	44	④	45	②	46	③	47	④	48	③	49	①	50	④
51	①	52	④	53	③	54	④	55	③	56	①	57	②	58	④	59	③	60	④

01 밀가루의 단백질 함량
- 강력분 : 11~14%
- 중력분 : 9~10.5%
- 박력분 : 6~8.5%
- 듀럼분 : 11~12%

02 침 속에 있는 효소인 프티알린은 전분을 덱스트린과 맥아당으로 분해한다.

03 비타민 A는 야맹증 예방, 세포성장 촉진, 점막 보호, 황산화 기능 세포를 보호한다. 항빈혈 인자는 비타민 B_{12}의 기능이다.

04 아밀로펙틴은 분자량이 많다. 분자량이 적은 것은 아밀로스의 특징이다.

05 쿠쿠르비타신은 참외나 오이 꼭지 부분의 쓴맛 성분이다.

06 밀가루의 글리아딘과 글루테닌이 물과 결합하여 글루텐을 만든다.

07 젤라틴은 젤(Gel)을 형성하는 성질을 지닌 동물성 단백질의 한 성분으로 안정제나 제과 원료 등에 다양하게 이용된다. 소화가 잘되는 순수한 단백질 식품이지만 영양적으로 몇 가지 아미노산이 결핍된 불완전 단백질이다.

08 우유단백질인 카세인은 열에 의해서는 잘 응고하지 않으나 산과 레닌에 의하여 응고하는데, 이 원리를 이용하여 치즈를 만든다.

09 기름을 일정한 온도 이상으로 가열하면 기름에 함유된 지방이 분해되어 표면에서 연기가 나기 시작하는데, 이때의 온도를 발연점이라고 한다.

10 유지의 특징
- 가소성 : 고체에 힘을 가했을 때 모양의 변화와 유지가 가능한 성질
- 크림성 : 반죽에 분산해 있는 유지가 거품의 형태로 공기를 포집하고 있는 성질
- 쇼트닝성 : 반죽의 조직에 층상으로 분포하여 윤활작용을 하는 성질
- 유화성 : 달걀, 설탕, 밀가루 등을 잘 섞이게 하는 성질
- 구용성 : 입안에서 부드럽게 녹는 성질

11 쇼트닝은 동·식물성 유지를 정제 가공한 것으로, 마가린과 달리 수분을 함유하지 않는다.

12 이 문제에서 실외 온도는 사용되지 않는다는 점에 유의해야 한다.
사용수 온도는 다음 공식에 따라 구한다.

> 사용수 온도 = (반죽 희망 온도 × 6) − (실내 온도 + 밀가루 온도 + 설탕 온도 + 유지 온도 + 달걀 온도 + 마찰계수)

따라서 사용수 온도 = $(25 \times 6) - (22 + 21 + 21 + 20 + 18 + 33)$
= 15℃

13 엔젤푸드 케이크의 비용적은 $4.71 cm^3/g$이고,

반죽 양 = $\dfrac{\text{팬 용적}}{\text{팬 비용적}}$ 이므로,

엔젤푸드 케이크 반죽 양 = $\dfrac{1,640}{4.71} \fallingdotseq 348.19g$

14 동일한 부피의 반죽의 무게로 계산해야 하므로, 반죽 1L의 무게 50g으로 계산한다.

과자 반죽의 비중 = $\dfrac{\text{동일한 부피의 반죽 무게}}{\text{동일한 부피의 물 무게}}$

= $\dfrac{50}{200}$ = 0.25

15 원형 팬의 용적
= 반지름 × 반지름 × π(3.14) × 높이
= $10 \times 10 \times \pi(3.14) \times 6$
= $1,884 cm^3$

16
• 반죽형 반죽하기 : 블렌딩법, 복합법, 설탕/물법, 1단계법
• 거품형 반죽하기 : 공립법, 별립법, 시폰형, 머랭

17 크림법에서는 유지와 설탕, 소금을 넣고 믹싱을 하여 크림을 만든 후 달걀을 서서히 투입하여 크림을 부드럽게 유지한다.

18 머랭은 달걀흰자에 설탕을 넣어서 거품을 낸 것으로, 흰자의 기포성을 증가시키기 위해 주석산 크림을 첨가한다.

19 커스터드 크림을 만들 때 우유를 완전히 끓이면 표면에 단백질 막이 생기고 끓어 넘칠 염려가 있으므로 펄펄 끓이지 않아야 한다.

20 밤과자, 퍼프 페이스트리, 케이크 도넛 반죽은 각각 적당하게 휴지해야 한다.

21 초콜릿 템퍼링 시 초콜릿은 스테인리스 그릇에 담고 불 위에서 중탕으로 녹인다. 이때 온도는 초콜릿의 모든 성분이 녹을 수 있도록 50~55℃로 한다. 그 이상이면 초콜릿 안의 유제품이 녹아 굳어지므로 주의한다. 중탕한 초콜릿은 대리석법, 접종법, 수랭법 등을 이용하여 26~27℃로 온도를 내린다.

22 적당한 초코 머핀 반죽양은 팬 부피의 70%이다.

23 ① 마카롱 쿠키 : 달걀흰자와 설탕으로 만든 머랭 쿠키이다.
② 프랑스식(판에 등사하는) 쿠키 : 수분이 많은 묽은 반죽을 철판에 흘려 굽는 쿠키로, 아주 얇고 바삭바삭하며 베이킹파우더를 사용하지 않는다.
③ 밀어 펴는 쿠키 : 반죽을 일정한 두께로 밀어 펴 다양한 형태의 정형기(모양틀)를 이용해 원하는 모양을 만드는 쿠키이다.
④ 냉장 쿠키 : 반죽을 냉장한 뒤 알맞은 크기와 너비로 잘라 굽는 쿠키이다.

24 제품에서 밀가루 냄새나 줄무늬가 생기는 것은 덧가루가 과다할 때 일어나는 일이다. 덧가루는 반죽이 바닥과 밀대에 붙지 않도록 적당량만 사용하고 과다한 덧가루는 붓으로 털어 내고 패닝한다.

25
① 드롭 쿠키(Drop Cookie) : 수분이 많아 짜서 만드는 쿠키이다.
② 스냅 쿠키(Snap Cookie) : 수분이 적어 밀대나 롤러기로 밀어 모양을 찍어 만든다.

26 쿠키가 잘 퍼지는 이유
- 쇼트닝, 설탕 과다 사용
- 설탕 일부를 믹싱 후반기에 투입
- 낮은 오븐 온도
- 믹싱 부족
- 알칼리성 반죽
- 입자가 큰 설탕 사용

27 패닝 후 슈 반죽 표면에 물을 충분히 분사해 주면, 오븐에서 껍질이 형성되는 것을 지연시켜 양배추 모양으로 충분히 부풀어 오르는 데 도움이 된다.

28 설탕류의 기능
- 제과에서의 기능 : 수분 보유제, 연화효과, 캐러멜화
- 제빵에서의 기능 : 이스트의 먹이, 메일라드 반응

29 휴지 과정을 거치지 않아 충전용 유지가 너무 무르면 반죽층 사이로 유지가 새어 나와 결을 만들지 못한다. 또한 휴지가 너무 지나치면 딱딱한 유지 덩어리로 인해 반죽을 밀어 펼 때 반죽층이 찢어져 연속적인 층을 파괴하여 균일한 두께의 퍼프 페이스트리를 만들 수 없게 된다.

30 커스터드 크림과 프렌치 버터크림은 달걀노른자를 사용하고, 이탈리안 버터크림은 달걀흰자를 사용한다. 가나슈크림에는 달걀이 들어가지 않는다.

31 파운드 케이크를 구운 후에는 표면에 달걀노른자 100%와 설탕 20~40%를 섞은 달걀물을 바르는데, 이때 설탕은 맛과 보존기간을 개선하고, 광택의 효과를 내는 역할을 한다.

32 베이커스 퍼센트(Baker's %)
$= \dfrac{각\ 재료의\ 중량(g)}{밀가루의\ 중량(g)} \times 밀가루의\ 비율(\%)$

이때 코코아파우더의 베이커스 퍼센트는 20%이므로,

$20\% = \dfrac{코코아파우더\ 중량}{150} \times 100$

따라서 코코아파우더 중량은 30g이다.

33 튀김의 단계
- 제1단계 : 식품이 뜨거운 기름에 들어가면 식품 표면의 수분이 수증기로 달아나며, 이로 인해 식품 내부의 수분이 식품 표면으로 이동하게 된다. 이때 형성된 식품 표면의 수증기 면은 고온의 기름 온도에서 식품을 타지 않게 보호하며 기름이 흡수되는 것을 막아 주지만, 기름의 일부는 수분이 달아나는 기공을 통하여 흡수된다.
- 제2단계 : 튀김 열에 의해 메일라드 반응이 일어나 식품의 표면이 갈색이 되며, 수분이 달아나 기공이 커지고 많아진다.
- 제3단계 : 식품의 내부가 익는다. 이것은 직접적인 기름의 접촉보다 내부로 열이 전달되기 때문이다.

34 튀김 기름에 경화제인 스테아린(Stearin)을 3~6% 정도 첨가하면 설탕의 녹는점을 높여 기름의 침투를 막는다.

35 마지팬은 아몬드 분말과 분당을 이용하여 만들고, 오래전부터 케이크 아이싱으로 많이 사용되고 있다.

36 로열 아이싱은 달걀흰자와 분당을 섞어 만드는 것으로, 상황에 따라서 물을 첨가하기도 한다. 로열 아이싱을 이용하여 케이크에 선을 그리기도 하고, 아이싱 쿠키를 만들어 머핀이나 케이크 위에 장식물로 사용할 수도 있다.

37 익스텐소그래프 : 밀가루 반죽을 끊어질 때까지 늘이면서 필요한 힘과 신장성 사이의 관계를 선으로 기록하는 장치를 말한다.

38 실온 저장 재료별 보관 기준에 따른 쇼트닝의 보관 기간은 2~4개월이다.

39 생크림을 만들 때는 휘핑 기구를 차게 하고 적은 양으로 나누어 기포하는 것이 바람직하다. 생크림은 3~7℃의 온도에 냉장 보관하는 것이 원칙이며 일반 사유보다는 보관기간이 길다.

40 ①은 바이러스성 식중독의 원인균이고, ②, ③, ④는 세균성 식중독의 원인균이다.
 • 바이러스성 식중독의 원인균 : 노로바이러스, 로타바이러스
 • 세균성 식중독의 원인균 : 바실루스 세레우스, 보툴리누스균, 병원성 대장균, 포도상구균, 살모넬라균, 장염 비브리오균

41 장비, 용기 및 도구는 청소하기 쉽게 디자인되어야 한다. 재질은 표면이 비독성이고 청소 세제와 소독약품에 잘 견뎌야 하고, 녹슬지 않아야 한다.

42 WHO가 정의한 건강이란 육체적, 정신적, 사회적으로 모두 완전한 상태를 말한다.

43 Sr-90은 화학적으로 칼슘과 비슷하여 칼슘과 대체되어 체내에 축적된다.

44 **공기의 자정작용**
 • 산화작용 : 산소, 오존, 과산화수소 등
 • 희석작용 : 공기의 대류현상
 • 세정작용 : 눈, 비에 의해 공기 중의 가스나 부유 분진 제거
 • 살균작용 : 자외선
 • 교환작용 : 식물의 탄소동화 작용

45 열중증(열경련, 열허탈증, 열사병, 열쇠약증)은 고온 환경에서 장시간 작업할 때 발생하는 직업병이다.

46 삭시톡신은 조개류의 독성분이다.

47 메틸알코올(메탄올)은 정제가 불충분한 증류주에 남아 체내로 흡수될 수 있다. 축적되면 구토, 현기증, 두통이 생기고 심할 경우 실명, 사망에 이를 수 있다.

48 **푸른곰팡이**
 • 자낭균류 진정자낭균목 페니실륨속 곰팡이를 통틀어 이르는 말이다.
 • 부패작용 또는 독에 의한 유해균이 많으며, 페니실린과 같은 유익한 것도 있다.
 • 빵, 떡과 같은 유기물이 많은 곳에 잘 생긴다.

49 식품 또는 식품첨가물에 관한 기준 및 규격(식품위생법 제7조제1항)
식품의약품안전처장은 국민 건강을 보호·증진하기 위하여 필요하면 판매를 목적으로 하는 식품 또는 식품첨가물에 관한 다음의 사항을 정하여 고시한다.
- 제조·가공·사용·조리·보존 방법에 관한 기준
- 성분에 관한 규격

50 식품위생법은 식품으로 인하여 생기는 위생상의 위해를 방지하고 식품영양의 질적 향상을 도모하며 식품에 관한 올바른 정보를 제공함으로써 국민 건강의 보호·증진에 이바지함을 목적으로 한다(식품위생법 제1조).

51 결격사유(식품위생법 제54조)
다음 어느 하나에 해당하는 자는 조리사 면허를 받을 수 없다.
- 정신질환자. 다만, 전문의가 조리사로서 적합하다고 인정하는 자는 그러하지 아니하다.
- 감염병환자(B형간염환자는 제외)
- 마약이나 그 밖의 약물중독자
- 조리사 면허의 취소처분을 받고 그 취소된 날부터 1년이 지나지 아니한 자

52 안전관리인증기준(HACCP) 적용 원칙(식품 및 축산물 안전관리인증기준 제6조제1항)
- 1단계 : 위해요소 분석
- 2단계 : 중요관리점 결정
- 3단계 : 한계기준 설정
- 4단계 : 모니터링 체계 확립
- 5단계 : 개선조치 방법 수립
- 6단계 : 검증 절차 및 방법 수립
- 7단계 : 문서화 및 기록 유지

53 미생물의 크기
곰팡이 > 효모 > 스피로헤타 > 세균 > 리케차 > 바이러스

54
- 폐흡충 : 제1중간숙주 → 다슬기, 제2중간숙주 → 게, 가재
- 광절열두조충 : 제1중간숙주 → 물벼룩, 제2중간숙주 → 민물고기(송어, 연어 등)
- 간흡충 : 제1중간숙주 → 왜우렁이(쇠우렁이), 제2중간숙주 → 민물고기(붕어, 잉어 등)

55 요충은 집단감염, 항문소양증을 유발한다.

56 자외선의 살균효과는 260~280nm의 범위 내의 파장에서 가장 크다.

57 석탄산 : 3% 수용액으로 의류, 용기, 실험대, 배설물 등의 소독에 이용되며, 안정성이 높고 유기물의 영향을 크게 받지 않으므로 각종 소독약의 살균력을 나타내는 기준이 된다.

58 아스파탐은 식품첨가물로, 설탕의 180~200배 단맛을 내는 감미료이다.

59 손을 세척하고 소독한 뒤 앞치마로 손을 닦는 습관은 교차오염의 위험이 있으므로 반드시 고쳐야 한다.

60 ④는 바닥 마감재의 요건 중 제품에 대한 안전성 확보와 관련된 사항이다.

제5회 모의고사 정답 및 해설

01	③	02	①	03	②	04	④	05	①	06	②	07	③	08	②	09	③	10	③
11	③	12	④	13	④	14	①	15	①	16	②	17	③	18	④	19	①	20	②
21	③	22	④	23	②	24	④	25	②	26	②	27	②	28	④	29	④	30	④
31	①	32	④	33	③	34	③	35	④	36	③	37	③	38	④	39	④	40	②
41	③	42	③	43	②	44	④	45	④	46	③	47	③	48	④	49	④	50	③
51	④	52	②	53	③	54	①	55	①	56	④	57	④	58	④	59	③	60	③

01 필수지방산은 불포화지방산 중 체내에서 합성되지 못하여 식품으로 섭취해야 하는 지방산으로, 대두유, 옥수수유, 땅콩(햇땅콩) 등 식물성 기름에 많이 함유되어 있다.

02 ② 쇼트닝 : 제과·제빵 등의 식품가공용 원료로 사용되는 반고체 상태의 가소성 유지제품
③ 젤라틴 : 동물의 가죽, 힘줄, 연골 등의 천연 단백질인 콜라겐에서 얻는 유도 단백질
④ 헤드치즈 : 돼지머리를 사용하여 만든 젤리 모양으로 압축시킨 고기

03 **당질의 감미도** : 과당 > 전화당 > 설탕 > 포도당 > 맥아당 > 유당

04 밀가루에 물을 가하면 점탄성을 가진 반죽이 된다. 이것은 밀의 단백질인 글리아딘과 글루테닌이 결합하여 글루텐을 형성하기 때문이다.

05 달걀흰자의 기포는 묵은 달걀일수록, 냉장온도보다 실내온도에서 거품이 잘 난다. 기름을 넣으면 거품의 생성이 현저히 줄어들며, 소량의 소금, 산의 첨가는 기포현상을 돕는다. 마지막 단계에서 설탕을 넣어주면 거품이 안정된다.

06 탄수화물, 지방, 단백질은 열량(칼로리)을 발생시키는 에너지원과 신체조직의 구성물로 사용된다. 무기질, 비타민, 물은 에너지원으로 쓰이지 않고 신진대사를 도와주며 조직의 구성물로 사용된다.

07 ③ 아이오딘(I) : 결핍 시 갑상선종, 크레틴병이 발생한다.
① 인(P) : 결핍 시 골격과 치아의 발육 불량 등이 나타난다.
② 칼슘(Ca) : 결핍 시 골다공증, 골격과 치아의 발육 불량 등이 나타난다.
④ 마그네슘(Mg) : 결핍 시 근육경련, 얼굴경련, 수면질 저하 등이 나타난다.

08 • 수용성 비타민 : 비타민 B_1(티아민), 비타민 B_2(리보플라빈), 비타민 B_6(피리독신), 비타민 C(아스코브산)
• 지용성 비타민 : 비타민 A(레티놀), 비타민 D(칼시페롤), 비타민 E(토코페롤), 비타민 K_1(필로퀴논)

09 들기름은 불포화지방산이 다량 함유되어 있어 성인병 예방에 좋다. 하지만 불포화지방산이 다른 기름보다 많아 공기 중에 노출되면 빨리 산패된다.

10 코코아 분말은 카카오 매스에서 코코아 버터를 제거한 후 남는 고형분을 건조 및 분쇄하여 만든다. 코코아 분말은 용해성이 우수해 식감이 좋으나 수분 흡수성이 강하기 때문에 방수 포장을 해야 한다.

11 연 유
- 유당연유 : 우유를 3분의 1로 농축한 후 설탕 또는 포도당을 40~45% 첨가한 유제품으로 설탕의 방부력을 이용해 따로 살균하지 않고 저장할 수 있다.
- 무당연유 : 전유 중의 수분 60%를 제거하고 농축한 것이다. 방부력이 없으므로 통조림하여 살균하여야 하고, 뚜껑을 열었을 때는 신속히 사용하거나 냉장을 해야 한다.

12 스펀지 케이크의 비용적은 $5.08 \text{cm}^3/\text{g}$이고,

반죽 양 $= \dfrac{\text{팬 용적}}{\text{팬 비용적}}$ 이므로,

스펀지 케이크 반죽 양 $= \dfrac{410}{5.08} \fallingdotseq 80.70\text{g}$

제품별 비용적
- 파운드 케이크 : $2.40 \text{cm}^3/\text{g}$
- 레이어 케이크 : $2.96 \text{cm}^3/\text{g}$
- 엔젤푸드 케이크 : $4.71 \text{cm}^3/\text{g}$
- 스펀지 케이크 : $5.08 \text{cm}^3/\text{g}$

13 가나슈크림은 카카오 성분 56% 이상의 초콜릿과 유지방 38% 이상의 생크림을 사용한다. 초콜릿에 끓인 생크림을 부어 혼합하여 제조한다.

14 과자 반죽의 비중 $= \dfrac{\text{동일한 부피의 반죽 무게}}{\text{동일한 부피의 물 무게}}$

$= \dfrac{300}{400}$

$= 0.75$

15
- 반죽형 반죽하기 : 블렌딩법, 복합법, 설탕/물법, 1단계법
- 거품형 반죽하기 : 공립법, 별립법, 시폰형, 머랭

16 크림법 : 처음에 유지와 설탕, 소금을 넣고 믹싱을 하여 크림을 만든 후 달걀을 서서히 투입하여 크림을 부드럽게 만든 후, 여기에 체로 친 밀가루와 베이킹파우더, 건조 재료를 넣고 균일하게 혼합하여 반죽한다.

17 시폰은 프랑스어로 비단이라는 뜻으로, 비단과 같이 우아하고 미묘한 맛이 난다고 하여 붙여진 이름이다. 시폰형 반죽에서는 달걀의 흰자와 노른자를 분리하여 노른자는 반죽형과 같은 방법으로 제조하고, 흰자는 머랭을 만들어 두 가지 반죽을 혼합하여 제조한다. 반죽형의 부드러움과 거품형의 조직과 기공을 가진 것이 특징이다.

18 스위스 머랭은 달걀흰자와 설탕을 믹싱 볼에 넣고 잘 혼합한 후에 43~49℃로 중탕하여 달걀흰자에 설탕이 완전히 녹으면 볼을 믹서에 옮겨 중간이나 팽팽한 정도가 될 때까지 거품을 내서 만드는 것으로 각종 장식 모양을 만들 때 사용한다.

19 **프렌치 버터크림 제조과정**
   - 재료 : 달걀노른자, 버터, 설탕, 물엿, 물
   - 과 정
     - 스테인리스 그릇에 달걀노른자를 넣고 하얗게 될 때까지 거품을 낸다.
     - 스테인리스 그릇에 설탕, 물엿, 물을 넣고 118℃가 되도록 끓인다.
     - 거품을 낸 달걀노른자에 시럽을 스테인리스 그릇 안쪽으로 조금씩 흐르게 붓는다. 미지근한 상태가 되면 포마드 상태의 버터를 3~4번에 나누어 넣고 충분히 크림 상태가 되도록 섞는다.

20 가나슈크림의 맛을 증가시키기 위해서 버터 또는 물엿을 첨가할 수 있다.

21 딸기 토핑물을 만들 때 설탕 1/3에 펙틴을 고르게 섞어 넣고 냄비에 눌어붙지 않도록 나무 주걱으로 저으면서 농축시키다가 50~60brix에서 농축을 끝낸다.

22 이탈리안 머랭 제조 시 시럽 온도가 110℃일 때 달걀흰자와 설탕을 휘핑하기 시작하면 시럽 온도와 휘핑 정도를 적당히 맞힐 수 있다.

23 ②는 거품형 쿠키이고, ①, ③, ④는 반죽형 쿠키이다.

24 다쿠아즈 정형 시 패닝 후 평탄 작업을 너무 오래 하면 반죽 속의 머랭이 모두 가라앉아 버린다.

25 두께 3mm 정도로 일정하게 밀어 편 타르트 반죽은 피케 롤러나 포크를 이용하여 타르트 바닥의 열기가 나갈 수 있는 구멍을 만들어 준다. 이렇게 하면 반죽과 오븐팬 사이에 남아 있는 공기가 구멍으로 빠져나가 반죽이 들리지 않고 평평하게 구워진다.

26 휴지 과정은 수축을 방지하는 과정이므로 꼭 지켜주어야 한다. 그러나 너무 오래 휴지하면 베이킹소다가 산화되어 튀길 때 볼륨이 작아진다.

27 기름이 적으면 도넛을 뒤집기 어렵고, 과열되기 쉽다. 기름이 많으면 튀김온도로 높이는 데 시간이 많이 걸리고 기름이 낭비된다.

28 밀어 펴기 작업 시에는 90°씩 방향을 바꾸어서 밀어 펴야 한다. 이것은 반죽이 밀린 방향으로 수축하기 때문에 미는 방향을 바꾸어 과도한 수축을 방지하기 위한 것이다.

29 유지를 배합한 반죽을 냉장고(0~4℃)에서 30분 이상 휴지시킨 후, 밀어 펴기를 한다.

30 터널 오븐은 반죽이 들어가는 입구와 제품이 나오는 출구가 서로 다른 오븐으로, 다양한 제품을 대량 생산할 수 있다. 다른 기계들과 연속 작업을 통해 제과 · 제빵의 전 과정을 자동화할 수 있어 대규모 공장에서 주로 사용한다.

31 파운드 케이크를 구운 후에는 표면에 달걀노른자 100%과 설탕 20~40%를 섞은 달걀물을 바르는데, 이때 설탕은 맛과 보존기간을 개선하고, 광택의 효과를 내는 역할을 한다.

32 높은 온도에서 짧게 굽는 제품에 수분 함량이 가장 많다.

33 **밀가루의 종류별 용도**
   - 강력분 : 제빵, 파스타
   - 중력분 : 제면, 다목적용
   - 박력분 : 쿠키, 케이크

34 제과에 사용하는 반죽기는 회전축이 수직으로 달려 있는 수직 믹서가 대표적이다. 제품에 따라 거품형 반죽에는 휘퍼(Whipper)를 연결하여 사용하고, 반죽형 반죽에는 비터(Beater)를 사용하며, 퍼프 페이스트리 등은 훅(Hook)을 연결하여 사용한다. 분할기는 정형을 자동으로 행하는 경우에 사용되며, 일정량의 반죽을 팬에 넣어 주거나 쿠키 반죽을 일정 크기로 잘라 주는 도구이다.

35 설탕 함량이 낮은 쿠키(밀가루 35% 이하)는 설탕량이 많고 유지량이 적은 쿠키보다 높은 온도에서 굽는다.

36 아이싱(Icing)이란 냉각된 과자류 제품의 표면을 적절한 재료로 씌우는 것을 말하며, 코팅(Coating) 또는 커버링(Covering)이라고도 부른다. 대체로 아이싱도 일종의 마무리 작업으로 보아 장식으로 본다. 폰당, 광택제, 생크림, 마지팬 등을 이용한다.

37 생크림을 이용한 아이싱은 온도가 높으면 생크림이 녹을 수 있으므로 실내 온도를 15~20℃로 설정한다.

38 보자기식 포장은 제품을 뒤집지 않아도 포장할 수 있으며, 포장지가 가장 적게 드는 포장법이다.

39 ③은 화학적 처리에 의한 보존법이고, ①, ②, ④는 물리적 처리에 의한 보존법이다.

40 컨덕트 냉동법은 속이 비어 있는 두꺼운 알루미늄판 속에 암모니아 가스를 넣어 −50℃ 정도로 냉각시키는 방법으로, 40분 정도면 완전 경화된다.

41 소비기한의 정의(식품 등의 표시기준)
식품 등(식품, 축산물, 식품첨가물, 기구 또는 용기·포장을 말함)에 표시된 보관방법을 준수할 경우 섭취하여도 안전에 이상이 없는 기한을 말한다.
※ 소비기한 영문명 및 약자 예시 : Use by date, Expiration date, EXP, E

42 식중독 위기 대응 4단계

관심 (Blue) 단계	• 소규모 식중독이 다수 발생하거나 식중독 확산 우려가 있는 경우 • 특정 시설에서 연속 혹은 간헐적으로 5건 이상 또는 50인 이상의 식중독 환자가 발생하는 경우
주의 (Yellow) 단계	• 여러 시설에서 동시다발적으로 환자가 발생할 우려가 높거나 발생하는 경우 • 동일 식재료 업체나 위탁 급식업체가 납품·운영하는 여러 급식소에서 환자가 동시 발생
경계 (Orange) 단계	• 전국에서 동시에 원인 불명의 식중독 확산 • 특정 시설에서 전체 급식 인원의 50% 이상 환자 발생
심각 (Red) 단계	• 식품 테러, 천재지변 등으로 대규모 환자 또는 사망자 발생 • 독극물 등 식품 테러로 인한 식재료 오염으로 대규모 환자나 사망자가 발생할 우려가 있는 경우

43 튀김 기름의 점도가 높을수록, 즉 여러 번 사용한 기름일수록 기름의 흡수가 많아진다.

44 노화는 수분 30~60%, 온도 0~4℃일 때 가장 잘 일어난다.

45 유기물에 작용해서 일으키는 현상이라는 점에서 발효와 부패는 같다. 하지만 이때 우리가 이용하려는 물질이 만들어지면 발효라 하고, 유해하거나 원하지 않는 물질이 되면 부패라 한다.

46 역성비누는 일반비누와 동시에 사용하면 살균효과가 떨어진다. 두 가지 모두 사용할 때는 일반비누를 먼저 사용하고 역성비누를 다음에 사용하여 살균효과를 높인다.

47 ② 식품의 관능을 만족시키기 위한 것 : 조미료
③ 식품의 변질이나 변패를 방지하기 위한 것 : 보존료, 살균제, 산화방지제
④ 식품의 품질을 개량하거나 유지하기 위한 것 : 품질개량제, 밀가루개량제, 유화제, 이형제, 피막제, 추출제, 용제, 습윤제

48 ① 소포제 : 식품의 제조 공정 중에 발생하는 거품을 제거하기 위해 사용되는 첨가물
② 발색제 : 식품의 색을 고정하거나 선명하게 하기 위한 첨가물
③ 살균제 : 식품의 부패 원인균 또는 감염병 등의 병원균을 사멸시키기 위하여 사용되는 첨가물

49 ④ TDI(내용일일섭취량) : 유해물질이 인체에 평생 노출되어도 유해영향을 나타내지 않는다고 판단되는 체중당 일일섭취량을 말한다.
① LD_{50}(반수치사량) : 50% Lethal Dose로서 통계적으로 시험 생물의 50%를 죽게 하는 시험물질의 투여 용량이다.
② LC_{50}(반수치사농도) : 50% Lethal Concentration으로서 통계적으로 시험 생물의 50%를 죽게 하는 수용액상의 시험물질 농도이다.
③ ADI(일일섭취허용량) : 평생 동안 하루도 빠짐없이 매일 섭취해도 아무런 병변(해부학, 유전학, 병리학적) 현상이 없는 최대의 양을 말한다.

50 • 무스카린(Muscarine) : 독버섯
• 아미그달린(Amygdaline) : 매실(청매)

51 식중독을 일으키는 대표적인 원인균에는 황색포도상구균, 보툴리눔, 살모넬라, 장염 비브리오균, 병원성 대장균 등이 있다. 콜레라, 장티푸스, 세균성 이질 등은 수인성 감염병에 속한다.
수인성 감염병의 특징
• 유행 지역과 음료수 사용 지역이 일치한다.
• 환자가 폭발적으로 발생한다.
• 치명률, 발병률이 낮다.
• 2차 감염률이 낮다.
• 모든 계층과 연령에서 발생한다.
• 동일 음료수 사용을 금지 또는 개선함으로써 피해를 줄일 수 있다.

52 황색포도상구균은 인체에서 화농성 질환을 일으키는 균이기 때문에 피부에 외상을 입거나 각종 장기 등에 고름이 생기는 경우 식품을 다뤄서는 안 된다.

53 군집독의 예방방법으로는 환기가 가장 좋다.

54 식중독에 관한 조사 보고(식품위생법 제86조제1항)
다음의 어느 하나에 해당하는 자는 지체 없이 관할 특별자치시장·시장·군수·구청장에게 보고하여야 한다. 이 경우 의사나 한의사는 대통령령으로 정하는 바에 따라 식중독 환자나 식중독이 의심되는 자의 혈액 또는 배설물을 보관하는 데에 필요한 조치를 하여야 한다.
• 식중독 환자나 식중독이 의심되는 자를 진단하였거나 그 사체를 검안한 의사 또는 한의사
• 집단급식소에서 제공한 식품 등으로 인하여 식중독 환자나 식중독으로 의심되는 증세를 보이는 자를 발견한 집단급식소의 설치·운영자

55 위해식품 등의 판매 등 금지(식품위생법 제4조)
누구든지 다음의 어느 하나에 해당하는 식품 등을 판매하거나 판매할 목적으로 채취·제조·수입·가공·사용·조리·저장·소분·운반 또는 진열하여서는 아니 된다.
- 썩거나 상하거나 설익어서 인체의 건강을 해칠 우려가 있는 것
- 유독·유해물질이 들어 있거나 묻어 있는 것 또는 그러할 염려가 있는 것. 다만, 식품의약품안전처장이 인체의 건강을 해칠 우려가 없다고 인정하는 것은 제외한다.
- 병을 일으키는 미생물에 오염되었거나 그 염려가 있어 인체의 건강을 해칠 우려가 있는 것
- 불결하거나 다른 물질이 섞이거나 첨가된 것 또는 그 밖의 사유로 인체의 건강을 해칠 우려가 있는 것
- 안전성 심사 대상인 농·축·수산물 등 가운데 안전성 심사를 받지 아니하였거나 안전성 심사에서 식용으로 부적합하다고 인정된 것
- 수입이 금지된 것 또는 수입식품안전관리 특별법에 따른 수입신고를 하지 아니하고 수입한 것
- 영업자가 아닌 자가 제조·가공·소분한 것

56 자가품질검사 의무(식품위생법 제31조제1항)
식품 등을 제조·가공하는 영업자는 총리령으로 정하는 바에 따라 제조·가공하는 식품 등이 규정에 따른 기준과 규격에 맞는지를 검사하여야 한다.

57 COD는 화학적 산소요구량을 말하며, COD가 높을수록 오염된 물이다. 해양오염의 지표 및 공장폐수를 측정하는 데 사용된다.

58 카드뮴 중독 시 이타이이타이병이 유발되며, 주요 증상으로는 폐기종, 신장장애, 단백뇨, 골연화증 등이 있다.

59 교차오염을 방지하려면 상온창고의 바닥은 항상 건조 상태를 유지하는 것이 좋다.

60 위생장갑은 흰색보다 유색을 사용하여 제품에 혼입되었을 경우에 식별이 용이하도록 한다.

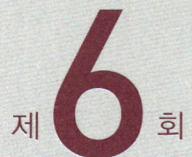

제 6 회 | 모의고사 정답 및 해설

모의고사 p.151

01	②	02	③	03	②	04	①	05	①	06	③	07	②	08	④	09	②	10	①
11	③	12	④	13	③	14	②	15	①	16	③	17	②	18	②	19	③	20	②
21	①	22	③	23	②	24	④	25	④	26	④	27	②	28	②	29	①	30	④
31	②	32	④	33	③	34	④	35	②	36	③	37	②	38	③	39	②	40	②
41	②	42	①	43	②	44	③	45	①	46	④	47	②	48	①	49	①	50	①
51	①	52	①	53	②	54	①	55	①	56	②	57	④	58	①	59	②	60	②

01 버터 20g은 20g × 9kcal/g = 180kcal이다. 그 중 수분 함량이 23%이므로 지방 함량은 77%이다. 180kcal의 77%는 138.6kcal이다.

02 필수지방산은 옥수수나 콩기름, 땅콩 등 천연 식물유에 많이 함유되어 있다.

03 젤라틴은 동물의 뼈, 가죽, 결합조직에 함유된 경단백질인 콜라겐이 물과 함께 가열될 때, 변성 하여 용해되어 콜로이드 상으로 용출한 것이다.

04 메티오닌(Methionine)은 황을 함유하는 α-아미노산의 일종으로 필수 아미노산 중 하나이다.

05 ② 비타민 A의 급원식품은 간, 버터, 난황, 녹황색 채소(당근) 등이며, 미역은 아이오딘의 급원식품이다.
③ 필수지방산은 주로 참기름, 콩기름 등의 식물성 기름에 들어 있다. 버터는 동물성 기름에 해당한다.
④ 두부는 식물성 단백질의 급원식품이다.

06 불포화도가 높을수록 아이오딘값이 높다. 리놀렌산은 불포화지방산이면서 필수지방산에 속한다.

07 치즈는 우유에 레닌 또는 젖산균을 작용시켜, 카세인과 지방을 응고시켜 얻은 커드를 세균이나 곰팡이 등으로 숙성시켜 만든 유제품이다.

08 식품은 어떤 무기질로 구성되어 있느냐에 따라 산성과 알칼리성으로 나뉘며, 산성 식품과 알칼리성 식품의 구별은 그 식품을 연소시켰을 때 최종적으로 어떤 원소가 남게 되는가에 따른다.

09 우유를 가열할 때 용기 바닥에 눌어붙는 이유는 유청 때문이다.

10 ② 한천 : 해조류의 우뭇가사리로부터 얻는다.
③ 알긴 : 갈조류에서 얻으며, 찬물, 뜨거운 물 모두에 잘 녹는다.
④ 젤라틴 : 동물의 껍질, 연골조직의 콜라겐 단백질에서 얻는다.

11 달걀흰자의 거품 형성에서 적정 온도는 30℃ 정도이며, 냉장 보관한 것보다 실온에 두었던 달걀이 거품이 잘 일어난다.

12 글루텐 형성을 감소시켜 제품의 조직, 가공, 속결을 부드럽게 향상시킨다(연화작용).

13 달걀의 기능
- 구조 형성 : 달걀의 단백질이 밀가루와의 결합작용으로 과자제품의 구조를 형성한다.
- 결합제 : 커스터드 크림을 엉기게 하여 농후화 작용을 한다.
- 수분 공급 : 전란의 75%가 수분으로 제품에 수분을 공급한다.
- 유화제 : 노른자의 레시틴이 유화작용을 하며, 반죽의 분리현상을 막아주기도 한다.
- 팽창작용 : 믹싱 중 공기를 혼합하므로 굽기 중 부피가 5~6배 늘어나는 팽창작용을 한다.
- 색 : 노른자의 황색은 식욕을 돋우는 기능을 가지고 있다.

14 단백질은 1g당 4kcal이므로 이로부터 얻을 수 있는 열량은 6g × 4kcal/g = 24kcal이다.

15 전분의 가열 온도가 높을수록, 전분입자의 크기가 작을수록, 가열 시 첨가하는 물의 양이 많을수록, 가열하기 전 수침(물에 담그는) 시간이 길수록 호화되기 쉽다.

16 팻 블룸은 지방이 분리되었다가 굳어지면서 얼룩이 생기는 현상이다. 초콜릿 템퍼링은 초콜릿 사용 전 카카오 버터를 미세한 결정으로 만들어 매끈한 광택의 초콜릿을 만드는 과정으로, 입안에서 용해성이 좋아지며 팻 블룸이 일어나지 않는다.

17 ① 가소성 : 반고체인 유지의 특징으로 고체에 힘을 가했을 때 모양의 변화와 유지가 가능한 성질로, 사용 온도 범위, 즉 가소성 범위가 넓은 것이 좋다.
③ 크림성 : 반죽에 분산해 있는 유지가 거품의 형태로 공기를 포집하고 있는 성질로 휘핑할 때 공기를 혼입하여 부피를 증대시키고 볼륨을 유지시킨다.
④ 쇼트닝성 : 반죽의 조직에 층상으로 분포하여 윤활작용을 하는 유지의 특징이다. 조직층 간의 결합을 저해함으로써 반죽을 바삭바삭하고 부서지기 쉽게 하는 특징을 갖고 있다.

18 메일라드 반응(Maillard Reaction)은 당류와 아미노산, 단백질과 같은 화합물이 반응하여 갈색으로 변하는 것이다.

19 제과용에는 단백질 6~8.5%, 회분 0.4% 이하, pH 5.2 정도인 박력분을 사용한다.

20 ①, ③, ④는 케이크의 중심부가 솟는 경우에 대한 설명이다.
케이크의 중심부가 가라앉는 경우는 설탕량이 많고 팽창이 과도할 때, 구조형성 물질이 적고 오븐 온도가 너무 낮을 때이다.

21 제품의 특성에 따라 적정 비중이 있으며, 제품별 비중을 유지시키는 일은 상당히 중요하다. 비중은 외부의 영향뿐만 아니라 내부에도 영향을 주어 비중이 높으면 기공이 조밀하여 무거운 제품이 되며, 너무 낮으면 큰 기포가 형성되어 거친 조직이 된다.

22 퍼프 페이스트리는 다른 반죽 온도보다 조금 낮은 20℃가 적당한 반죽 온도이다.

23 퍼프 페이스트리는 반죽 제조법에 따라 접이형과 반죽형으로 구분할 수 있다. 접이형은 프랑스식 또는 롤인법(Roll-in Type)이라 하며, 반죽형은 스코틀랜드식이라고 한다.

24 ① 피에 : 프랑스어로 발을 의미하고, 코크에서 아래 레이스(물결무늬) 부분을 가리키며 프릴이라고도 한다.
③ 필링 : 코크 사이에 들어가는 크림으로 잼, 콤포트, 가나슈, 버터크림 등을 가리키며, 마카롱의 맛을 좌우하는 중요한 부분이다.
④ 몽타주 : 코크에 필링을 넣고 짝을 맞추는 과정을 말하며 영어로는 샌딩이라고 한다.

25 ④ 다쿠아즈 – 스위스 머랭

26 비용적은 단위무게당 차지하는 부피를 말하며, 단위는 cm^3/g이다.

27 **제품별 비용적**
- 파운드 케이크 : $2.40cm^3/g$
- 레이어 케이크 : $2.96cm^3/g$
- 엔젤푸드 케이크 : $4.71cm^3/g$
- 스펀지 케이크 : $5.08cm^3/g$

28 파운드 팬에 깔아 주는 위생지는 팬 높이와 같게 재단한다. 팬 높이보다 낮으면 반죽이 팬에 붙어 잘 떨어지지 않고, 팬 높이보다 높게 재단하면 굽기 시 색이 일정하게 나지 않아 상품 가치가 떨어진다.

29 휴지의 목적은 글루텐 안정, 재료의 수화, 밀어 펴기 용이, 반죽과 유지의 되기 조절에 있다.

30 장식물은 쿠키의 표피가 건조되기 전에 올려놓아야 구운 후 떨어지지 않는다.

31 밀어 펴기 후 최초 크기로 3겹을 접는다.

32 튀기는 식품의 표면적이 클수록 흡유량이 증가한다.

33 과자류 제품의 굽기에 영향을 주는 요인으로는 가열에 의한 팽창, 팬의 재질, 오븐의 온도가 있다.

34 기름 흡수가 증가되는 것은 재료 중에 당과 지방의 함량이 많을 때, 레시틴의 함량이 많을 때, 수분 함량이 많을 때이다. 달걀노른자에는 인지질이 함유되어 있어서 재료에 달걀을 넣게 되면 흡유량을 증가시킨다. 그러나 글루텐이 많은 경우에는 흡유량이 감소된다.

35 튀김기의 표면적이 넓을수록 발연점이 낮다.

36 나이트로겐 냉동법(순간 냉동법, Nitrogen)은 3~5분 정도면 완전 경화된다.
① 에어 블라스트 냉동법 : 완제품을 -40℃의 냉풍으로 급속 냉동시키는 방법으로, 60분 정도면 완전 경화된다.
② 컨덕트 냉동법 : 속이 비어 있는 두꺼운 알루미늄판 속에 암모니아 가스를 넣어 -50℃ 정도로 냉각시키는 방법으로, 40분이면 완전 경화된다.

37 짤 주머니는 천이나 비닐 필름, 종이 등의 재질이 있고, 가장 사용하기 편리한 것이 천으로 만든 제품이다. 대부분 모양 깍지를 고정시키고 내용물을 채워 사용한다.

38 쿠키, 머랭, 마카롱, 과일, 견과류, 모델링 반죽, 초콜릿 등이 장식물로 쓰인다.

39 ① 파이롤러 : 반죽을 롤러에 의해 평균적으로 늘려 두께를 조절하는 기계로, 주로 크루아상 같은 유지가 많은 반죽에 사용한다.
③ 스크레이퍼 : 반죽을 분할할 때 사용하며, 스테인리스나 플라스틱 재질로 되어 있다.
④ 키친에이드 : 생크림, 달걀흰자 거품을 낼 때 사용한다.

40 파운드 케이크를 진공포장하면 찌그러질 위험이 있으므로 제품의 특성상 함기포장 방법을 선택하고 개별 포장 후 종이 박스에 담는다.

41 ② 마른간법 : 생선 등에 물기 없이 직접 소금을 뿌려 간을 하는 방법
① 물간법 : 물고기 등을 소금물에 담가 간을 하는 방법
③ 압착염장법 : 물간법에서 누름돌을 얹어 가압하면서 염장하는 방법
④ 염수주사법 : 염수를 주사한 후 일반 염장법으로 염지하는 방법

42 딸기는 서서히 가열하여 세포호흡에 필요한 산소를 완전히 소모하면 색을 선명하게 보존할 수 있다.

43 당장법의 설탕 농도는 50%가 적당하다.

44 신선한 달걀은 난황이 봉긋하게 솟아 있고 난백의 높이가 높으며 흰자가 노른자 주위에 분명하게 확인되는 것이다. 흔들어 보았을 때 진동소리가 나지 않아야 하고, 난황계수가 크며, 수양난백의 비율이 낮은 것이 좋다.

45 ② 수평형 믹서 : 반죽 날개가 수평으로 설치되어 있고, 주로 대형 매장이나 공장형 제조업에서 사용한다.
③ 스파이럴 믹서 : 나선형 훅이 내장되어 있는 믹서로, 프랑스빵과 같이 글루텐 형성능력이 다소 작은 밀가루로 빵을 만들 경우에 적당하다.
④ 에어 믹서 : 제과 전용 믹서로, 에어 믹서 사용에 일반적으로 공기 압력이 가장 높아야 되는 제품은 엔젤푸드 케이크이다.

46 식품 등의 위생적인 취급에 관한 기준(식품위생법 시행규칙 별표 1)
식품 등의 제조·가공·조리에 직접 사용되는 기계·기구 및 음식기는 사용 후에 세척·살균하는 등 항상 청결하게 유지·관리하여야 하며, 어류, 육류, 채소류를 취급하는 칼·도마는 각각 구분하여 사용하여야 한다.

47 식품첨가물의 구비조건
• 사용방법이 간편하고 미량으로도 충분한 효과가 있어야 한다.
• 독성이 적거나 없으며 인체에 유해한 영향을 미치지 않아야 한다.
• 물리적·화학적 변화에 안정해야 한다.
• 값이 저렴해야 한다.

48 출입·검사·수거 등(식품위생법 제22조제4항)
행정응원의 절차, 비용 부담방법, 그 밖에 필요한 사항은 대통령령으로 정한다.

49 단백질의 상호보조란 제한 아미노산의 종류가 서로 다른 두 가지 식품을 섞어서 부족한 제한 아미노산을 서로 보완할 수 있도록 함께 섭취하는 것을 말한다. 대표적으로 쌀과 콩, 시리얼과 유유, 빵과 우유 등이 상호보조 효력이 크다.

50 초산비닐수지는 초산비닐이라고도 하며 추잉껌 기초제, 피막제로 사용된다.

51 군집독
- 많은 사람이 밀집된 실내에서 공기가 물리적·화학적 조성의 변화를 일으킨다.
- 산소 감소, 이산화탄소 증가, 고온·고습의 상태에서 유해가스 및 취기, 구취, 체취 등으로 인하여 공기의 조성이 변한다.
- 현기증, 구토, 권태감, 불쾌감, 두통 등의 증상이 있다.

52 세균성 식중독은 미생물, 유독물질, 유해 화학물질 등이 음식물에 첨가되거나 오염되어 발생하는 것으로 잠복기가 짧아 급성위장염 등의 생리적 이상을 초래한다.

53 ② 수은 중독 : 빈혈, 색소침착, 신경염
③ 카드뮴 중독 : 골연화증, 이타이이타이병
④ 비소 중독 : 피부이상, 신경마비, 지각이상, 탈모, 색소침착

54 건강보균자란 병원체를 지니고 있으나 겉으로는 증상이 나타나지 않는 건강한 사람으로, 개인이 관리하지 않으면 발병 전까지 감염병 상태를 알 수 없으므로 감염병을 관리하는 데 있어서 가장 어려운 대상이다.

55 백일해는 제2급 감염병에 해당한다.

56 생선의 부패는 혐기성 미생물에 의해 단백질 등이 변질되는 것이다.

57 일반적으로 염소계 살균 소독제와 4급 암모늄계 살균 소독제의 경우는 200ppm, 아이오딘계 살균 소독제의 경우는 25ppm으로 희석하여 사용한다.

58 역성비누는 살균 목적으로 만든 비누로, 일반비누와 같이 사용하면 살균력이 저하된다. 따라서 일반비누로 먼저 씻어낸 후 역성비누를 사용한다.

59 위해요소
인체의 건강을 해칠 우려가 있는 생물학적, 화학적 또는 물리적 인자나 조건
- 생물학적 위해요소(Biological Hazards) : 황색포도상구균, 살모넬라, 병원성대장균 등 식중독균
- 화학적 위해요소(Chemical Hazards) : 중금속, 잔류농약 등
- 물리적 위해요소(Physical Hazards) : 금속조각, 비닐, 노끈 등 이물

60 위생복을 착용하기 전에 몸에 부착된 시계, 반지, 팔찌, 목걸이, 귀고리 등과 같은 모든 장신구를 제거한다. 반지, 시계, 팔찌 등을 착용할 경우 재료나 이물질이 끼어 세균 증식의 요인이 될 뿐만 아니라, 작업에 지장을 초래하고 기구나 기계류 취급 시 안전사고의 위험 요인이 될 수 있다.

제7회 모의고사 정답 및 해설

01	①	02	③	03	③	04	③	05	②	06	③	07	③	08	③	09	①	10	④
11	③	12	②	13	②	14	②	15	③	16	①	17	④	18	③	19	③	20	④
21	③	22	③	23	④	24	②	25	②	26	①	27	②	28	③	29	①	30	④
31	④	32	③	33	④	34	①	35	③	36	④	37	②	38	①	39	④	40	④
41	①	42	②	43	②	44	②	45	②	46	③	47	②	48	②	49	④	50	③
51	④	52	②	53	②	54	③	55	②	56	④	57	②	58	②	59	①	60	②

01 단백질은 근육이나 내장, 혈액, 머리털, 손톱 등을 구성하는 성분으로 알류, 콩류에 많이 들어있다.

02 **수용성 비타민** : 비타민 B_1(티아민), 비타민 B_2(리보플라빈), 비타민 B_6(피리독신), 비타민 C(아스코르브산)

03 **필수 아미노산의 종류**
- 성인(9가지) : 페닐알라닌, 트립토판, 발린, 류신, 아이소류신, 메티오닌, 트레오닌, 라이신, 히스티딘
  ※ 8가지로 보는 경우 히스티딘은 제외된다.
- 영아(10가지) : 성인 9가지 + 아르기닌

04 제과용에는 단백질 함량이 6~8.5%이고 밀가루 입자가 아주 미세한 박력분을 사용한다.

05 소금은 효소 억제와 발효 조절을 하는데, 설탕과 마찬가지로 이스트에 삼투압 작용으로 발효에 저해를 준다. 1% 이상은 이스트 발효를 지연시키며 이보다 양이 증가하면 발효는 더욱 지연된다.

06 ① 발효유 : 살균 처리한 우유에 유산이나 효모를 사용하여 발효한 후 액상으로 만든 것
② 농축우유 : 우유의 성분 중 수분을 증발시켜 만든 것으로 연유가 대표적
④ 전지분유 : 살균 처리한 우유 전체를 진공 상태에서 수분의 2/3를 증발시킨 후 80~130℃로 가열된 열풍 속에서 스프레이 분무하면서 건조시킨 것

07 ③ 카세인은 인산기와 결합한 상태이며, 산성이 되어야 응고된다.

08 **당질의 감미도** : 과당 > 전화당 > 설탕 > 포도당 > 맥아당 > 유당

09 노화는 수분 함량 60% 이상 또는 30% 이하에서는 그 속도가 급격히 감소되는데, 특히 10~15%에서는 거의 일어나지 않는다.

10 밀가루에 들어 있는 글루텐은 불용성 단백질로, 글루텐 함량에 따라 박력분, 중력분, 강력분으로 나뉜다.

11 작업장에서의 낙상사고를 예방하기 위해서는 작업 전후, 작업 중에 수시로 청소하여 바닥을 깨끗하게 유지하고 정리정돈을 철저히 해서 통로와 작업장 바닥에 장애물이 없도록 조치한다.

12 ① 콘칭(Conching) : 초콜릿을 90℃로 가열하여 수 시간 동안 저어주는 제조방법을 말한다.
③ 페이스트(Paste) : 과실, 채소, 견과류, 육류 등 모든 식품을 갈거나 체에 으깨어 부드러운 상태로 만든 것 또는 고체와 액체의 중간 굳기를 뜻하며, 빵 반죽(Dough)과 케이크 반죽의 중간에 위치하는 반죽을 가리킨다.
④ 템퍼링(Tempering) : 초콜릿을 녹이고 식히면서 카카오 버터를 안정적인 결정구조가 되도록 준비시켜 주는 과정이다.

13 펙틴은 감귤류, 사과즙에서 추출되는 탄수화물의 중합체로 응고제, 증점제, 안정제, 고화방지제, 유화제 등으로 사용된다.

14 마요네즈는 식물성 기름과 달걀노른자, 식초, 약간의 소금과 후추를 넣어 만든 소스로 상온에서 반고체 상태를 형성한다.

15 유화란 물과 기름처럼 두 가지 이상의 액체를 잘 섞어 에멀션 상태로 만드는 것을 말한다. 유중수적형(버터, 마가린)과 수중유적형(우유, 아이스크림, 생크림, 마요네즈)이 있다.

16 갈변을 억제하기 위해서는 가열 처리로 효소를 불활성화시키고, 아황산 등 효소저해제를 이용하여 효소 및 기질을 제거하고, 염류 또는 당을 첨가해야 한다.

17 달걀의 단백질을 서서히 가열하면 60℃ 전후에서 반투명해지면서 굳는데 이러한 성질을 열응고성이라고 한다.

18 ① 버터 쿠키 – 크림법
② 과일 케이크 – 복합법
④ 마들렌 – 1단계법

19 ③ 거품형 반죽은 사용되는 믹싱법에 따라 공립법과 별립법으로 구분된다.

20 ④ 기공이 열리고 큰 구멍이 생겨 조직이 거칠게 되어 노화가 빨라지는 것은 반죽 온도가 높을 경우 발생하는 현상이다.

21 얼음 사용량
$= 물\ 사용량 \times \dfrac{수돗물\ 온도 - 사용할\ 물\ 온도}{80 + 수돗물\ 온도}$
$= 6,300 \times \dfrac{25 - 20}{80 + 25} = 300(g)$

22 ③ 퍼프 페이스트리 : 20℃
①, ② 버터스펀지와 파운드 케이크 : 23℃
④ 버터 쿠키 : 22℃

23 도넛 글레이즈의 온도는 45~50℃가 알맞다.

24 주석산 크림은 알칼리성인 흰자의 pH 농도를 낮춰 중화시키므로 머랭을 만들 때 산도를 낮추어 거품을 단단하게 해 준다.

25
- 팬 용적 = 가로 × 세로 × 높이 = 8 × 12 × 6 = 576(cm³)
- 반죽 무게 = 팬 용적/비용적 = 576/4 = 144(g)

26 팬 오일의 종류로는 유동 파라핀(백색광유), 정제 라드(쇼트닝), 식물유(면실유, 대두유, 땅콩기름), 혼합유 등이 있다.

27 ② 시폰 팬에 물 뿌리기 공정을 진행할 때 물이 너무 과하게 뿌려지면 구울 때 케이크 내부에 큰 구멍과 터널이 생기는 현상이 발생한다.

28 ④ 초코 머핀의 반죽을 정형할 때에는 반죽을 짤 주머니에 담고 머핀 종이를 깔아 둔 머핀 팬에 팬 부피의 70% 정도의 부피가 되도록 균일하게 짜 넣는다.

29 이스트를 사용하지 않기 때문에 정형한 반죽은 포장하여 냉장고(0~4℃)에서 4~7일까지 보관이 가능하다. 퍼프 페이스트리의 성형반죽을 장기간 보관할 때에는 -20℃ 이하의 냉동으로 보관하는 것이 좋다.

30 튀김할 때 두꺼운 금속 용기로 직경이 작은 팬을 사용하면 많은 양의 기름을 넣어 튀길 때 기름 온도의 변화가 적다.

31 글루텐이 많은 경우에는 흡유량이 감소된다. 즉, 강력분을 사용하는 경우에는 박력분을 사용하는 경우보다 흡유량이 감소한다.

32 ③ 설탕 함량이 낮은 쿠키(밀가루 35% 이하)는 설탕량이 많고 유지량이 적은 쿠키보다 높은 온도에서 굽는다.

33 이스트의 활동은 55℃에 이르면 저하되기 시작하여 60℃에 사멸하는데, 이스트가 사멸되기 전까지 반죽 온도가 오름에 따라 발효 속도가 빨라져 반죽이 부푼다. 이스트가 사멸된 후에도 80℃까지 탄산가스가 열에 의해 팽창하면서 반죽의 팽창은 지속된다.

34 ① 초콜릿을 작업할 때는 작업실의 온도가 18~20℃가 되도록 한다.

35 생크림은 유지방 함량이 18% 이상인 크림으로, 휘핑에 사용되는 크림은 30% 이상의 유지방이 함유되어 있어 거품이 잘 생긴다.

36 냉각 장소는 환기시설이 잘되어 있고 통풍이 잘되는 곳으로 병원성 미생물의 혼입이 없는 곳이어야 한다.

37 제품 유통 시 적정 온도
- 실온 유통 제품 : 1~35℃
- 상온 유통 제품 : 15~25℃
- 냉장 유통 제품 : 0~10℃
- 냉동 유통 제품 : -18℃ 이하

38 저장 관리는 폐기에 의한 재료 손실을 최소화함으로써 원재료의 적정 재고를 유지하는 데 목적이 있다.

39 건조 창고의 온도는 10~20℃, 상대습도 50~60%를 유지하며, 채광과 통풍이 잘되어야 한다.

40 ④ 당장법은 50% 정도의 설탕 농도에 절이는 방법으로 화학적 처리에 의한 보존법이다.
보존법
- 물리적 처리에 의한 보존법 : 건조법, 냉장·냉동법, 가열살균법, 조사살균법
- 화학적 처리에 의한 보존법 : 염장법, 당장법, 산저장법, 화학물질 첨가
- 종합적 처리에 의한 보존법 : 훈연법, 밀봉법, 염건법, 조미법, 세균학적 방법

41 플라스틱은 합성수지로 필름, 시트, 각종 성형품으로 가공이 잘되고 과자 포장재로 요구되는 여러 가지 특성을 갖고 있다. 특히 프로필렌 종류는 수분 증발을 막아 과자 종류 포장에 많이 쓰이며, 투명과 불투명이 있다.

42 ① 캐러멜 포장 : 포장에서 가장 기본이 되는 포장법이다.
③ 부직포 이용 포장 : 부직포를 사용하는 포장으로 원형 상자 등에 많이 사용한다.
④ 밀봉 포장 : 공기가 통하지 않도록 단단히 포장하는 방법이다.

43 영업신고 대상 업종(식품위생법 시행령 제25조 제1항)
- 즉석판매제조 · 가공업
- 식품운반업
- 식품소분 · 판매업
- 식품냉동 · 냉장업
- 용기 · 포장류제조업
- 휴게음식점영업, 일반음식점영업, 위탁급식영업 및 제과점영업

44 모범업소의 지정 등(식품위생법 제47조제1항)
특별자치시장 · 특별자치도지사 · 시장 · 군수 · 구청장은 총리령으로 정하는 위생등급 기준에 따라 위생관리 상태 등이 우수한 식품접객업소(공유주방에서 조리 · 판매하는 업소를 포함) 또는 집단급식소를 모범업소로 지정할 수 있다.

45 식품안전관리인증기준 대상 식품(식품위생법 시행규칙 제62조제1항)
- 수산가공식품류의 어육가공품류 중 어묵 · 어육소시지
- 기타수산물가공품 중 냉동 어류 · 연체류 · 조미가공품
- 냉동식품 중 피자류 · 만두류 · 면류
- 과자류, 빵류 또는 떡류 중 과자 · 캔디류 · 빵류 · 떡류
- 빙과류 중 빙과
- 음료류(다류 및 커피류는 제외)
- 레토르트식품
- 절임류 또는 조림류의 김치류 중 김치(배추를 주원료로 하여 절임, 양념혼합과정 등을 거쳐 이를 발효시킨 것이거나 발효시키지 아니한 것 또는 이를 가공한 것에 한함)
- 코코아가공품 또는 초콜릿류 중 초콜릿류
- 면류 중 유탕면 또는 곡분, 전분, 전분질원료 등을 주원료로 반죽하여 손이나 기계 따위로 면을 뽑아내거나 자른 국수로서 생면 · 숙면 · 건면
- 특수용도식품
- 즉석섭취 · 편의식품류 중 즉석섭취식품
- 즉석섭취 · 편의식품류의 즉석조리식품 중 순대
- 식품제조 · 가공업의 영업소 중 전년도 총매출액이 100억원 이상인 영업소에서 제조 · 가공하는 식품

46 식품첨가물의 구비조건
- 인체에 유해한 영향이 없을 것
- 소량으로도 충분한 효과를 발휘할 것
- 식품 자체의 영양가를 유지할 것
- 식품 제조 및 가공에 꼭 필요할 것
- 첨가물을 확인할 수 있어야 할 것

47 보존료는 세균이나 곰팡이 등 미생물에 의한 부패를 방지하기 위해 사용되는 방부제로서, 살균작용보다는 부패 미생물에 대하여 정균작용 및 효소의 발효억제 작용을 한다.

48 부패는 미생물의 작용으로 단백질이 분해되어 악취가 나고 유해한 물질이 생성되는 현상으로, 부패취 원인 물질에는 페놀류, 인돌, 황화수소, 암모니아, 아민류 등이 있다.

49 포도상구균은 자연계에 널리 분포되어 있는 세균으로 식중독 및 중이염, 방광염 등 화농성 질환을 일으키는 원인균이다.

50 구충은 경피침입하므로 오염된 흙에서 맨발로 뛰어 놀거나 작업하지 말아야 한다.

51 감수성 숙주란 감염된 환자가 아닌 감염 위험성을 가진 환자이다. 예방접종은 감염성 질병을 예방하기 위한 활동이므로 감수성 숙주를 관리하는 것이다.

52
- 동양모양선충 : 채소, 물
- 간흡충증(간디스토마) : 민물고기

53 건열 소독은 160~180℃에서 30~45분간 실시하며, 스테인리스 스틸 식기를 소독할 때 사용한다. 생과일, 채소 등을 소독할 때 사용하는 방법은 염소 소독이다.

54 희석 농도(ppm)

$$= \frac{\text{소독액의 양(mL)}}{\text{물의 양(mL)}} \times \text{유효 잔류 염소 농도(\%)}$$

$$400(\text{ppm}) = \frac{x}{5{,}000} \times 4 \times 10{,}000$$

$$\therefore\ x = 50\text{mL}$$

55 차아염소산나트륨은 살균제로서 식기, 음료수 등에 사용되며 탈취제나 표백제로도 쓰인다.

56 양성비누(역성비누)는 물에 용해하였을 때 친유기 부분이 양이온으로 해리하는 양이온성 계면활성제로, 세척력과 항균활성 능력이 있다. 음이온 계면활성제와 함께 사용하면 세척력이 저하된다.

57 세척제의 표시사항
- 1종 세척제 : '야채, 과일 등 세척용' 표시
- 2종 세척제 : '음식기, 조리기구 등 식품용 기구 세척용' 표시
- 3종 세척제 : '식품의 제조·가공용 기구 등 세척용' 표시

58 위생복은 밝은색, 긴소매, 주머니나 단추가 외부로 노출되지 않는 위생복을 착용한다. 일반 구역과 청결 구역을 구별하여 위생복을 착용한다.

59 바닥에 액체가 스며들면 쉽게 손상되고, 미생물을 제거하기가 어려워진다. 특히 기름기가 많은 구역에서는 미끄러지거나 넘어지는 사고 발생의 원인이 되기도 한다.

60 교차오염이란 음식이 생산되는 과정 중 미생물에 오염된 사람이나 식품으로 인해 다른 식품이 오염되는 것을 말한다. 조리과정에서의 재료 첨가는 포함되지 않는다.

참 / 고 / 문 / 헌

- 교육부(2019). **NCS 학습모듈(세분류 : 제과·제빵)**. 한국직업능력개발원.

- 권영회(2024). **제과기능장이 집필한 제과제빵기능사·산업기사 필기 한권으로 끝내기**. 시대고시기획.

- 식품의약품안전처(2022). **2022년 식품안전관리지침**. 식품의약품안전처.

좋은 책을 만드는 길, 독자님과 함께하겠습니다.

답만 외우는 제과기능사 필기 CBT기출문제 + 모의고사 14회

개정4판1쇄 발행	2025년 01월 10일 (인쇄 2024년 10월 10일)
초 판 발 행	2021년 08월 05일 (인쇄 2021년 06월 02일)
발 행 인	박영일
책 임 편 집	이해욱
편 저	김선영
편 집 진 행	윤진영 · 김미애
표지디자인	권은경 · 길전홍선
편집디자인	정경일 · 박동진
발 행 처	(주)시대고시기획
출 판 등 록	제10-1521호
주 소	서울시 마포구 큰우물로 75 [도화동 538 성지 B/D] 9F
전 화	1600-3600
팩 스	02-701-8823
홈 페 이 지	www.sdedu.co.kr

I S B N	979-11-383-8080-5(13590)
정 가	17,000원

※ 저자와의 협의에 의해 인지를 생략합니다.
※ 이 책은 저작권법의 보호를 받는 저작물이므로 동영상 제작 및 무단전재와 배포를 금합니다.
※ 잘못된 책은 구입하신 서점에서 바꾸어 드립니다.

제과제빵기능사 실기

국가공인 제과기능장 **김경진 쌤의**

합격비법 쏙쏙!
무료 동영상 강의

쌤만 따라하면 쉽게 합격할 수 있습니다!

시대에듀와 함께하는 무료 동영상 강의 수강방법

① www.sdedu.co.kr 접속 → 회원가입 → 로그인
② 무료강의 → 자격증/면허증 → 기능사/(산업)기사 → 제과제빵기능사 카테고리 클릭
③ 신청하기 클릭 후 원하는 강의 수강

동영상이 재생되지 않는다면 전화 1600-3600이나 시대에듀 홈페이지(www.sdedu.co.kr)로 문의주시면 동영상을 보실 수 있도록 도와드립니다.

Craftsman Confectionary & Breads Making

제과제빵기능사 합격은 시대에듀가 답이다!

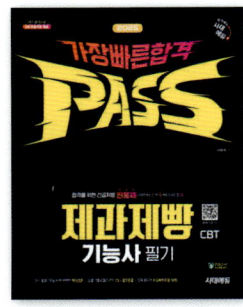

제과제빵기능사 CBT 필기
가장 빠른 합격
- ▶ NCS 기반 최신 출제기준 반영
- ▶ 진통제(진짜 통째로 외워온 문제) 수록
- ▶ 상시복원문제 10회 수록
- ▶ 210×260 / 20,000원

제과제빵기능사·산업기사 필기
한권으로 끝내기
- ▶ 핵심요약집 빨리보는 간단한 키워드 수록
- ▶ 시험에 꼭 나오는 이론과 적중예상문제 수록
- ▶ 과년도+최근 기출복원문제로 꼼꼼한 마무리
- ▶ 190×260 / 22,000원

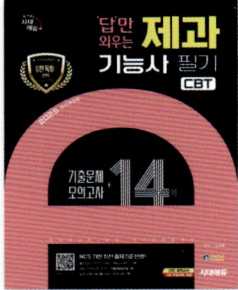

'답'만 외우는 제과기능사 필기
기출문제+모의고사 14회
- ▶ 핵심요약집 빨리보는 간단한 키워드 수록
- ▶ 정답이 한눈에 보이는 기출복원문제 7회
- ▶ 실전처럼 풀어보는 모의고사 7회
- ▶ 190×260 / 17,000원

제과제빵기능사 실기
통통 튀는 무료 강의
- ▶ 생생한 컬러화보로 담은 제과제빵 레시피
- ▶ 저자 직강 무료 동영상 강의
- ▶ 꼭 알아야 합격할 수 있는 시험장 팁 수록
- ▶ 190×240 / 24,000원

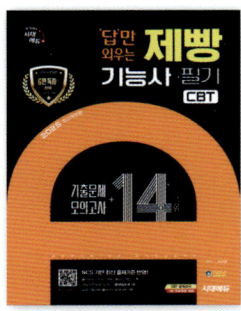

'답'만 외우는 제빵기능사 필기
기출문제+모의고사 14회
- ▶ 핵심요약집 빨리보는 간단한 키워드 수록
- ▶ 정답이 한눈에 보이는 기출복원문제 7회
- ▶ 실전처럼 풀어보는 모의고사 7회
- ▶ 190×260 / 17,000원

도서의 구성 및 이미지와 가격은 변경될 수 있습니다.

조리기능사 합격은 시대에듀가 답이다!

한식조리기능사 실기
한권합격

- ▶ 조리기능장의 합격 팁 수록
- ▶ 생생한 컬러화보로 담은 상세한 조리과정
- ▶ 저자 직강 무료 동영상 강의
- ▶ 210×260 / 20,000원

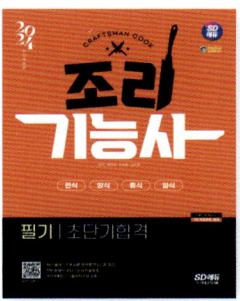

조리기능사 필기
초단기합격
(한식·양식·중식·일식 통합서)

- ▶ NCS 기반 최신 출제기준 반영
- ▶ 시험에 꼭 나오는 핵심이론+빈출예제
- ▶ 4종목 최근 기출복원문제 수록
- ▶ 190×260 / 20,000원

'답'만 외우는
양식조리기능사 필기
기출문제+모의고사 14회

- ▶ 핵심요약집 빨리보는 간단한 키워드 수록
- ▶ 정답이 한눈에 보이는 기출복원문제 7회
- ▶ 실전처럼 풀어보는 모의고사 7회
- ▶ 190×260 / 15,000원

한식조리기능사 CBT 필기
가장 빠른 합격

- ▶ NCS 기반 최신 출제기준 반영
- ▶ 진통제(진짜 통째로 외워온 문제) 수록
- ▶ 상시복원문제 10회 수록
- ▶ 210×260 / 20,000원

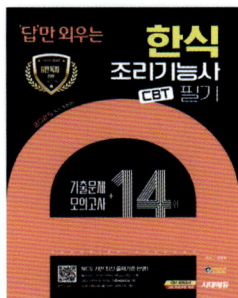

'답'만 외우는
한식조리기능사 필기
기출문제+모의고사 14회

- ▶ 핵심요약집 빨리보는 간단한 키워드 수록
- ▶ 정답이 한눈에 보이는 기출복원문제 7회
- ▶ 실전처럼 풀어보는 모의고사 7회
- ▶ 190×260 / 17,000원

도서의 구성 및 이미지와 가격은 변경될 수 있습니다.

전문 바리스타를 꿈꾸는 당신을 위한
합격의 첫걸음

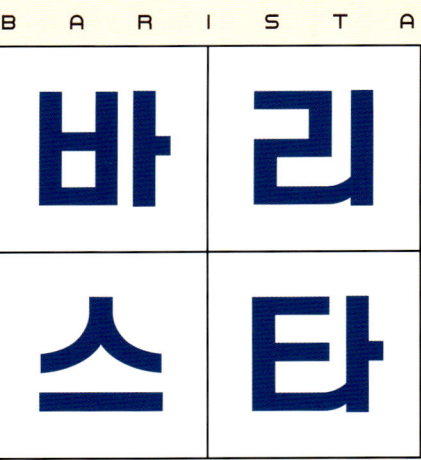
BARISTA
바리스타
자격시험

'답'만 외우는 바리스타 자격시험 시리즈는 여러 바리스타 자격시험 시행처의 출제범위를 꼼꼼히 분석하여 구성하였습니다. 이 한 권으로 다양한 커피협회 시험에 응시 가능하다는 사실! 쉽게 '답'만 외우고 필기시험 합격의 기쁨을 누리시길 바랍니다.

'답'만 외우는
바리스타 자격시험 1급
기출예상문제집
류중호 / 17,000원

'답'만 외우는
바리스타 자격시험 2급
기출예상문제집
류중호 / 17,000원

※ 표지 이미지와 가격은 변경될 수 있습니다.